한국어 학습 총서 08

Korean Grammar Practice for Foreigners

English Version

Intermediate Level

중급

외국인을 위한

한국어 문법 연습

연세대학교 한국어학당 편

연세대학교 출판문화원

Preface

53 years have passed since the Yonsei Korean Language Institute was established. During the last 53 years, the Yonsei Korean Language Institute has published many textbooks such as conversational textbooks, textbooks for different language functions, textbooks for practicing and application. However, as the number of learners of Korean language has increased, their needs became diversified which leads to the need for differentiated and strategic textbooks focusing on Korean vocabulary and grammar. To meet the needs, the Yonsei Korean Language Institute came to publish <Korean Grammar Practice for Foreigners> and <Korean Vocabulary Practice for Foreigners>.

<Korean Grammar Practice for Foreigners>is composed of three levels(beginner's, intermediate and advanced), and is designed to promote the proficiency of Korean language learners by improving learner's grammatical capacity. <Korean Grammar Practice for Foreigners>is structured to prepare for various types of current Korean proficiency exams, thus the grammatical items selected in this book are covered by Korean textbooks and Korean proficiency exams. The selected grammatical items are distributed into three levels, and the textbook explains the definitions and its function for each grammatical item and presents examples. Various types of questions contained in this textbook also allow the learners to apply the grammatical items learned in real life.

<Korean Grammar Practice for Foreigners> may be utilized as a supplementary textbook for studying grammar in Korean language institutes, and as a self-study kit. We hope that this textbook may contribute to the learners of Korean to effectively study grammar and improve in Korean proficiency.

Textbook Compilation Committee, Korean Language Institute,
The Institute of Language Research & Education, Yonsei University

머리말

연세대학교 한국어학당이 창립된 지 올해로 53주년이 되었습니다. 지난 53년 동안 연세대학교 한국어학당은 회화 교재, 언어기능별 교재, 활용연습용 교재 등 많은 교재를 집필, 출간해 왔습니다. 그러나 최근 한국어를 배우는 학습자들이 늘면서 그들의 요구도 다양해졌으며, 한국어 어휘와 문법에 초점을 둔 차별화되고 전략화된 학습용 교재가 필요하게 되었습니다. 이러한 요구에 힘입어 한국어학당에서는 〈외국인을 위한 한국어 어휘 연습〉과 〈외국인을 위한 한국어 문법 연습〉 교재를 출간하게 되었습니다.

〈외국인을 위한 한국어 문법 연습〉 교재는 초급과 중급, 고급의 3권으로 구성되었으며, 한국어를 공부하는 학습자들의 문법 능력을 향상시켜 한국어 숙달도를 높일 수 있도록 고안되었습니다. 특히 〈외국인을 위한 한국어 문법 연습〉은 현재 시행되고 있는 다양한 한국어능력 평가 시험에 대비하도록 구성되어, 한국어 교재와 한국어능력 평가 시험에서 다루어지고 있는 문법 항목을 등급에 맞게 선정하여 각 문법 항목의 의미와 기능을 설명하고 예문을 제시하였습니다. 또한 다양한 문제를 통해 학습한 문법을 활용할 수 있도록 구성되었습니다.

〈외국인을 위한 한국어 문법 연습〉은 한국어교육기관에서 문법 학습을 위한 부교재로 활용할 수 있으며 혼자서 공부하는 학습자는 자습용으로 활용할 수 있습니다. 본 교재가 한국어 학습자들이 효율적으로 문법을 학습하여 한국어능력을 향상할 수 있도록 하는 데 기여할 수 있기를 바랍니다.

연세대학교 언어연구교육원 한국어학당 교재편찬위원회

Introductory Remarks

Directions

1. 「Korean Grammar Practice for Foreigners (Intermediate Level)」 was developed for Korean as Foreign Language Learners to comprehend the Korean grammar structure and learn accurate usage to help learners construct correct sentences in Korean.
2. This study-aid carries grammatical items, which Korean learners should know at the intermediate level.
3. This study-aid not only covers various types of questions to promote the grammar capacity of Korean learners in intermediate level, but also questions similar to the Test of Proficiency in Korean(TOPIK) questions to prepare for the TOPIK.
4. This study-aid separated the sections into 'Grammar' and 'Practice Questions'. The 'Grammar' section includes detailed explanations on the usage of grammatical items, forms of utilization, examples and questions to answer based on the learner's understanding. The 'Practice Questions' include various and comprehensive practice questions regarding the grammatical items listed in the 'Grammar' section.
5. This study-aid carries about 150 intermediate level grammatical items.
6. The selection of the intermediate level grammatical items is based on the grammatical items listed in various intermediate level Korean textbooks, and the grammatical items covered by the TOPIK were also included.
7. The <Usage> section within the 'Grammar' carries detailed explanations on the usage of the grammatical items for the learners to understand easily.
8. IIn the <Forms of Utilization>, as many as examples, which show various forms of utilization, are included to allow the learners to use it correctly.
9. The <Example> section lists various sample sentences that are used mostly in daily life, which allows learners to understand the usage of the grammatical items easily and to confirm various forms of utilization.
10. For learners to use the grammatical items correctly, the 'Note' section carries information on various cases and explanations such as when the item can be used by comparing or contrasting, used as different usage and when there is an exception to the usage of a grammatical item.
11. The <Practice> section is composed of conversation completion, sentence completion and connecting sentences.
12. The 'Practice Questions' is organized, which allows learners to be able to comprehend and confirm the meaning and structure of grammatical items learned in the 'Grammar' section through various question types formed of context and situation.
13. The <Answer Key> provides answers to the exercises in the <Practice> and the 'Practice Questions' to help learners to study alone.
14. In the <Grammar Index>, entry words, forms of utilization and forms listed in the 'Note' were included according to the grammatical items covered in the 'Grammar' section to help learners to find entries easily. They are sorted in alphabetical(가나다) order, and listed with page numbers.
15. 「Korean Grammar Practice for Foreigners (Intermediate level)」 includes translation for learners to understand easily.

일러두기

1. 『외국인을 위한 한국어 문법 연습』은 외국어로서의 한국어를 배우는 외국인 학습자들이 한국어의 문법 구조를 이해하고 정확한 용법을 파악하여 올바른 한국어 문장을 만들 수 있도록 하는 데 도움을 주고자 하였다.

2. 이 책은 외국인 학습자들을 위한 문법서로 학습자가 중급 단계에서 알아야 할 문법을 실었다.

3. 이 책은 중급 한국어 학습자의 문법 능력을 향상시킬 수 있는 다양한 유형의 문제를 다루었으며, 한국어능력시험(TOPIK)에 대비하도록 한국어능력시험의 문제 유형도 함께 다루었다.

4. 이 책은 '문법 알아보기'와 '연습문제'로 나눠 실었다. '문법 알아보기'에서는 문법에 대한 상세한 용법 설명과 활용 형태, 예문을 제시하고 이에 대한 이해를 바탕으로 문제를 풀 수 있도록 〈연습〉을 실었으며, '연습문제'에서는 '문법 알아보기'에서 제시한 문법 항목에 대한 다양하고 종합적인 연습문제를 실었다.

5. 이 책에는 약 150개의 중급 문법을 실었다.

6. 중급 문법의 선정은 다양한 한국어 교재(중급)에 나오는 문법을 기본으로 하였으며 한국어능력시험(중급)에서 다루고 있는 문법 항목을 첨가하였다.

7. '문법 알아보기'에서 다룬 〈용법〉에서는 문법의 용법에 대한 상세한 설명을 쉽게 이해할 수 있도록 하였다.

8. 〈활용 형태〉에서는 문법에 따라 다양한 형태로 활용되는 예를 최대한 보여 주어 정확하게 사용할 수 있도록 하였다.

9. 〈예문〉에서는 용법을 잘 이해할 수 있는 예문과 다양한 활용 형태를 확인할 수 있는 예문 등을 중심으로 생활에서 주로 쓰이는 문장을 예문으로 제시하였다.

10. 문법에 따라 〈참고〉를 두었는데 〈참고〉에서는 유사한 문법이 있는 경우 비교, 대조하였으며, 다른 용법으로 사용이 되는 경우, 예외가 있는 경우 등 다양한 경우에 맞게 보충 설명과 그에 맞는 예문을 실어 정확하게 사용할 수 있도록 하였다.

11. '문법 알아보기'에서의 〈연습〉은 해당 문법을 가장 잘 이해하고 사용할 수 있도록 대화 완성하기, 문장 완성하기, 두 문장 연결하기 등으로 구성하였다.

12. '연습문제'는 '문법 알아보기'에서 학습한 문법의 의미와 구조를 맥락과 상황으로 이루어진 다양한 문제 유형을 통해 이해, 확인할 수 있도록 구성하였다.

13. 〈모범 답안〉에서는 '문법 알아보기'에 있는 〈연습〉의 모범 답안과 '연습문제'의 모범 답안을 제시하여 학습자가 혼자 공부하는 데 도움이 되도록 하였다.

14. 〈문법 색인〉에서는 '문법 알아보기'에서 다룬 문법에 따라 표제어 및 활용 형태, 참고에 제시된 형태를 모두 실어 학습자들이 쉽게 찾을 수 있도록 하였으며, 모두 '가나다' 순으로 정리하여 그 문법이 실려 있는 쪽수와 함께 제시하였다.

15. 『외국인을 위한 한국어 문법 연습』은 외국인 학습자의 이해를 돕기 위해 번역을 함께 실었다.

차례

contents

Ⅱ. 연습문제

부록

I

문법 알아보기

문법 알아보기

ㄱ

001 | –거든

용법 Usage

뒤 문장의 행동을 하는 조건으로 앞 문장의 행위나 상태를 제시할 때 쓴다. 뒤 문장에는 주로 지시나 권유, 부탁, 약속을 나타내는 '–으십시오', '–읍시다', '–자' 등을 쓴다.

This is used to present an action or state specified in the first statement as the condition on which the following statement is based. It is often followed by '–으십시오', '–읍시다' or '–자' that signifies instructions, recommendations, requests or promises.

활용 형태 Forms of Utilization

–거든

동사나 형용사의 어간 뒤에 사용한다.

It is used behind the verb or adjectival stem.

예 찾**거든**, 만나**거든**, 좋**거든**, 바쁘**거든**

이거든

명사 뒤에 사용한다.

It is used behind the noun.

예 학생**이거든**, 친구**이거든**

–었거든/았거든/였거든

과거나 완료를 나타낼 때 동사나 형용사의 어간 뒤에 사용한다.

It is used after the verb or adjectival stem to express past or perfect tense.

예 **봤거든**, 싫**었거든**

–겠거든

의지를 나타낼 때 동사의 어간 뒤에 사용한다.

It is used after the verb stem to show the one's will.

예 먹**겠거든**, 사**겠거든**

예문 Example

❶ 일찍 오거든 청소 좀 해 놓아라.
Clean the house if you come early.

❷ 시간이 있거든 같이 영화나 보자.
Let's go see a movie together if you have time.

❸ 의사이거든 여기 위급한 환자 좀 봐 주세요.
Please come see the emergency patient here if you are a doctor.

❹ 일이 끝났거든 그만 퇴근하세요.
If you are done with your work, you may leave the office.

❺ 네 눈으로 봐야 하겠거든 직접 가서 확인해 봐라.
If you need to see with your own eyes, go and see it for youself.

연습 Practice 관계있는 것을 연결해서 문장을 만드십시오.
Connect the related ones to make a sentence.

보기

미선 씨를 만나다 • ———— • 안부 좀 전해 주세요

→ 미선 씨를 **만나거든** 안부 좀 전해 주세요.

1. 제 도움이 필요하다 •   • 메모를 남겨 주세요
2. 제가 없는 사이에 전화가 오다 •   • 언제든지 연락하세요
3. 다 모이다 •   • 회의를 시작합시다

______________________________________.

______________________________________.

______________________________________.

002 | -거든요

용법 Usage

앞에서 말한 내용이나 상대방의 질문에 대해 그 이유나 자신의 생각 등을 덧붙여 말할 때 쓴다.

This is used to add one's opinion or a reason regarding what was previously stated or inquired by the other person.

활용 형태 Forms of Utilization

-거든요

동사나 형용사의 어간 뒤에 사용한다.

It is used behind the verb or adjectival stem.

예 읽**거든요**, 보**거든요**, 좋**거든요**, 싸**거든요**

이거든요

명사 뒤에 사용한다.

It is used behind the noun.

예 선생님**이거든요**, 기자**이거든요**

-었거든요/았거든요/였거든요

과거나 완료를 나타낼 때 동사나 형용사의 어간 뒤에 사용한다.

It is used after the verb or adjectival stem to express past or perfect tense.

예 일**했거든요**, 바**빴거든요**

예문 Example

❶ 너무 맵지 않게 해 주세요. 매운 음식을 잘 못 먹거든요.

Please don't make it too spicy. I can't take spicy food very well.

❷ 두통약 좀 주세요. 머리가 많이 아프거든요.

Please give me a medicine for a headache. I've got a bad headache.

❸ 천천히 말씀해 주세요. 외국 사람이거든요.

Please speak slowly. I am a foreigner.

❹ 가 : 아주 피곤해 보이네요.

You look very tired

나 : 네, 어제 잠을 못 잤거든요.

Yes, I didn't get a sleep last night.

참고 Note

어떤 사실을 설명하듯이 말하면서 이야기가 계속 이어짐을 나타내기도 한다.
It also expresses that the story is continued as the speaker talks about facts.

- 제가 오늘 좀 바쁘거든요. 죄송하지만 먼저 일어나겠습니다.
- 똑바로 가면 지하철역이 있거든요. 거기에서 오른쪽으로 가세요.

연습 Practice 대화를 완성하십시오.
Complete the conversation.

1. 가 : 등산을 가려고 하는데 뭘 준비해야 할까요?
   나 : 두꺼운 옷을 꼭 가지고 가세요. ______________________거든요.
2. 가 : 왜 학교에 가다가 다시 집으로 돌아갔어요?
   나 : ______________________거든요.
3. 가 : 이번 야유회는 어디로 갈까요?
   나 : 여의도 공원으로 가는 게 어때요? ______________________거든요.

003 | –건 –건

용법 Usage

'–거나 –거나'의 준말로 앞뒤 비교 가능한 내용이나 상대적인 내용을 나열하고 그것에 상관없이 결과가 같음을 나타낼 때 쓴다.

As a contraction of 거나 –거나, this is used to specify statements that can be compared to each other, or that include relative information. It shows that the result would be the same regardless of preceding statements.

활용 형태 Forms of Utilization

–건 –건

동사나 형용사의 어간 뒤에 사용한다.

It is used behind the verb or adjectival stem.

예 받**건** 안 받**건**, 오**건** 안 오**건**, 있**건** 없**건**, 싸**건** 비싸**건**

이건 이건

명사 뒤에 사용한다.

It is used behind the noun.

예 학생**이건** 선생님**이건**, 여자**이건** 남자**이건**

–었건/았건/였건 –었건/았건/였건

과거나 완료를 나타낼 때 동사나 형용사의 어간 뒤에 사용한다.

It is used after the verb or adjectival stem to express past or perfect tense.

예 말**했건** 말 안 **했건**, 바**빴건** 안 바**빴건**

예문 Example

❶ 아이가 잘 하건 못 하건 스스로 하게 내버려 둡시다.
Let the kid do it himself/herself whether he/she does it right or wrong.

❷ 선물이 크건 작건 받을 때는 감사한 마음으로 받아야 한다.
You should receive a gift with gratitude whether it is expensive or cheap.

❸ 어른이건 아이이건 자신의 생각을 말할 권리가 있다.
Whether it's an adult or a kid, a person has a right to talk about one's thought.

❹ 사람들이 다 왔건 안 왔건 시간이 됐으니 식을 시작해야 한다.
Since the time is up, we should start the ceremony whether everyone is here or not.

연습 Practice

대화를 완성하십시오.
Complete the conversation.

1. 가 : 발표를 해야 하는 수업은 정말 싫어요.

   나 : ______________건 ______________건 졸업을 하려면 그 수업을 꼭 들어야 해요.

2. 가 : 요즘은 아이 숙제를 대신 해주는 어머니가 많대요.

   나 : ______________건 ______________건 숙제는 자기가 직접 해야지요.

3. 가 : 요즘 시험 기간도 아닌데 뭘 그렇게 열심히 공부해요?

   나 : ______________건 ______________건 ______________________________.

004 | -게

용법 Usage

뒤에 나오는 행위에 대한 목적이나 이유, 기준 등을 나타날 때 쓴다.
This is used to indicate the purpose, reason or grounds for the action stated afterwards.

활용 형태 Forms of Utilization

-게 동사나 '있다', '없다'의 어간 뒤에 사용한다.
It is used after the stem of the verb or '있다', '없다'.

예 붙**게**, 지나가**게**, 볼 수 있**게**

예문 Example

❶ 음식을 덜어 먹게 개인 접시 좀 주세요.
Please give me an extra plate so I can take some food to it.

❷ 아이들이 만지지 않게 주의하세요.
Please be careful so that kids don't touch it.

❸ 그곳을 찾아가게 약도 좀 그려 주세요.
Please draw me a sketch map so I can find the way there.

연습 Practice 주의할 점을 써 보십시오.
Write down the warnings according to the context.

1. "연극 공연이 시작되기 전"

➡ ______________________게 휴대 전화를 꺼야 합니다.

2. "도자기를 소포로 보낼 때"

➡ ______________________게 ______________________.

3. "의약품을 보관할 때"

➡ ______________________게 ______________________.

005 | -게 마련이다

용법 Usage 결과적으로 그러한 일이 생기는 것이 당연할 때 쓴다. 따라서 일반적인 규칙이나 격언, 속담에 많이 쓰이며 '-기 마련이다'로 바꿔 쓸 수 있다.

This is used when it seems natural that a certain result occurs. Therefore, it is often used in general rules, maxims or proverbs and can be replaced by 기 마련이다.

활용 형태 Forms of Utilization

-게 마련이다 동사나 형용사의 어간 뒤에 사용한다.
It is used behind the verb or adjectival stem.

예 받**게 마련이다**, 멀어지**게 마련이다**, 힘들**게 마련이다**, 나쁘**게 마련이다**

예문 Example

❶ 팔은 안으로 굽게 마련이다.
Men are blind in their own causes.

❷ 살다 보면 이런 저런 문제가 생기게 마련이에요.
There will be all kinds of problems as you live your life.

❸ 좋은 말도 여러 번 들으면 싫게 마련이에요.
Even if the words are nice, you will be tired of it if you hear them many times.

❹ 기대가 크면 실망도 크게 마련이다.
The higher the expectation, the greater the disappointment.

연습 Practice 문장을 완성하십시오.
Complete the sentence.

1. ______________________ 성적이 떨이지게 마련이다.
2. 좋은 회사 제품이라도 오래 쓰면 ______________________.
3. 눈에서 멀어지면 ______________________.

006 | -게 하다

용법 Usage

다른 사람에게 어떤 행위를 하도록 시키거나 그러한 상태가 되도록 할 때 쓴다.

This is used in order to give an instruction to another person to carry out an action or accomplish a condition.

활용 형태 Forms of Utilization

-게 하다 동사의 어간 뒤에 사용한다.

It is used behind the verb stem.

예 입**게 하다**, 공부하**게 하다**

예문 Example

❶ 어머니가 아이에게 혼자 밥을 먹게 했다.
The mother made (her) child eat alone.

❷ 친구를 오래 기다리게 해서 미안했다.
I felt sorry because I made my friend wait for a long time.

❸ 고등학교에 다닐 때 학교에서 머리 염색을 못하게 했어요.
When I was in high school, the school didn't allow students to dye their hair.

참고 Note

1)의 경우는 어머니가 말을 하거나 옷을 주어 아이 스스로 옷을 입게 했다는 의미이고 2)의 경우는 어머니가 직접적으로 움직여 아이에게 옷을 입혔다 또는 아이 스스로 옷을 입도록 했다는 두 가지의 의미를 가지고 있다.

In the case of 1), it means that the mother told her child or gave the clothes to her child so that the child can wear it oneself. However, 2) can be interpreted in two ways: first interpretation is that the mother herself dressed her child, and second interpretation can be that the mother made the child dress by oneself.

1) 어머니가 아이에게 옷을 입게 했다.

2) 어머니가 아이에게 옷을 입혔다.

연습 Practice

대화를 완성하십시오.
Complete the conversation.

1. 가 : 아이가 하루 종일 집에서 게임만 해요.

   나 : 가능하면 밖에서 친구들과 ____________________ 게 하세요.

2. 가 : 어렸을 때 부모님께서 뭘 하지 못하게 했어요?

   나 : ____________________ 게 했어요.

3. 가 : 의사 선생님, 우리 아이가 퇴원하고 나서 뭘 주의해야 할까요?

   나 : ____________________ 게 하세요.

007 | -고 나서

용법 Usage

앞의 행동을 한 후에 뒤의 행동을 할 때 쓴다. '가다', '오다'를 쓸 경우에는 앞 문장과 뒤 문장의 주어가 다르다.

This is used when the first action is followed by the action in the second statement. A different subject is used in each of the statements when '가다' or '오다' is used.

활용 형태 Forms of Utilization

-고 나서 동사의 어간 뒤에 사용한다.
It is used behind the verb stem.

예 **읽고 나서, 일하고 나서**

예문 Example

❶ 밥을 먹고 나서 커피를 마시는 습관이 있어요.
I have a habit of drinking coffee after eating a meal.

❷ 너무 피곤해서 숙제를 끝내고 나서 바로 잤어요.
I was too tired so I slept right after I finished (my) homework.

❸ 영수가 오고 나서 미선이가 왔어요.
Mi-sun came after Young-su.

연습 Practice 문장을 완성하십시오.
Complete the sentence.

1. 수업이 끝나고 나서 ____________________________.
2. ____________________고 나서 저녁을 먹었어요.
3. ____________________고 나서 수업을 들으면 훨씬 이해하기가 쉬워요.

008 | -고말고요

용법 Usage

상대방의 질문에 강하게 긍정하거나 앞에서 한말에 동의할 때 쓴다. '정말 그렇다' 또는 '그렇게 하겠다'의 뜻을 나타낸다.

This is used to affirm a guestion of the conversation partner or to agree to what was previously stated. It means 'to be really so' or 'to do so'.

활용 형태 Forms of Utilization

-고말고요 동사나 형용사의 어간 뒤에 사용한다.
It is used behind the verb or adjectival stem.

예 먹**고말고요**, 주**고말고요**, 좋**고말고요**, 예쁘**고말고요**

이고말고요 명사 뒤에 사용한다.
It is used behind the noun.

예 학생**이고말고요**, 의사**이고말고요**

-었고말고요/았고말고요/였고말고요
과거나 완료를 나타낼 때 동사나 형용사의 어간 뒤에 사용한다.
It is used after the verb or adjectival stem to express past or perfect tense.

예 공부**했고말고요**, 아**팠고말고요**

예문 Example

❶ 가 : 그 사람을 잘 아나요?
Do you know the person well?

나 : 네, 알고말고요. 아주 좋은 사람이에요.
Yes, of course. He/she is a very good person.

❷ 가 : 그 식당 음식이 그렇게 맛있어요?
Is the food at the restaurant that good?

나 : 맛있고말고요. 내일 시간이 있으면 같이 가 봐요.
Of course it is. Let's go together if you have time tomorrow.

❸ 가 : 이거 진짜 새 것이지요?
Is this really a new one?

나 : 그럼요, 새 것이고말고요.
Yes, of course it is a new one.

④ 가 : 점심 식사하셨지요?
You've had lunch. huh?

나 : 그럼요. 벌써 2시인데 했고말고요.
Of course. It's already two.

연습 Practice

대화를 완성하십시오.
Complete the conversation.

1. 가 : 현금이 없는데 카드 결제도 돼요?

   나 : ______________________________고말고요.

2. 가 : 커피 좀 더 주실 수 있어요?

   나 : ______________________________고말고요. 얼마든지 드세요.

3. 가 : 옷 색깔이 마음에 안 드는데 다른 걸로 바꿀 수 있나요?

   나 : ______________________________고말고요. 어떤 색으로 드릴까요?

009 | -고 말다

용법 Usage 하지 말았어야 하는 일이나 하지 않으려고 했던 일을 하게 되었을 때 쓴다.

This is used when the speaker performed an unintended action or when something which should not have occurred took place.

활용 형태 Forms of Utilization

-고 말다 동사의 어간 뒤에 사용한다.

It is used behind the verb stem.

예 **받고 말았다, 떨어지고 말았다**

예문 Example

❶ 공부를 해야 했는데 잠이 들고 말았다.

I was supposed to study, but I ended up falling asleep.

❷ 회식 자리에서 친구의 비밀을 얘기하고 말았다.

I ended up telling my friend's secret at the dinner.

❸ 잘 한다고 하는 것이 그만 실수를 하고 말았어요.

I was trying so hard, but I ended up making a mistake.

참고 Note

'-고 말겠다'는 어떤 일을 이루고자 하는 강력한 의지를 나타낸다.

'-고 말겠다' expresses strong will to accomplish.

- 무슨 일이 있어도 이번에는 꼭 성공하고 말겠다.
- 오늘은 미신이에게 좋아한다고 고백하고 말겠어.

연습 Practice

대화를 완성하십시오.
Complete the conversation.

1. 가 : 감기에 걸렸어요?

   나 : 네, 독감이 유행이어서 조심했는데 ______________________________고 말았어요.

2. 가 : 옷을 또 사셨어요?

   나 : 안 사려고 했는데 옷이 너무 마음에 들어서 ________________________고 말았어요.

3. 가 : 어제 연세대와 한국대의 축구 경기 결과가 어떻게 되었어요?

   나 : 연세대 팀이 최선을 다해 싸웠지만 ______________________________고 말았어요.

010 | -고 보니

용법 Usage

어떠한 행위나 일이 일어나기 전에는 모르고 있다가 그 일이 일어난 이후에 새롭게 뒤의 내용을 알게 되었을 때 쓴다.

This is used when something is not known or discovered until an action or event happens.

활용 형태 Forms of Utilization

-고 보니

동사의 어간 뒤에 사용한다.

It is used behind the verb stem.

예 **듣고 보니, 마시고 보니**

예문 Example

❶ 아이를 낳고 보니 자식에 대한 부모의 마음을 알 것 같아요.

Now that I gave birth, I think I know how parents feel about their children.

❷ 졸업하고 보니 학생이었을 때가 그리워요.

Now that I graduated, I miss those days when I was a student.

❸ 알고 보니 언니의 남자친구가 제 고등학교 동창이었어요.

My sister's boyfriend turned out to be my classmate from high school.

연습 Practice

문장을 완성하십시오.

Complete the sentence.

1. 명동으로 가는 버스인 줄 알았는데 ______________고 보니 반대쪽으로 가는 버스였다.

2. 잘 살펴보지 않고 샀는데 ______________고 보니 유통기한이 지난 우유였어요.

3. 내가 마시던 커피인 줄 알았는데 ______________고 보니 ______________.

011 | -고 해서

용법 Usage

여러 이유 중에서 가장 대표적인 이유 하나를 말할 때 쓴다.
This is used to state the one major reason among multiple reasons.

활용 형태 Forms of Utilization

-고 해서 동사나 형용사의 어간 뒤에 사용한다.
It is used behind the verb or adjectival stem.

예 **읽고 해서, 사고 해서, 많고 해서, 피곤하고 해서**

예문 Example

❶ 보너스도 받고 해서 친구들에게 한턱냈어요.
I gave my friends a treat because I got a bonus.

❷ 아침에 비도 오고 해서 택시를 탔어요.
I took a cab because it was raining in the morning.

❸ 날씨도 좋고 해서 산책을 했어요.
I went out for a walk because the weather was nice.

연습 Practice 대화를 완성하십시오.
Complete the conversation.

1. 가 : 어제 왜 일찍 퇴근하셨어요?
   나 : ______________________고 해서 일찍 퇴근했어요.

2. 가 : 이사한 지 얼마 되지도 않았는데 왜 또 이사했어요?
   나 : ______________고 해서 ______________________.

3. 가 : 다들 휴가 때 여행을 가는데 왜 미선 씨는 안 가세요?
   나 : ______________고 해서 ______________________.

012 | -고는

용법 Usage 앞의 행동을 한 후에 달라진 상황이나 예상 밖의 행동을 할 때 쓴다.

This is used to point out a change in circumstances after an action or event has occurred, or to indicate an unanticipated action.

활용 형태 Forms of Utilization

-고는 동사의 어간 뒤에 사용한다.
It is used behind the verb stem.

예 **받고는, 쓰고는**

예문 Example

❶ 담배를 끊고는 건강이 많이 좋아졌어요.
My body is feeling a lot better after I quit smoking.

❷ 그 옷을 사고는 한 번도 입지 않았어요.
I haven't wore that clothes ever since I bought it.

❸ 편지를 읽고는 한참 동안 아무 말도 하지 않았다.
I couldn't say anything for quite awhile after reading the letter.

연습 Practice 문장을 완성하십시오.
Complete the sentence.

1. ______________________고는 아주 다른 사람이 되었다.

2. 운동을 시작하고는 ______________________.

3. 사표를 쓰고는 ______________________.

013 | -고도

용법 Usage 앞의 행동이나 사실과 다른 행동을 하거나 예상된 결과가 아닐 때 쓴다.

This is used when the speaker carried out an action different from what was described in the first statement or when something unexpected has happened.

활용 형태 Forms of Utilization

-고도 동사의 어간 뒤에 사용한다.
It is used behind the verb stem.

예 **듣고도, 자고도**

예문 Example

❶ 편지를 받고도 답장을 보내지 않았어요.
I didn't reply back even after I received the letter.

❷ 잘못을 하고도 사과를 하지 않는다.
He/she didn't apologize even when he/she made a mistake.

❸ 나를 보고도 인사를 하지 않아요.
He/she doesn't even greet me even when he/she saw me.

연습 Practice

관계있는 것을 연결해서 문장을 만드십시오.
Connect the related ones to make a sentence.

보기

시디(CD)를 사 놓다 • —— • 아직까지 한 번도 듣지 않았다

➡ 시디를 **사 놓고도** 아직까지 한 번도 듣지 않았다.

1. 표를 예매하다 •   • 영화를 보러 가지 않았다
2. 책을 읽다 •   • 모르는 척 했어요
3. 그 사실을 알다 •   • 무슨 내용인지 모른다

______________________________.

______________________________.

______________________________.

014 | -고서

용법 Usage

앞의 행동을 하고 나서 그 후에 뒤의 행동을 하거나 어떤 상태가 되었을 때 쓴다.

This is used when the event in the first statement is followed by a second event, or when a certain state is reached after the first event has been completed.

활용 형태 Forms of Utilization

-고서 동사의 어간 뒤에 사용한다.
It is used behind the verb stem.

예 **입고서, 만나고서**

예문 Example

❶ 그 소식을 듣고서 기쁨의 눈물을 흘렸다.
After I heard the news, I was in tears of joy.

❷ 숙제를 끝내고서 텔레비전을 봤어요.
I watched television after I finished my homework.

❸ 전화를 받고서 바로 나갔어요.
I went out right after I received a phone call.

연습 Practice 자신의 하루 일과를 써 보십시오.
Write down your daily routine.

1. 운동을 하고서 ____________________.
2. ____________________고서 친구들과 영화를 봤어요.
3. ____________________고서 ____________________.

015 | -고서는

용법 Usage

'행위가 끝난 그 다음에'의 뜻으로 앞 문장과 뒤 문장 사이에 시간적 선후 관계가 있을 때 쓴다. 또는 앞 문장의 상태에서는 뒤 문장의 행동을 할 수 없거나 하면 안 된다는 뜻을 나타내는데 이때는 뒤에 부정형이 오는 것이 자연스럽다.

Meaning 'after a certain action has been completed', this ending is used when the first and the following statements are related. It is also used to indicate that the latter action is not likely due to the event in the first statement, in which case the following statement should be given in a negative form.

활용 형태 Forms of Utilization

-고서는 동사의 어간 뒤에 사용한다.
It is used behind the verb stem.

예 신고서는, 자고서는

예문 Example

❶ 인사를 나누고서는 그냥 헤어졌다.
We went our way after saying good-bye.

❷ 직접 체험해 보지 않고서는 그 일에 대해서 자세히 알 수 없다.
It is impossible to know in details unless you actually experience it.

❸ 한국말을 모르고서는 한국 문화를 이해할 수 없어요.
You cannot understand Korean culture unless you know the language.

연습 Practice 대화를 완성하십시오.
Complete the conversation.

1. 가 : 미선 씨가 언제 집을 나갔어요?
   나 : ______________________ 고서는 바로 나갔어요.

2. 가 : 주말에 영화를 보려고 하는데 미리 예매하지 않아도 되겠지?
   나 : 요즘은 사람이 많아서 ______________________ 고서는 영화를 볼 수 없어.

3. 가 : 외국 회사에 취직을 하려면 어떤 조건을 갖추어야 하나요?
   나 : 요즘 같은 국제화 시대에 ______________ 고서는 ______________.

016 | -곤 하다

용법 Usage

습관적으로 자주 하는 행동을 나타낼 때 쓴다.
This is used to indicate that the action is carried out frequently by habit.

활용 형태 Forms of Utilization

-곤 하다 동사의 어간 뒤에 사용한다.
It is used behind the verb stem.

예 **먹곤 하다**, 전화하**곤 하다**

예문 Example

❶ 혼자 해결하기 어려운 문제가 생기면 선생님의 도움을 받곤 해요.
If there is any problem that I can't solve by myself, I would get help from my teacher.

❷ 약속 시간보다 일찍 도착하면 근처 서점에 들르곤 했다.
Whenever I arrive at the appointment early, I would stop by a bookstore nearby.

❸ 비가 오면 할머니께서는 빈대떡을 부쳐 주시곤 해요.
Whenever it rains, my grandmother would make a Bindaedduk.

연습 Practice 대화를 완성하십시오.
Complete the conversation.

1. 가 : 공부하다가 졸리면 어떻게 하세요?
   나 : ______________________곤 해요.
2. 가 : 스트레스가 쌓이면 어떻게 하세요?
   나 : ______________________곤 해요.
3. 가 : 어렸을 때 친구들과 뭘 하면서 놀았어요?
   나 : ______________________곤 했어요.

017 | -기는요

용법 Usage

상대방의 말을 부정하거나 그 말에 동의하지 않을 때 쓴다. 칭찬에 대해 쓰면 겸손한 표현이 된다.

This is used to deny the other person's statement or disagree with him. When used as a response to a compliment, the speaker is considered a modest person.

활용 형태 Forms of Utilization

-기는요 동사나 형용사의 어간 뒤에 사용한다.

It is used behind the verb or adjectival stem.

예 **듣기는요, 보기는요, 좋기는요, 예쁘기는요**

예문 Example

❶ 가 : 그 소설책을 다 읽으셨어요?

Have you finished the novel?

나 : 다 읽기는요. 아직 반도 못 읽었어요.

Read it all? I haven't even read half of the book yet.

❷ 가 : 피아노를 참 잘 치시네요

You play piano very well.

나 : 잘 치기는요. 저보다 더 잘 치시는 분들이 얼마나 많은데요.

Play well? There are a lot of people who can play better than I do.

❸ 가 : 한국은 3월에 따뜻하지요?

March in Korea is very warm, huh?

나 : 따뜻하기는요. 3월에도 추워요.

Warm? It's still cold in March.

연습 Practice

대화를 완성하십시오.
Complete the conversation.

1. 가 : 그 영화가 재미있지요?

   나 : ______________________기는요. 보다가 지루해서 중간에 졸았어요.

2. 가 : 도와 주셔서 정말 고맙습니다

   나 : ______________________기는요. 제가 해야 할 일을 했을 뿐이에요.

3. 가 : 한국말을 참 잘 하시네요.

   나 : ______________________기는요. 아직도 멀었어요.

018 | –기만 하다

용법 Usage

다른 행동은 하지 않고 오직 한 가지 행동만 할 때 쓴다. 또한 다른 말이나 상황에 영향을 받지 않고 또는 그것에 관계없이 어떤 상태가 계속 지속됨을 나타낼 때 쓴다.
This is used when only a single action is performed. It is also used to indicate that a certain state is maintained regardless of conditions in other statements.

활용 형태 Forms of Utilization

–기만 하다 동사나 형용사의 어간 뒤에 사용한다.
It is used behind the verb or adjectival stem.

예 **울기만 하다, 쓰기만 하다, 낯설기만 하다, 크기만 하다**

예문 Example

❶ 아이들이 시험 준비는 하지 않고 놀기만 해요.
Kids are just hanging out and not studying for the test.

❷ 여기 있는 신청서를 쓰기만 하면 돼요.
You just need to fill out this request form here.

❸ 가 : 혼자 지내니까 외롭지요?
Isn't it lonely to stay alone?

나 : 저는 자유로워서 좋기만 한걸요.
I just like the freedom.

❹ 가 : 된장찌개 맛이 어때요?
How does the soy bean soup taste?

나 : 짜기만 해요.
It's just salty.

참고 Note

'하다' 동사일 때 '만 하다'로 쓸 수 있다.
Only '만 하다' can be used for '하다' verbs.

- 미서 씨는 도서관에서 하루 종일 공부만 해요.
- 과장님은 주말에도 쉬지 않고 회사에 나와서 일만 하세요.

연습 Practice 대화를 완성하십시오.
Complete the conversation.

1. 가 : 어제 파티 준비 때문에 고생을 많이 하셨지요?
   나 : 아니에요. 어머니께서 다 하셨고 저는 ________________________기만 했어요.
2. 가 : 어제 회식 자리에서 무슨 이야기를 하셨나요?
   나 : 다들 배가 고파서 ________________________________기만 했어요.
3. 가 : 학교 앞에 있는 커피숍이 어때요?
   나 : 서비스도 별로 좋지 않고 ____________________________기만 해요.

019 | -기에는

용법 Usage 어떠한 상황을 기준으로 하여 그것을 근거로 판단할 때 쓴다.
This is used when a situation is given as the basis on which a judgment is made.

활용 형태 Forms of Utilization

-기에는 동사의 어간 뒤에 사용한다.
It is used behind the verb stem.

예 만들**기에는**, 사용하**기에는**

예문 Example

❶ 이 집은 다섯 사람이 살기에는 좁아요.
This room is small for five people to live in.

❷ 저 옷은 일할 때 입기에는 불편해 보여요.
That outfit looks uncomfortable to wear it to work.

❸ 그 일을 포기하기에는 좀 이른 것 같다.
I think it is too early to give it up.

연습 Practice 다음에 대한 자신의 생각을 쓰십시오.
Write your opinion about the following sentences.

1. 1급 학생이 한국 소설책으로 공부하려고 한다.

➡ ____________________기에는 ______________________________.

2. 친구의 소개로 만난 지 한 달 됐는데 다음 달에 결혼하려고 한다.

➡ ____________________기에는 ______________________________.

3. 부모님이 초등학생 아이를 혼자 해외 유학 보내려고 한다

➡ ____________________기에는 ______________________________.

020 | –긴 하는데

용법 Usage

'–기는 하는데'의 준말로 앞의 내용을 인정하지만 상반되는 내용을 뒤이어 부각시킬 때 쓴다.

This is used when the speaker agrees to the first statement but wishes to highlight conflicting information in the following statement. '긴' is a contraction of '–기는'.

활용 형태 Forms of Utilization

–긴 하는데
동사 어간 뒤에 사용한다.
It is used behind the verb stem.
예 열**긴 하는데**, 외우**긴 하는데**

–긴 한데
형용사 어간 뒤에 사용한다.
It is used behind the adjectival stem.
예 있**긴 한데**, 편하**긴 한데**

이긴 한데
명사 뒤에 사용한다.
It is used behind the noun.
예 외국인**이긴 한데**, 비서**이긴 한데**

–긴 했는데
과거나 완료를 나타낼 때 동사나 형용사의 어간 뒤에 사용한다.
It is used after the verb or adjectival stem to express past or perfect tense.
예 만나**긴 했는데**, 복잡하**긴 했는데**

–긴 하겠는데
의지나 추측을 나타낼 때 동사나 형용사의 어간 뒤에 사용한다.
It is used behind the verb or adjectival stem to express will or supposition.
예 입**긴 하겠는데**, 맵**긴 하겠는데**

꼭~ 알아두기

예문 Example

❶ 바람이 좀 불긴 하는데 춥지는 않다.
It is a bit windy, but it isn't cold.

❷ 집이 학교에서 가깝긴 한데 버스를 갈아타야 해요.
My house is close to the school, but I have to transfer buses.

❸ 오늘이 생일이긴 한데 바빠서 파티를 못 할 것 같아요.
It is my birthday, but I don't think I can have a party because I'm too busy.

❹ 그 소문을 듣긴 했는데 사실인지 아닌지 잘 모르겠어요.
I did hear that rumor, but I'm not sure if it is true or not.

❺ 제가 말씀 드리긴 하겠는데 혹시 모르니까 미선 씨도 연락 드리세요.
I will tell (him/her), but just in case Misun, you should also contact (him/her).

연습 Practice

대화를 완성하십시오.
Complete the conversation.

1. 가 : 그동안 약을 안 드셨어요? 아직까지 감기가 낫지 않았네요.
   나 : ____________________ 긴 하는데 좋아지지 않아요.

2. 가 : 한국 생활이 어떠세요?
   나 : ____________ 긴 하는데 ____________________.

3. 가 : 친구에게 생일 선물을 주셨어요?
   나 : ____________ 긴 하는데 ____________________

꼭~ 알아두기

문법 알아보기

ㄴ

021 | –네요

용법 Usage 지금 듣거나 보고 새롭게 알게 된 사실을 말할 때 쓴다.
This is used to state a newly informed, witnessed or realized fact.

활용 형태 Forms of Utilization

–네요 동사나 형용사의 어간 뒤에 사용한다.
It is used behind the verb or adjectival stem.

예 먹**네요**, 오**네요**, 아름답**네요**, 예쁘**네요**

이네요 명사 뒤에 사용한다.
It is used behind the noun.

예 여름**이네요**, 변호사**이네요**

–었네요/았네요/였네요
과거나 완료를 나타낼 때 동사나 형용사의 어간 뒤에 사용한다.
It is used after the verb or adjectival stem to express past or perfect tense.

예 닫**았네요**, 날씬**했네요**

–겠네요 추측을 나타낼 때 동사나 형용사의 어간 뒤에 사용한다.
It is used behind the verb or adjectival stem to express supposition.

예 배우**겠네요**, 작**겠네요**

예문 Example

❶ 영수 씨, 사진을 정말 잘 찍네요.
Young-su, you are really good at taking pictures.

❷ 하숙집을 구하기가 참 어렵네요.
It is quite difficult to obtain a boarding house.

❸ 벌써 7월이네요.
It is already July.

❹ 생일 선물을 많이 받으셨네요.
Oh, you have received a lot of birthday gifts.

❺ 밤을 새우셔서 피곤하시겠네요.
You must be tired after staying up all night.

연습 Practice

대화를 완성하십시오.
Complete the conversation.

1. 가 : 제 친구가 그린 그림인데 어때요?

   나 : ______________________________ 네요.

2. 가 : 학교에서 집까지 걸어서 10분밖에 안 걸려요.

   나 : ______________________________ 네요.

3. 가 : 저는 한국 영화 DVD를 100개나 모았어요.

   나 : ______________________________ 네요.

꼭~ 알아두기

022 | –느라고

용법 Usage

앞의 행동 때문에 뒤의 행동을 하지 못했거나 부정적인 결과가 나타났을 때 쓴다. 또한 앞 문장의 내용이 뒤 문장에 대한 목적이 될 때도 쓴다.

This is used to indicate that the former action prevented the latter action from taking place or that a negative result was brought about. It is also used when the former statement serves as the purpose of the following statement.

활용 형태 Forms of Utilization

–느라고 동사의 어간 뒤에 사용한다.
It is used behind the verb or adjectival stem.

예 **듣느라고, 청소하느라고**

예문 Example

❶ 책을 읽느라고 잠을 거의 못 잤다.
I hardly slept trying to read this book.

❷ 영화를 보느라고 숙제를 하지 못했어요.
I couldn't get my homework done because I was watching a movie.

❸ 부모님께서 저희 삼 형제를 키우시느라고 정말 고생을 많이 하셨어요.
My parents went through a lot of trouble raising us three brothers.

❹ 웃음을 참느라고 계속 다리를 꼬집었어요.
I kept pinching my leg in order to stifle my laughter.

❺ 친구 선물을 사느라고 백화점에 갔다 왔어요.
I went to the department store in order to buy my friend's present.

참고 Note

'–느라고'를 쓸 때 앞 문장과 뒤 문장의 주어가 같아야 한다. 또한 뒤 문장에 명령문이나 청유문이 올 수 없으며 '–었/았/였–'이나 '–겠–'과 함께 쓸 수 없다.

When using '–느라고', the subjects for the front and following clauses have to be the same. Imperative and propositive sentences cannot come behind it, and it cannot be used with '–었/았/였–' or '–겠–'.

- 제가 샤워하느라고 친구가 전화를 못 받았어요. (×)
- 시험 공부를 하느라고 같이 도서관에 갑시다. (×)
- 공항에 갔느라고 모임에 갈 수 없었어요. (×)

대체로 의도하지 않은 행위일 때 '–느라고'와 결합할 수 없다.
It usually cannot be used with '–느라고', when the action is not intentional.

- 늦잠을 자느라고 수업 시간에 늦었어요. (×)
- 자느라고 문자 메시지를 확인하지 못했어요. (○)

연습 Practice 대화를 완성하십시오.
Complete the conversation.

1. 가 : 왜 이렇게 늦었니? 다들 오래 기다렸어.
   나 : 미안해. ____________________느라고 늦었어.
2. 가 : 민철 씨, 좀 피곤해 보여요.
   나 : ____________________느라고 ____________________.
3. 가 : 왜 이렇게 바쁘세요?
   나 : ____________________느라고 ____________________.

023 | –는걸요

용법 Usage

새롭게 알게 된 사실이나 자신의 주장을 말할 때 쓴다.
This is used to state a newly discovered fact or one's argument.

활용 형태 Forms of Utilization

–는걸요 동사나 '있다', '없다'의 어간 뒤에 사용한다.
It is used after the stem of the verb or '있다', '없다'.
예 걷**는걸요**, 가**는걸요**, 있**는걸요**

–은걸요 자음으로 끝나는 형용사의 어간 뒤에 사용한다.
It is used behind the adjectival stem that ends in consonants.
예 좁**은걸요**

–ㄴ걸요 모음으로 끝나는 형용사의 어간 뒤에 사용한다.
It is used behind the adjectival stem that ends in vowels.
예 나**쁜걸요**

인걸요 명사 뒤에 사용한다.
It is used behind the noun.
예 학생**인걸요**, 휴가**인걸요**

–었는걸요/았는걸요/였는걸요
과거나 완료를 나타낼 때 동사나 형용사의 어간 뒤에 사용한다.
It is used after the verb or adjectival stem to express past or perfect tense.
예 먹**었는걸요**, 바**빴는걸요**

–겠는걸요 추측을 나타날 때 동사나 형용사의 어간 뒤에 사용한다.
It is used behind the verb or adjectival stem to express one's supposition.
예 팔리**겠는걸요**, 맛있**겠는걸요**

예문 Example

❶ 가 : 내일 휴일인데 영화나 보러 갈까요?
Shall we go see a movie since it's a holiday tomorrow?

나 : 저는 내일도 회사에 나와야 하는걸요.
I have to go to work even tomorrow.

❷ 가 : 창문을 좀 열까요?
Sould I open the window?

나 : 열지 마세요. 저는 좀 추운걸요.
Don't open it. I'm a bit cold.

❸ 가 : 두 사람이 연인 사이예요?
Are you two a couple?

나 : 아니에요. 그냥 친구 사이인걸요.
No. We are just friends.

❹ 가 : 차를 더 드릴까요?
Shall I give you some more tea?

나 : 괜찮아요. 벌써 많이 마셨는걸요.
I'm fine. I've already had it a lot

❺ 좀 더 서두릅시다. 다들 기다리겠는걸요.
Let's hurry a bit more. They must all be waiting.

참고 Note

어떠한 행위가 완료되었을 때 '-은걸요/ㄴ걸요'로도 쓸 수 있다.
It can be used as '-은걸요/ㄴ걸요' when an action is completed.

- 그 책은 벌써 다 읽은걸요.
- 연말이라서 식당 예약이 꽉 찬걸요.

연습 Practice 대화를 완성하십시오.
Complete the conversation.

1. 가 : 바쁘실 텐데 이렇게 와 주셔서 감사합니다.
   나 : 감사하기는요. ______________________________는걸요.
2. 가 : 미선 씨는 형제가 많아서 좋으시겠어요.
   나 : 좋기는요. ______________________________는걸요.
3. 가 : 한국에 온 지 1년 됐으니까 이제 한국 생활에 익숙해지셨지요?
   나 : ______________________________는걸요.

024 | -는 김에

용법 Usage

어떤 일을 하거나 이미 일어난 상황을 이용하여 계획에 없었던 다른 일도 함께 할 때 쓴다.

This is used when someone performs something unplanned while carrying out another action or by taking advantage of a situation that this action has created.

활용 형태 Forms of Utilization

-는 김에

동사의 어간 뒤에 사용한다.

It is used behind the verb stem.

예 넣**는 김에**, 연습하**는 김에**

-은 김에

과거나 완료를 나타낼 때 자음으로 끝나는 동사의 어간 뒤에 사용한다.

It is used after the verb or adjectival stem that ends in consonants to express past or perfect tense.

예 먹**은 김에**

-ㄴ 김에

과거나 완료를 나타낼 때 모음으로 끝나는 동사의 어간 뒤에 사용한다.

It is used after the verb or adjectival stem that ends in vowels to express past or perfect tense.

예 **본 김에**

예문 Example

❶ 내 샌드위치를 만드는 김에 친구 것까지 만들었어요.
I made a sandwich for my friend while I was making one for myself.

❷ 시내에 가는 김에 서점에도 들를까 해요.
I'm thinking of stopping by the bookstore while I'm going out to town.

❸ 이렇게 다 같이 모여 앉은 김에 다음 일정에 대해 의논해 봐요.
Let's discuss the next schedule since we are all seated here together.

❹ 말이 나온 김에 오늘 그 식당에 한번 가 봅시다.
Speaking of that restaurant, let's go there today.

연습 Practice 관계있는 것을 연결해서 문장을 만드십시오.
Connect the related ones to make a sentence.

보기

일어서다 • ——— • 창문 좀 닫아주세요

➡ **일어선 김에** 창문 좀 닫아 주세요.

1. 명동에 볼 일이 있어서 나가다 •   • 가족 사진을 찍었어요
2. 화장실을 수리하다 •   • 부엌도 수리했으면 좋겠어요
3. 명절에 가족들이 다 모이다 •   • 친구 회사에 들렀어요

______________________________.

______________________________.

______________________________.

025 | –는 대로

용법 Usage '앞선 동작이나 상태와 같은 모양으로'의 뜻을 나타낼 때 쓴다.
This is used to signify 'in the same pattern as the previous action or condition'.

활용 형태 Forms of Utilization

–는 대로 동사나 '있다', '없다'의 어간 뒤에 사용한다.
It is used after the stem of the verb or '있다', '없다'.

예 걷는 **대로**, 그리는 **대로**, 있는 **대로**

–은 대로 자음으로 끝나는 형용사의 어간 뒤에 사용한다.
It is used behind the adjectival stem that ends in consonants.

예 많**은 대로**

–ㄴ 대로 모음으로 끝나는 형용사의 어간 뒤에 사용한다.
It is used behind the adjectival stem that ends in vowels.

예 **큰 대로**

–은/ㄴ 대로 과거나 완료를 나타낼 때 동사의 어간 뒤에 사용한다.
It is used behind the verb stem to express past or perfect tense.

예 잡**은 대로**, 생각**한 대로**

예문 Example

❶ 저는 저 사람이 시키는 대로 했을 뿐이에요.
All I did was to do as that person told me to.

❷ 들은 대로 말씀해 주세요.
Tell me what you heard.

❸ 가 : 돈이 많으면 행복할까요?
Would you be happy if you had a lot of money?

나 : 돈이 많으면 많은 대로 다른 걱정이 있을 거예요.
If I had a lot of money, I would have as much other worries as I have money.

연습 Practice 문장을 완성하십시오.
Complete the sentence.

1. 결정해 주시면 ____________________는 대로 따르겠습니다.

2. 그때 상황을 ____________________는 대로 자세히 설명해 주세요.

3. 사이가 가까우면 ____________________는 대로 지켜야 할 예의가 있어요.

ㄴ

026 | -는 대신에

용법 Usage

앞의 행동을 하지 않고 다른 행동으로 대체하거나, 앞의 행동에 대한 보상을 나타낼 때 쓴다.

This is used when someone leaves an event undone and moves on to another event in the following statement, or when the following event serves as compensation for the first one.

활용 형태 Forms of Utilization

-는 대신에 동사의 어간 뒤에 사용한다.
It is used behind the verb stem.

예 **받는 대신에, 쉬는 대신에**

예문 Example

❶ 내가 청소하는 대신에 너는 설거지를 해.
I'll do the cleaning and you do the dishes instead.

❷ 친구가 보고서 쓰는 걸 도와주는 대신에 내가 친구에게 점심을 사기로 했다.
In exchange for helping me write my report, I decided to buy my friend lunch.

❸ 일찍 출근하는 대신에 일찍 퇴근한다.
I get to leave work early because I come to work early.

참고 Note

명사 뒤에도 쓸 수 있다.
It also can be used after nouns.

- 쇠고기 대신에 닭고기를 넣어도 돼요.
- 미선 씨가 사정이 있어서 미선 씨 대신에 제가 왔어요.

연습 Practice 대화를 완성하십시오.
Complete the conversation.

1. 가 : 일요일인데 회사에 가세요?

   나 : ______________________는 대신에 월요일에는 쉬어요.

2. 가 : 한국 친구한테 영어를 가쳐준다면서요?

   나 : 네, ______________는 대신에 ______________________.

3. 가 : 주말에 영화 보러 가자. 내가 예매해 놓을게.

   나 : ______________는 대신에 ______________________.

027 | -는 모양이다

용법 Usage 어떤 상황을 보고 다른 사람의 행동이나 상태를 추측하여 말할 때 쓴다.
This is used when an action or a state of another person is inferred from a certain situation.

활용 형태 Forms of Utilization

-는 모양이다 동사나 '있다', '없다'의 어간 뒤에 사용한다.
It is used after the stem of the verb or '있다', '없다'.
예 찾**는 모양이다**, 일하**는 모양이다**, 재미있**는 모양이다**

-은 모양이다 자음으로 끝나는 형용사의 어간 뒤에 사용한다.
It is used behind the adjectival stem that ends in consonants.
예 좋**은 모양이다**

-ㄴ 모양이다 모음으로 끝나는 형용사의 어간 뒤에 사용한다.
It is used behind the adjectival stem that ends in vowels.
예 기**쁜 모양이다**

인 모양이다 명사 뒤에 사용한다.
It is used behind the noun.
예 학생**인 모양이다**, 의사**인 모양이다**

-은/ㄴ 모양이다 과거나 완료를 나타낼 때 동사의 어간 뒤에 사용한다.
It is used behind the verb stem to express past or perfect tense.
예 먹**은 모양이다**, **본 모양이다**

-을/ㄹ 모양이다 미래를 나타낼 때 동사의 어간 뒤에 사용한다.
It is used behind the verb stem to express future tense.
예 입**을 모양이다**, **올 모양이다**

예문 Example

❶ 옆집에서 고기를 구워 먹는 모양이다.
They must be grilling meat next door.

❷ 아이가 저 장난감을 갖고 싶은 모양이에요.
The child seems to want that toy.

❸ 친구가 요즘 연락을 안 하는 걸 보니까 바쁜 모양이다.
My friend must be busy because she does not call these days.

❹ 그 사람은 고향으로 돌아간 모양이다.
That person seems to have gone back to his hometown.

❺ 곧 문을 닫을 모양입니다.
It looks like they are closing soon.

연습 Practice

대화를 완성하십시오.
Complete the conversation.

1. 가 : 선생님께 여러 번 전화 드렸는데 전화를 안 받으세요.
   나 : ______________________________는 모양이에요.

2. 가 : 오후에 비가 올까요?
   나 : 구름이 많이 낀 걸 보니까 ______________________는 모양이에요.

3. 가 : 왜 이렇게 길이 많이 막히지요?
   나 : ______________________________는 모양이에요.

028 | -는 바람에

용법 Usage 앞의 상황이 원인이 되어 뒤의 결과에 주로 부정적인 영향을 미칠 때 쓴다.
This is used when an event or situation in the first statement leads to a result in the following statement which is mostly negative.

활용 형태 Forms of Utilization

-는 바람에 동사의 어간 뒤에 사용한다.
It is used behind the verb stem.
예 **웃는 바람에**, **자는 바람에**

예문 Example

❶ 아이가 계속 우는 바람에 영화도 제대로 보지 못하고 극장에서 나왔다.
Because our child kept crying, we had to leave the theater without properly seeing the movie.

❷ 동료들이 빨리 나가자고 재촉하는 바람에 일을 다 못 끝내고 퇴근했다.
Because my colleagues kept pressing me to leave, I had to leave work without finishing all of my duties.

❸ 사람들이 갑자기 입구로 몰리는 바람에 사고가 발생했다.
An accident occurred because people suddenly rushed to the entrance all at once.

연습 Practice 문장을 완성하십시오.
Complete the sentence.

1. 교통사고가 나는 바람에 ______________________________.
2. ______________________는 바람에 이번 달 생활비가 모자라요.
3. ______________________는 바람에 모임에 가지 못했다.

029 | –는 반면에

용법 Usage 앞의 내용과 반대되는 사실을 연결하여 말할 때 쓴다. '–는 반면'으로도 쓸 수 있다.

This is used to state a fact that is contradictory to what is stated in the first statement. It is interchangeable with '–는 반면'.

활용 형태 Forms of Utilization

–는 반면에 동사나 '있다', '없다'의 어간 뒤에 사용한다.
t is used after the stem of the verb or '있다', '없다'.
예 입**는 반면에**, 싫어하**는 반면에**, 없**는 반면에**

–은 반면에 자음으로 끝나는 형용사 어간 뒤에 사용한다.
It is used behind the adjectival stem that ends in consonants.
예 높**은 반면에**

–ㄴ 반면에 모음으로 끝나는 형용사 어간 뒤에 사용한다.
It is used behind the adjectival stem that ends in vowels.
예 뛰어**난 반면에**

–은/ㄴ 반면에 과거나 완료를 나타낼 때 동사의 어간 뒤에 사용한다.
It is used behind the verb stem to express past or perfect tense.
예 맡**은 반면에**, 발전**된 반면에**

예문 Example

❶ 월급을 많이 받는 반면에 일이 많아요.
In return for a high salary there is a lot of work to do.

❷ 그 집은 거실이 넓은 반면에 방은 좁은 편이다.
That house has a big living room but on the other hand, the rooms are quite small.

❸ 영어 시험은 90점이 넘은 반면에 수학 시험은 60점도 안 되었다.
I got more than 90 points on my English exam but on the other hand, I scored less than 60 on my Math exam.

❹ 작년에 맥주는 판매량이 줄어든 반면 소주는 판매량이 늘었다.
Last year beer sales decreased but on the other hand, Soju sales increased.

참고 Note

'반면에'는 문장 앞에 부사어로 쓸 수도 있다.
'반면에' can be used as an adverb in front of a sentence.

- 배추, 무 등 채소 값은 전년에 비해 대폭 상승했다. 반면에 돼지고기, 소고기 등 육류 값은 소폭 하락세를 보이고 있다.
- 내국인의 해외 관광객 수는 증가하고 있다. 반면에 외국인의 국내 관광객 수는 감소하고 있다.

연습 Practice 문장을 완성하십시오.
Complete the sentence.

1. 말하기는 잘 하는 반면에 ______________________________.
2. 경기 악화로 물가는 오른 반면에 ______________________________.
3. 최근 청소년들의 여가 활동을 조사한 결과 ______________________는 반면에 인터넷 이용 시간은 크게 증가했다.

030 | -는 법이다

용법 Usage 자연스러운 법칙이나 당연히 그러하거나 또는 그렇게 해야 함을 나타낼 때 쓴다.
This is used to state a natural rule, or something which is natural or is meant to be natural.

활용 형태 Forms of Utilization

-는 법이다 동사나 '있다', '없다'의 어간 뒤에 사용한다.
It is used after the stem of the verb or '있다', '없다'.
예 찾**는 법이다**, 배우**는 법이다**, 없**는 법이다**

-은 법이다 자음으로 끝나는 형용사의 어간 뒤에 사용한다.
It is used behind the adjectival stem that ends in consonants.
예 싫**은 법이다**

-ㄴ 법이다 모음으로 끝나는 형용사의 어간 뒤에 사용한다.
It is used behind the adjectival stem that ends in vowels.
예 아**픈 법이다**

예문 Example

❶ 급하게 서두르면 실수하는 법이다.
If you rush, then you are deemed to make mistakes.

❷ 윗물이 맑아야 아랫물도 맑은 법이다.
The upper waters must be clean in order for the lower waters to be also clean.

❸ 고슴도치도 자기 새끼는 예쁜 법이다.
Even the hedgehog thinks her own young fairest.

연습 Practice 대화를 완성하십시오.
Complete the conversation.

1. 가 : 저는 왜 이렇게 자주 체하죠?

   나 : 급히 먹으면 ____________________는 법이에요. 그러니까 천천히 먹는 습관을 들이세요.

2. 가 : 저는 일할 때 실수를 많이 하는 편이에요.

   나 : _______________으면 _______________는 법이에요. 그러니까 여유를 갖고 일을 하세요.

3. 가 : 약속을 몇 번 못 지켰더니 친구들이 저를 믿어주지 않아요.

   나 : ____________________으면 ___________________________는 법이에요. 친구들에게 사과하고 앞으로는 약속을 잘 지키세요.

031 | -는 셈이다

용법 Usage

사실과 완전히 일치하지는 않지만 앞뒤의 상황으로 짐작해 볼 때 그런 정도이거나 그러한 결과라고 말할 수 있을 때 쓴다. 주로 '-으니까/니까'와 함께 쓴다.

This is used when a statement, although not completely corresponding to a fact, is to the similar degree or same result considering the surrounding circumstances. It is often used along with '-으니까/니까'.

활용 형태 Forms of Utilization

-는 셈이다 동사의 어간 뒤에 사용한다.
It is used behind the verb stem

예 찾는 **셈이다**, 쓰는 **셈이다**

-은 셈이다 과거나 완료를 나타낼 때 자음으로 끝나는 동사의 어간 뒤에 사용한다.
It is used behind the verb stem that ends in consonants to express past or perfect tense.

예 읽은 **셈이다**

-ㄴ 셈이다 과거나 완료를 나타낼 때 모음으로 끝나는 동사의 어간 뒤에 사용한다.
It is used behind the verb stem that ends in vowels to express past or perfect tense.

예 본 **셈이다**

예문 Example

❶ 지금 주식을 팔면 오히려 손해를 입는 셈이다
If I sell the stock now, then I will be taking a loss instead.

❷ 그 길로 가면 많이 돌아가는 셈이에요.
If you go that way, you will be taking a longer route.

❸ 설치비만 냈으니까 이 에어컨은 공짜로 얻은 셈이에요.
Because I only had to pay the installation fee, it's like I got this air conditioner for free.

❹ 백 명 중 아흔 두 명이 찬성했으니까 거의 다 찬성한 셈이다.
Ninety two out of hundred people have agreed so you can say that almost everyone agreed.

연습 Practice 문장을 완성하십시오.
Complete the sentence.

1. 1년 전에 은행에서 백만 원을 빌렸다. 매달 조금씩 갚고 있는데 이번 달 까지 모두 95만 원을 갚았다. 이제 5만 원만 갚으면 되니까 ____________________는 셈이다.

2. 보고서를 쓰고 있는데 표지만 만들면 되니까 ____________________는 셈이다.

3. 올해 월급이 3% 인상되었다. 하지만 물가는 5% 올랐다. ________________________ 으니까 ______________는 셈이다.

꼭~ 알아두기

032 | -는 척하다

용법 Usage

어떤 행동을 하지 않거나 사실이 아닌데도 거짓으로 그럴 듯하게 꾸밈을 나타낼 때 쓴다.

This is used when one falsely pretends that he has performed an action, or claims that an event is true when he knows it is actually false.

활용 형태 Forms of Utilization

-는 척하다 동사나 '있다', '없다'의 어간 뒤에 사용한다.
It is used after the stem of the verb or '있다', '없다'.
예 찾**는 척하다**, 보**는 척하다**, 있**는 척하다**

-은 척하다 자음으로 끝나는 형용사의 어간 뒤에 사용한다.
It is used behind the adjectival stem that ends in consonants.
예 좋**은 척하다**

-ㄴ 척하다 모음으로 끝나는 형용사의 어간 뒤에 사용한다.
It is used behind the adjectival stem that ends in vowels.
예 예쁜 **척하다**

인 척하다 명사 뒤에 사용한다.
It is used behind the noun.
예 학생**인 척하다**, 바보**인 척하다**

-은/ㄴ 척하다 과거나 완료를 나타낼 때 동사의 어간 뒤에 사용한다.
It is used behind the verb stem to express past or perfect tense.
예 받**은 척하다**, **산 척하다**

예문 Example

❶ 수업시간에 공부하는 척하면서 문자를 보낸 적이 있어요.
I have sent a text message while pretending to study during class hours.

❷ 미선 씨는 그 사람이 좋으면서도 싫은 척해요.
Misun acts like she doesn't like him when she does.

❸ 저는 공부하기 싫을 때마다 아픈 척했어요.
Whenever I didn't want to study, I pretended to be sick.

❹ 그 남자는 부자인 척하면서 돈을 냈어요.
That man paid the money while pretending to be rich.

❺ 저녁을 먹었으면서도 안 먹은 척했어요.
I pretended that I hadn't eaten even though I already had.

연습 Practice 대화를 완성하십시오.
Complete the conversation.

1. 가 : 정희 씨는 어떤 사람이 싫어요?
   나 : 저는 ______________________는 척하는 사람이 싫어요.

2. 가 : 저 사람이 정말 영어를 못 하나 봐요.
   나 : 제가 보기에는 알고도 ______________________는 척하는 것 같아요.

3. 가 : 이미 알고 있는 이야기를 또 들을 때는 어떻게 하세요?
   나 : ______________________는 척하면서 다른 생각을 해요.

033 | -는 탓에

용법 Usage

앞 문장의 내용이 뒤의 부정적인 현상이 생겨난 원인이나 까닭임을 나타낼 때 쓴다.
This is used when the first statement is the cause or reason for the negative event that is specified in the following statement.

활용 형태 Forms of Utilization

-는 탓에	동사나 '있다', '없다'의 어간 뒤에 사용한다. It is used after the stem of the verb or '있다', '없다'. 예 먹**는 탓에**, 가**는 탓에**, 있**는 탓에**
-은 탓에	자음으로 끝나는 형용사의 어간 뒤에 사용한다. It is used behind the adjectival stem that ends in consonants. 예 삭**은 탓에**
-ㄴ 탓에	모음으로 끝나는 형용사의 어간 뒤에 사용한다. It is used behind the adjectival stem that ends in vowels. 예 나**쁜 탓에**
인 탓에	명사 뒤에 사용한다. It is used behind the noun. 예 학생**인 탓에**, 막내**인 탓에**
-은/ㄴ 탓에	과거나 완료를 나타낼 때 동사의 어간 뒤에 사용한다. It is used behind the verb stem to express past or perfect tense. 예 쉬지 않**은 탓에**, 못 **온 탓에**

예문 Example

❶ 부부가 모두 일하는 탓에 아이를 맡아 기를 사람이 없다.
Because both parents work, there is no one to take care of the child.

❷ 사람들의 불만이 많은 탓에 일이 진행되지 않는다.
Because the people have many complaints, the work did not go through.

❸ 날씨가 따뜻한 탓에 겨울용품이 팔리지 않는다.
Due to the warm weather, the winter gear did not sell.

❹ 환절기인 탓에 감기 환자가 많다.
Due to the season changes, there are a lot of cold patients.

❺ 올해 비가 많이 내린 탓에 농산물 피해가 크다.
Due to the heavy rains this year, the agricultural product damages are great.

참고 Note

명사 뒤에 '탓이다', '탓에'의 형태가 바로 붙는 경우도 있다.
'탓이다', '탓에' form can be put right behind nouns.

- 일이 이렇게 엉망이 된 건 모두 네 탓이다.
- 장마 탓에 농작물 값이 2배나 올랐다.

연습 Practice 문장을 완성하십시오.
Complete the sentence.

1. ____________________는 탓에 대학을 졸업해도 취직하기가 어렵다.
2. ____________________는 탓에 교통이 평소보다 복잡하다.
3. 사람들이 갑자기 몰려든 탓에 ______________________________.

034 | -는 편이다

용법 Usage

어떤 사실에 대해 단정적으로 말하기보다는 어떤 쪽에 가깝다고 말할 때 쓴다. 동사의 경우 '자주', '잘', '많이'와 같은 정도 부사와 함께 쓴다.

This is used to indicate that someone is inclined to do something or behave in a particular way, but not with a definitive tone. When used with a verb, this ending is often used with adverbs that indicate the extent to which something happens or is the case, such as '자주,' '잘' or '많이'.

활용 형태 Forms of Utilization

-는 편이다

동사나 '있다', '없다'의 어간 뒤에 사용한다.
It is used after the stem of the verb or '있다', '없다'.

예 먹는 **편이다**, 공부하는 **편이다**, 있는 **편이다**

-은 편이다

자음으로 끝나는 형용사의 어간 뒤에 사용한다.
It is used behind the adjectival stem that ends in consonants.

예 좋은 **편이다**

-ㄴ 편이다

모음으로 끝나는 형용사의 어간 뒤에 사용한다.
It is used behind the adjectival stem that ends in vowels.

예 나쁜 **편이다**

-은/ㄴ 편이다

과거나 완료를 나타낼 때 동사의 어간 뒤에 사용한다.
It is used behind the verb stem to express past or perfect tense.

예 뽑은 **편이다**, 본 **편이다**

예문 Example

❶ 한 달에 책을 5권 정도 읽으니까 많이 읽는 편이에요.
Since I read about five books a month, I tend to read fairly a lot.

❷ 매달 미장원에 가니까 자주 가는 편이에요.
Since I go to the hair salon once a month, you can call it relatively often.

❸ 성격이 좋아서 인기가 많은 편이에요.
I tend to be popular because of my great personality.

❹ 이 시장은 다른 시장보다 값이 싼 편이에요.
The price at this market tends to be cheaper than the prices of other markets.

❺ 처음 만든 건데 이 정도면 잘 만든 편이에요.
This is pretty good for someone making it for the first time.

참고 Note

아주 확실한 상황이나 사실에 대해서는 쓰지 않는다.
It is not used for situations and facts that are certain.

- 시험 점수가 백점이니까 잘 한 편이에요. (×)
- 집에서 회사까지 3분 걸리니까 가까운 편이에요. (×)

연습 Practice 대화를 완성하십시오.
Complete the conversation.

1. 가 : 커피를 많이 마셔요?
   나 : 하루에 3잔쯤 마시니까 ______________________는 편이에요.

2. 가 : 남대문 시장에 자주 가는 것 같아요.
   나 : ______________________는 편이어서 자주 가요.

3. 가 : 외식을 자주 하세요?
   나 : ____________는 편이어서 ______________________.

035 | -는가 하면

용법 Usage 앞 문장과 뒤 문장의 내용이 상대적이거나 앞 문장의 내용에 뒤 문장의 사실을 덧붙여서 말할 때 쓴다.
This is used when the first and the following statements are relative or when the following statement is added to the first statement.

활용 형태 Forms of Utilization

-는가 하면	동사나 '있다', '없다'의 어간 뒤에 사용한다. It is used after the stem of the verb or '있다', '없다'. 예 먹**는가 하면**, 일하**는가 하면**, 있**는가 하면**
-은가 하면	자음으로 끝나는 형용사의 어간 뒤에 사용한다. It is used behind the adjectival stem that ends in consonants. 예 많**은가 하면**
-ㄴ가 하면	모음으로 끝나는 형용사의 어간 뒤에 사용한다. It is used behind the adjectival stem that ends in vowels. 예 넉넉**한가 하면**

예문 Example

❶ 어떤 사람들은 인터넷으로 정보를 얻는가 하면 어떤 사람들은 책에서 정보를 얻어요.
There are those who gain information from the internet while there are those who gain information from books.

❷ 월급이 많아서 좋은가 하면 그만큼 일이 많아서 힘들기도 해요.
Though it's good to get high wages, it's also difficult because there's that much work.

❸ 신입사원이라고 해서 모두 성실한 것은 아니에요. 어떤 사람은 성실한가 하면 어떤 사람은 불성실해요.
Just because someone is a new hire, doesn't mean that they are all diligent. If there are those who are diligent, there are also those who are not.

❹ 열심히 공부하는 학생이 있는가 하면 열심히 공부하지 않는 학생도 있다.
If there are students who study hard, there are also students who don't study hard.

연습 Practice

대화를 완성하십시오.
Complete the conversation.

1. 가 : 혼자 사니까 편하지요?

   나 : 항상 그런 건 아니에요. 편할 때가 ____________는가 하면 ______________________.

2. 가 : 한국말을 배우는 학생들은 말하기를 제일 어려워하지요?

   나 : 꼭 그렇지는 않아요. ____________________는가 하면 ______________________.

3. 가 : 요즘 젊은이들은 공포 영화를 좋아하나요?

   나 : ______________________________는가 하면 ______________________________.

036 | -는다 -는다 하는 게

용법 Usage 여러 번 계획하고 시도한 일이 계획대로 이루어지지 않았을 때 쓴다.
This is used when something planned or attempted multiple times is not carried out as intended.

활용 형태 Forms of Utilization

-는다 -는다 하는 게

자음으로 끝나는 동사의 어간 뒤에 사용한다.
It is used behind the verb stem that ends in consonants.

예 찾**는다** 찾**는다 하는 게**

-ㄴ다 -ㄴ다 하는 게

모음으로 끝나는 동사의 어간 뒤에 사용한다.
It is used behind the verb stem that ends in vowels.

예 **본다 본다 하는게**

예문 Example

❶ 책을 읽는다 읽는다 하는 게 바빠서 아직 못 읽었어요.
I kept saying that I would read that book but I still haven't read it because I was busy.

❷ 치과에 간다 간다 하는 게 아직 못 갔어요.
I kept saying that I would go to the dentist but I still haven't gone yet.

❸ 전화한다 한다 하는 게 깜빡 잊어버렸어요.
I meant to call but it slipped my mind.

연습 Practice 관계있는 것을 연결해서 문장을 만드십시오.
Connect the related ones to make a sentence.

보기

부모님께 전화를 드리다 ● ——— ● 아직도 못 드렸어요

➡ 부모님께 전화를 **드린다 드린다 하는 게** 아직도 못 드렸어.

1. 정리를 하다 ● ● 바빠서 아직도 못 했어요
2. 자료를 찾다 ● ● 시간이 없어서 아직도 못 보냈어요
3. 답장을 보내다 ● ● 자꾸 미루기만하고 아직 못 찾았어요

______________________________.

______________________________.

______________________________.

037 | -는다고

용법 Usage 다른 사람의 말이나 속담, 사자성어 등을 인용해서 말할 때 쓴다.
This is used when quoting other's words, proverbs or axioms.

활용 형태 Forms of Utilization

-는다고 자음으로 끝나는 동사의 어간 뒤에 사용한다.
It is used behind the verb stem that ends in consonants.

예 읽**는다고**

-ㄴ다고 모음으로 끝나는 동사의 어간 뒤에 사용한다.
It is used behind the verb stem that ends in consonants.

예 고**친다고**

-다고 형용사의 어간 뒤에 사용한다.
It is used behind the adjectival stem.

예 맑**다고**, 예쁘**다고**

이라고 자음으로 끝나는 명사 뒤에 사용한다.
It is used behind the noun that ends in consonants.

예 작심삼일**이라고**

라고 모음으로 끝나는 명사 뒤에 사용한다.
It is used behind the noun that ends in vowels.

예 일석이조**라고**

-었다고/았다고/였다고
과거나 완료를 나타낼 때 동사나 형용사의 어간 뒤에 사용한다.
It is used behind the verb or adjectival stem to express past or perfect tense.

예 먹**었다고**, 쉬**웠다고**

-겠다고 의지나 추측을 나타낼 때 동사나 형용사의 어간 뒤에 사용한다.
It is used behind the verb or adjectival stem to express one's will or supposition.

예 기다리**겠다고**, 힘들**겠다고**

예문 Example

❶ 그 사람이 좀 늦는다고 기다려 달래요.
That person said he would be a little late and asked that we wait.

❷ 고생 끝에 낙이 온다고 조금만 참고 견디면 반드시 좋은 결과가 있을 거예요.
They say that there is bliss after turmoil so if you be patient and endure this, there will be a good result.

❸ 가는 말이 고와야 오는 말이 곱다고 먼저 말을 곱게 해야지요.
They say that nice words for nice words, so you first need to speak nicely.

❹ 이열치열이라고 더운데 찜질방에 가서 땀 좀 내고 올까요?
They say fire should be met with fire so why don't we go to the sauna and sweat a bit since it's hot?

❺ 그 사람이 자기가 도와주겠다고 걱정하지 말래요.
He said not to worry because he would help.

연습 Practice

알맞은 속담을 골라 문장을 완성하십시오.
Choose the proper proverb to complete the sentence.

가는 날이 장날이다 / 낮말은 새가 듣고 밤말은 쥐가 듣는다 / 발 없는 말이 천리 간다

1. ______________________는다고 큰 마음 먹고 백화점에 갔는데 그 날이 백화점 휴일이었다.

2. ______________________는다고 말을 할 때는 항상 조심해야 한다.

3. ______________________는다고 김 선생님도 벌써 그 사실을 알고 계시던데요.

038 | -는다고 보다

용법 Usage 중요한 문제에 대한 자신의 의견을 말할 때 쓴다. '그렇게 생각하다'의 뜻을 나타낸다.
This is used to give one's opinion on an important matter. It means 'to think so'.

활용 형태 Forms of Utilization

-는다고 보다 자음으로 끝나는 동사의 어간 뒤에 사용한다.
It is used behind the verb stem that ends in consonants.

예 받**는다고 보다**

-ㄴ다고 보다 모음으로 끝나는 동사의 어간 뒤에 사용한다.
It is used behind the verb stem that ends in vowels.

예 **간다고 보다**

-다고 보다 형용사의 어간 뒤에 사용한다.
It is used behind the adjectival stem.

예 좋**다고 보다**, 필요하**다고 보다**

이라고 보다 자음으로 끝나는 명사 뒤에 사용한다.
It is used behind the noun that ends in consonants.

예 부작용**이라고 보다**

라고 보다 모음으로 끝나는 명사 뒤에 사용한다.
It is used behind the noun that ends in vowels.

예 문제**라고 보다**

-었다고/았다고/였다고 보다
과거나 완료를 나타낼 때 동사나 형용사의 어간 뒤에 사용한다.
It is used behind the verb or adjectival stem to express past or perfect tense.

예 성공**했다고 보다**, 좋**았다고 보다**

ㄴ

예문 Example

❶ 그 점은 별로 문제가 되지 않는다고 봅니다.
I don't see that as being much of a problem.

❷ 10살 이전에 해외 유학을 가는 건 너무 이르다고 봅니다.
I think that studying abroad before one is ten is too early.

❸ 아이들의 탐구력이 줄어든 현상은 인터넷의 영향이라고 봅니다.
The decrease of children's level of inquiry is thought to have been due to the influence of the internet.

❹ 지난 10년 동안 우리 국민도 많은 노력을 했다고 봅니다.
I think our citizens have tried very hard for the last ten years as well.

❺ 앞으로 경제 상황이 나아질 거라고 봅니다.
I think the economy will get better in the future.

연습 Practice

다음 주제에 대한 자신의 생각을 써 보십시오.
Write your opinion about the following topics.

1. "시험은 꼭 필요한 것인가?"

➡ ______________________________ 는다고 봅니다.

2. "결혼은 꼭 해야 하는 것인가?"

➡ ______________________________ 는다고 봅니다.

3. "외국어 교육은 어릴 때 시작하는 것이 좋은가?"

➡ ______________________________ 는다고 봅니다.

039 | -는다고 하던데

용법 Usage

다른 사람에게서 들은 말을 상대방에게 확인하거나 그 사실을 근거로 상대방에게 어떤 행동을 제안하거나 권유할 때 쓴다. '-는다던데'로 줄여 쓸 수 있다.

This is used to confirm what the speaker has heard from another person, or to suggest or recommend an action to the other person based on what he heard. It can be contracted to '-는다던데'.

활용 형태 Forms of Utilization

-는다고 하던데 자음으로 끝나는 동사의 어간 뒤에 사용한다.
It is used behind the verb stem that ends in consonants.

예 믿**는다고 하던데**

-ㄴ다고 하던데 모음으로 끝나는 동사의 어간 뒤에 사용한다.
It is used behind the verb stem that ends in vowels.

예 **산다고 하던데**

-다고 하던데 형용사의 어간 뒤에 사용한다.
It is used behind the adjectival stem.

예 맛있**다고 하던데**, 바쁘**다고 하던데**

이라고 하던데 자음으로 끝나는 명사 뒤에 사용한다.
It is used behind the noun that ends in consonants.

예 남편**이라고 하던데**

라고 하던데 모음으로 끝나는 명사 뒤에 사용한다.
It is used behind the noun that ends in vowels.

예 숙제**라고 하던데**

-었다고/았다고/였다고 하던데
완료된 상황을 들었을 때 동사나 형용사의 어간 뒤에 사용한다.
It is used behind the verb or adjectival stem when one hears about a completed situation.

예 기다**렸다고 하던데**, 더**웠다고 하던데**

-겠다고 하던데 의지나 추측을 들었을 때 동사나 형용사의 어간 뒤에 사용한다.
It is used behind the verb or adjectival stem when one hears about someone's will or supposition.

예 늦**겠다고 하던데**, 좋**겠다고 하던데**

-냐고 하던데 질문을 들었을 때 동사나 형용사의 어간 뒤에 사용한다.
It is used behind the verb or adjectival stem when one hears a question.

예 배우**냐고 하던데**, 있**냐고 하던데**

-으라고 하던데 명령을 들었을 때 자음으로 끝나는 동사의 어간 뒤에 사용한다.
It is used behind the verb stem that ends in consonants when one hears a command.

예 먹**으라고 하던데**

-라고 하던데 명령을 들었을 때 모음으로 끝나는 동사의 어간 뒤에 사용한다.
It is used behind the verb stem that ends in consonants when one hears a command.

예 쓰**라고 하던데**

-자고 하던데 제안을 들었을 때 동사의 어간 뒤에 사용한다.
It is used behind the verb stem when one hears about a suggestion.

예 걷**자고 하던데**, 남기**자고 하던데**

예문 Example

❶ 제임스 씨가 다음 주에 고향에 간다고 하던데 이번 주에 송별회를 하는 게 어때요?
James said that he would be going to hometown this week so how about having his fairwell party this week?

❷ 내일은 더 춥다고 하던데 옷을 따뜻하게 입고 나가세요.
They said tomorrow would be colder so wear warm clothes.

❸ 그 사람이 우리 선생님이라고 하던데 정말이에요?
They said that he is our teacher. Is that true?

❹ 이 일에 대해 어떻게 생각하냐던데 뭐라고 말할까요?
He asked me what I thought about this situation. What should I tell him?

❺ 영수 씨가 같이 여행을 가자던데 갈 수 있어요?
Young-su asked that we go on a trip together. Can you?

참고 Note

들은 말과 반대되는 결과나 상황이 이어질 때 또는 들은 말과 대조되는 사실을 말할 때 쓰기도 한다.

It also can be used when a result or circumstance that is opposite to what has been heard is connected or when what is heard contradicts the facts that are being said.

- 좋은 대학교를 나왔다고 하던데 실력은 없군요.
- 그 사람은 돈도 많다던데 심할 정도로 아껴 쓰더라고요.

연습 Practice 좋은 방법과 장소를 추천해 보십시오.
Suggest an appropriate solution or location.

1. "감기에 걸린 사람에게"

➡ ____________ 는다고 하던데 ____________.

2. "여행을 가려고 하는 사람에게"

➡ ____________ 는다고 하던데 ____________.

3. "물건을 싸게 사려고 하는 사람에게"

➡ ____________ 는다고 하던데 ____________.

040 | -는다고 해도

용법 Usage

앞 문장의 내용에 상관없이 뒤 문장의 내용을 주장할 때 쓴다. '-는다 해도'로 줄여서 쓸 수 있다.

This is used to assert the second statement regardless of the first statement. It can be contracted to '-는다 해도'.

활용 형태 Forms of Utilization

-는다고 해도 자음으로 끝나는 동사의 어간 뒤에 사용한다.
It is used behind the verb stem that ends in consonants.

예 먹**는다고 해도**

-ㄴ다고 해도 모음으로 끝나는 동사의 어간 뒤에 사용한다.
It is used behind the verb stem that ends in vowels.

예 **간다고 해도**

-다고 해도 형용사의 어간 뒤에 사용한다.
It is used behind the adjectival stem.

예 춥**다고 해도**, 바쁘**다고 해도**

이라고 해도 자음으로 끝나는 명사 뒤에 사용한다.
It is used behind the noun that ends in consonants.

예 학생**이라고 해도**

라고 해도 모음으로 끝나는 명사 뒤에 사용한다.
It is used behind the noun that ends in vowels.

예 부자**라고 해도**

-었다고/았다고/였다고 해도
완료된 상황을 들었을 때 동사나 형용사의 어간 뒤에 사용한다.
It is used behind the verb or adjectival stem when one hears about a completed situation.

예 실패**했다고 해도**, 좋**았다고 해도**

-겠다고 해도 의지나 추측을 들었을 때 동사나 형용사의 어간 뒤에 사용한다.
It is used behind the verb or adjectival stem when one hears about someone's will or supposition.

예 듣**겠다고 해도**, 재미없**겠다고 해도**

-냐고 해도 질문을 들었을 때 동사나 형용사의 어간 뒤에 사용한다.
It is used behind the verb or adjectival stem when one hears a question.

예 가**냐고 해도**, 있**냐고 해도**

-으라고 해도 명령을 들었을 때 자음으로 끝나는 동사의 어간 뒤에 사용한다.
It is used behind the verb stem that ends in consonants when one hears command.

예 읽**으라고 해도**

-라고 해도 명령을 들었을 때 모음으로 끝나는 동사의 어간 뒤에 사용한다.
It is used behind the verb stem that ends in vowels when one hears command.

예 운동하**라고 해도**

-자고 해도 제안을 들었을 때 동사의 어간 뒤에 사용한다.
It is used behind the verb stem when one hears about a suggestion.

예 줍**자고 해도**, 사**자고 해도**

예문 Example

❶ 이번 시험에 떨어진다고 해도 절대로 포기하지 않을 것이다.
Even if I don't pass the test, this time I will never give up.

❷ 아무리 똑똑하다고 해도 노력을 안 하면 실력이 늘지 않는다.
Even if you are very smart, if you don't put in the effort you will not get any better.

❸ 친한 친구라고 해도 이해하지 못하는 것이 있어요.
There are things that you can't understand even if you are a close friend.

❹ 아무리 화가 났다고 해도 사람을 때려서는 안 된다.
You should not hit the other person no matter how angry you are.

❺ 친구가 같이 가자고 해도 가지 않을 거예요.
I will not go even if my friend ask me to.

연습 Practice 대화를 완성하십시오.
Complete the conversation.

1. 가 : 복권에 당첨된다면 일을 그만두실 거예요?
   나 : ______________________는다고 해도 저는 계속 직장에 다닐 거예요.
2. 가 : 친구가 먼저 사과한다면 화해하실 거예요?
   나 : ______________는다고 해도 ______________________.
3. 가 : 시합 당일에는 긴장을 하지 않는 게 제일 중요한 것 같아요.
   나 : ______________는다고 해도 ______________________.

041 | -는다고 해서[-1]

용법 Usage 어떤 사람의 말을 듣고 그 말에 따라서 뒤의 행동을 할 때 쓴다.
This is used when the action in the following statement is performed based on what the speaker has heard from another person.

활용 형태 Forms of Utilization

-는다고 해서 자음으로 끝나는 동사의 어간 뒤에 사용한다.
It is used behind the verb stem that ends in consonants.

예 먹**는다고 해서**

-ㄴ다고 해서 모음으로 끝나는 동사의 어간 뒤에 사용한다.
It is used behind the verb stem that ends in vowels.

예 **간다고 해서**

-다고 해서 형용사의 어간 뒤에 사용한다.
It is used behind the adjectival stem.

예 많**다고 해서**, 피곤하**다고 해서**

이라고 해서 자음으로 끝나는 명사 뒤에 사용한다.
It is used behind the noun that ends in consonants.

예 휴일**이라고 해서**

라고 해서 모음으로 끝나는 명사 뒤에 사용한다.
It is used behind the noun that ends in vowels.

예 휴가**라고 해서**

-었다고/았다고/였다고 해서
완료된 상황을 들었을 때 동사나 형용사의 어간 뒤에 사용한다.
It is used behind the verb or adjectival stem when one hears about a completed situation.

예 배**웠다고 해서**, 없**었다고 해서**

-겠다고 해서 의지나 추측을 들었을 때 동사나 형용사의 어간 뒤에 사용한다.
It is used behind the verb or adjectival stem when one hears about someone's will or supposition.

예 짓**겠다고 해서**, 춥**겠다고 해서**

-냐고 해서 질문을 들었을 때 동사나 형용사의 어간 뒤에 사용한다.
It is used behind the verb or adjectival stem when one hears a question.

예 보**냐고 해서**, 비싸**냐고 해서**

-으라고 해서 명령을 들었을 때 자음으로 끝나는 동사의 어간 뒤에 사용한다.
It is used behind the verb stem that ends in consonants when one hears command.

예 읽**으라고 해서**

-라고 해서 명령을 들었을 때 모음으로 끝나는 동사의 어간 뒤에 사용한다.
It is used behind the verb stem that ends in vowels when one hears command.

예 숙제하**라고 해서**

-자고 해서 제안을 들었을 때 동사의 어간 뒤에 사용한다.
It is used behind the verb stem when one hears about a suggestion.

예 남**자고 해서**, 쓰**자고 해서**

예문 Example

❶ 오늘 시험을 본다고 해서 어제 늦게까지 공부했어요.
I studied till late because there is a test today.

❷ 학교 앞에 있는 식당이 싸다고 해서 오늘 거기에 갈 거예요.
They say that the restaurant in front the school is cheap so I will go there today.

❸ 동생이 오후에 시간이 있냐고 해서 없다고 했어요.
My sibling asked me if I had time in the afternoon so I told him that I did not.

❹ 교수님께서 오라고 해서 내일 학교에 가야 돼요.
The professor told me to come so I have to go to school tomorrow.

❺ 친구가 같이 영화를 보자고 해서 극장에 가려고 해요.
My friend asked me to watch a movie with him so I'm going to go to the theater.

연습 Practice 문장을 완성하십시오.
Complete the sentence.

1. 4시에 은행 문을 닫는다고 해서 ______________________.
2. ______________________는다고 해서 이번 휴가에 제주도로 갈 계획이에요.
3. ______________________는다고 해서 수업이 끝나고 공항에 가려고 해요.

042 | -는다고 해서$^{-2}$

용법 Usage 다른 사람의 이유나 근거에 대한 이야기를 듣고 그에 대해 반박을 하거나 반대의 의견을 나타낼 때 쓴다.
This is used to express objection or disagree after the speaker has heard a reason or basis from a third party.

활용 형태 Forms of Utilization

-는다고 해서 자음으로 끝나는 동사의 어간 뒤에 사용한다.
It is used behind the verb stem that ends in consonants.

예 입**는다고 해서**

-ㄴ다고 해서 모음으로 끝나는 동사의 어간 뒤에 사용한다.
It is used behind the verb stem that ends in vowels.

예 가르**친다고 해서**

-다고 해서 형용사의 어간 뒤에 사용한다.
It is used behind the adjectival stem.

예 많**다고 해서**, 나쁘**다고 해서**

이라고 해서 자음으로 끝나는 명사 뒤에 사용한다.
It is used behind the noun that ends in consonants.

예 학생**이라고 해서**

라고 해서 모음으로 끝나는 명사 뒤에 사용한다.
It is used behind the noun that ends in vowels.

예 남자**라고 해서**

-었다고/았다고/였다고 해서
과거나 완료를 나타낼 때 동사나 형용사의 어간 뒤에 사용한다.
It is used behind the verb or adjectival stem to express past or perfect tense.

예 웃**었다고 해서**, 많**았다고 해서**

예문 Example

❶ 책을 많이 읽는다고 해서 이해력이 향상되는 건 아닙니다.
Just because you read a lot, doesn't mean your understanding will get better.

❷ 무조건 운동을 많이 한다고 해서 건강해지는 건 아니에요.
Just because you exercise a lot, doesn't mean you're going to be healthy.

❸ 돈이 많다고 해서 행복한 건 아니에요.
Just because you have a lot of money, doesn't mean that you will be happy.

❹ 여자라고 해서 사회적 능력이 없다고 생각하지 않습니다.
I don't think that she does not have social power just because she's a woman.

❺ 과거에 잘못을 했다고 해서 지금도 나쁜 사람이라고는 볼 수 없습니다.
You cannot see him as a bad person just because he has done something wrong in the past.

연습 Practice

다음 주제에 대한 자신의 생각을 써 보십시오.
Write your opinion about the following topics.

1. "단어만 외우면 외국어를 잘 할 수 있다"

➡ ____________________는다고 해서 ____.

2. "돈이 많으면 하고 싶은 걸 다 할 수 있다"

➡ ____________________는다고 해서 ____.

3. "학교 공부를 잘하면 사회에서 성공할 수 있다"

➡ ____________________는다고 해서 ____.

043 | -는다고요

용법 Usage 자신이 한 말을 되풀이하거나 생각을 강조할 때 쓴다. 또는 다른 사람의 말을 듣고 그 말을 반복함으로써 확인하거나 따져 물을 때 쓰는데 이때는 말끝을 올린다.

This is used to repeat one's words or to emphasize his thoughts. This is also used when the speaker intends to repeat what the other person said in order to confirm or protest, in which case the end of the sentence is spoken with a raised intonation.

활용 형태 Forms of Utilization

-는다고요 자음으로 끝나는 동사의 어간 뒤에 사용한다.
It is used behind the verb stem that ends in consonants.
예 걷**는다고요**

-ㄴ다고요 모음으로 끝나는 동사의 어간 뒤에 사용한다.
It is used behind the verb stem that ends in vowels.
예 **준다고요**

-다고요 형용사의 어간 뒤에 사용한다.
It is used behind the adjectival stem.
예 어렵**다고요**, 싸**다고요**

이라고요 자음으로 끝나는 명사 뒤에 사용한다.
It is used behind the noun that ends in consonants.
예 선생님**이라고요**

라고요 모음으로 끝나는 명사 뒤에 사용한다.
It is used behind the noun that ends in vowels.
예 친구**라고요**

-었다고/았다고/였다고요
완료된 상황을 들었을 때 동사나 형용사의 어간 뒤에 사용한다.
It is used behind the verb or adjectival stem when one hears about a completed situation.
예 놀**았다고요**, 쉬**웠다고요**

-겠다고요 의지나 추측을 들었을 때 동사나 형용사의 어간 뒤에 사용한다.
It is used behind the verb or adjectival stem when one hears about someone's will or supposition.
예 들**겠다고요**, 예쁘**겠다고요**

-냐고요 질문을 들었을 때 동사나 형용사의 어간 뒤에 사용한다.
It is used behind the verb or adjectival stem when one hears a question.

예 모르**냐고요**, 바쁘**냐고요**

-으라고요 명령을 들었을 때 자음으로 끝나는 동사의 어간 뒤에 사용한다.
It is used behind the verb stem that ends in consonants when one hears a command.

예 찾**으라고요**

-라고요 명령을 들었을 때 모음으로 끝나는 동사의 어간 뒤에 사용한다.
It is used behind the verb stem that ends in vowels when one hears a command.

예 준비하**라고요**

-자고요 제안을 들었을 때 동사의 어간 뒤에 사용한다.
It is used behind the verb stem when one hears about a suggestion.

예 돕**자고요**, 타**자고요**

예문 Example

❶ 가 : 오늘은 제가 한턱낼게요. It's my treat today.
나 : 뭐라고요? 한턱낸다고요? What? You're going to pay today?
가 : 네, 제가 한턱낸다고요. Yes. It's my treat.

❷ 가 : 사진기에는 아무 이상이 없어요. There is nothing wrong with the camera.
나 : 이상이 없다고요? There's nothing wrong?
가 : 네, 이상이 없다고요. Yes, there's nothing wrong.

❸ 가 : 저 사람이 우리 언니야. She is my sister.
나 : 누구라고? 네 언니라고? Who? Your sister?
가 : 응, 우리 언니라고. Yes, my sister.

❹ 가 : 어디에 가세요? Where are you going?
나 : 어디에 가냐고요? Did you ask where I'm going?
가 : 네, 어디에 가냐고요. Yes, where are you going.

❺ 가 : 이 서류 내일 아침까지 다시 작성하세요. Rewrite this document by tomorrow morning.
나 : 네? 다시 하라고요? What? You want me to rewrite it?
가 : 네, 다시 작성하라고요. Yes, rewrite it.

참고 Note

다른 사람에게 자랑하듯이 말할 때 쓰기도 하는데 이때는 서술문 '–는다고요' 형태만을 쓴다.

It also can be used when talking in a boastful manner. It is only used in the declarative form '–는다고요' in this case.

- 제 여자 친구가 얼마나 예쁘다고요.
- 제가 어렸을 때 얼마나 공부를 잘 했다고요.

연습 Practice 대화를 완성하십시오.
Complete the conversation.

1. 가 : 손님, 이 옷은 환불이 안 되는데요.
   나 : ______________________는다고요? 아니, 왜요?
2. 가 : 주말에 하루 종일 공부만 했어요.
   나 : 네? ______________________는다고요?
   가 : 네. ______________________는다고요.
3. 가 : 오늘이 무슨 날이에요?
   나 : 네? ______________________냐고요?
   가 : 네. ______________________냐고요.

044 | -는다기에

용법 Usage 다른 사람에게서 들은 사실이 뒤의 행동을 하는 이유나 판단의 근거임을 나타낼 때 쓴다.
This is used when a fact the speaker heard from another person serves as a reason for an action or grounds for judgment.

활용 형태 Forms of Utilization

-는다기에 자음으로 끝나는 동사의 어간 뒤에 사용한다.
It is used behind the verb stem that ends in consonants.

예 돕**는다기에**

-ㄴ다기에 모음으로 끝나는 동사의 어간 뒤에 사용한다.
It is used behind the verb stem that ends in vowels.

예 **본다기에**

-다기에 형용사의 어간 뒤에 사용한다.
It is used behind the adjectival stem.

예 좋**다기에**, 아프**다기에**

이라기에 자음으로 끝나는 명사 뒤에 사용한다.
It is used behind the noun that ends in consonants.

예 처음**이라기에**

라기에 모음으로 끝나는 명사 뒤에 사용한다.
It is used behind the noun that ends in vowels.

예 영화배우**라기에**

-었다기에/았다기에/였다기에
완료된 상황을 들었을 때 동사나 형용사의 어간 뒤에 사용한다.
It is used behind the verb or adjectival stem when one hears about a completed situation.

예 **갔다기에**, 많**았다기에**

-겠다기에 의지나 추측을 들었을 때 동사나 형용사의 어간 뒤에 사용한다.
It is used behind the verb or adjectival stem when one hears about someone's will or supposition.

예 쌓**겠다기에**, 크**겠다기에**

-냐기에 질문을 들었을 때 동사나 형용사의 어간 뒤에 사용한다.
It is used behind the verb or adjectival stem when one hears a question.

예 쓰**냐기에**, 있**냐기에**

–으라기에 명령을 들었을 때 자음으로 끝나는 동사의 어간 뒤에 사용한다.
It is used behind the verb stem that ends in consonants when one hears a command.

예 읽**으라기에**

–라기에 명령을 들었을 때 모음으로 끝나는 동사의 어간 뒤에 사용한다.
It is used behind the verb stem that ends in vowels when one hears a command.

예 보**라기에**

–자기에 제안을 들었을 때 동사의 어간 뒤에 사용한다.
It is used behind the verb stem when one hears about a suggestion.

예 받**자기에**, 마시**자기에**

예문 Example

❶ 내일 비가 온다기에 우산을 미리 준비해 놓았어요.
I prepared an umbrella beforehand because they said it would rain tomorrow.

❷ 그 시장이 값이 싸다기에 한번 가 봤어요.
I went to the market because they said the prices were cheap there.

❸ 아이가 자기도 전시회에 가도 되냐기에 같이 데리고 왔어요.
My child asked if he can come to the exhibition as well so I brought him along.

❹ 교수님이 일찍 오라기에 한 시간 일찍 학교에 갔어요.
I went to school early because the professor asked me to come early.

❺ 친구가 같이 과제를 준비하자기에 그러자고 했어요.
My friend asked me to do the assignment together so I said yes.

연습 Practice

대화를 완성하십시오.
Complete the conversation.

1. 이번 주말에 등산을 안 가기로 했다면서요?
   ➡ 네, ______________________ 는다기에 등산을 가기로 한 약속을 취소했어요.

2. 오늘은 일찍 출근하셨네요.
   ➡ ______________________ 는다기에 ______________________.

3. 집 근처에도 시장이 있는데 왜 그곳까지 가세요?
   ➡ ______________________ 는다기에 ______________________.

045 | -는다는 것이

용법 Usage

처음에 하려고 했던 의도와는 달리 뒤에 다른 행동을 하거나 결과가 나타날 때 쓴다.

This is used when the consequent action or result is different from one's initial intentions.

활용 형태 Forms of Utilization

-는다는 것이 자음으로 끝나는 동사의 어간 뒤에 사용한다.
It is used behind the verb stem that ends in consonants.

예 읽**는다는 것이**

-ㄴ다는 것이 모음으로 끝나는 동사의 어간 뒤에 사용한다.
It is used behind the verb stem that ends in vowels.

예 **간다는 것이**

예문 Example

❶ 커피에 설탕을 넣는다는 것이 소금을 넣었어요.
I meant to put sugar in my coffee but I ended up putting in salt.

❷ 친구에게 문자를 보낸다는 것이 그만 실수로 선생님께 보냈어요.
I meant to send a text message to my friend but I ended up accidently sending it to my teacher instead.

❸ 쓰레기를 버린다는 것이 중요한 서류를 버렸어요.
I was meaning to throw out trash but I ended up throwing away an important document.

연습 Practice 문장을 완성하십시오.
Complete the sentence.

1. 친구에게 전화를 한다는 것이 ______________________.

2. ______________________는다는 것이 반대 방향으로 가는 지하철을 탔어요.

3. ______________________는다는 것이 만 원짜리를 냈어요.

046 | -는다니까

용법 Usage 다른 사람이 한 말을 근거로 뒤의 행동을 지시하거나 권유할 때 쓴다.
This is used to command or recommend the action in the following statement based on what was said by another person.

활용 형태 Forms of Utilization

-는다니까 자음으로 끝나는 동사의 어간 뒤에 사용한다.
It is used behind the verb stem that ends in consonants.

예 찾**는다니까**

-ㄴ다니까 모음으로 끝나는 동사의 어간 뒤에 사용한다.
It is used behind the verb stem that ends in vowels.

예 **간다니까**

-다니까 형용사의 어간 뒤에 사용한다.
It is used behind the adjectival stem.

예 좋**다니까**, 나쁘**다니까**

이라니까 자음으로 끝나는 명사 뒤에 사용한다.
It is used behind the noun that ends in consonants.

예 학생**이라니까**

라니까 모음으로 끝나는 명사 뒤에 사용한다.
It is used behind the noun that ends in vowels.

예 실수**라니까**

-었다니까/았다니까/였다니까
완료된 상황을 들었을 때 동사나 형용사의 어간 뒤에 사용한다.
It is used behind the verb or adjectival stem when one hears about a completed situation.

예 예약**했다니까**, 추**웠다니까**

-겠다니까 의지나 추측을 들었을 때 동사나 형용사의 어간 뒤에 사용한다.
It is used behind the verb or adjectival stem when one hears about someone's will or supposition.

예 만들**겠다니까**, 많**겠다니까**

-냐니까 질문을 들었을 때 동사나 형용사의 어간 뒤에 사용한다.
It is used behind the verb or adjectival stem when one hears a question.

예 닫**냐니까**, 피곤하**냐니까**

-으라니까	명령을 들었을 때 자음으로 끝나는 동사의 어간 뒤에 사용한다. It is used behind the verb stem that ends in consonants when one hears a command. 예 맞**으라니까**
-라니까	명령을 들었을 때 모음으로 끝나는 동사의 어간 뒤에 사용한다. It is used behind the verb stem that ends in vowels when one hears a command. 예 모이**라니까**
-자니까	제안을 들었을 때 동사의 어간 뒤에 사용한다. It is used behind the verb stem when one hears about a suggestion. 예 입**자니까**, 만나**자니까**

예문 Example

❶ 그곳은 지금 길이 막힌다니까 다른 길로 갑시다.
They say that is jammed so let's take another way.

❷ 주말에 복잡하다니까 평일에 가는 게 좋을 것 같아요.
They say that it is busy during the weekends so let's go during the week.

❸ 미선 씨가 감기에 걸렸다니까 수영장은 다음에 가요.
Misun says she has a cold so let's go to the pool next time.

❹ 오늘 안으로 일을 끝내라니까 다들 서두르세요.
He says we have to finish this by today so let's hurry.

❺ 사장님께서 회식을 하자시니까 될 수 있으면 모두 참석하세요.
The boss has asked us to have an afterwork party altogether so try your best to attend.

연습 Practice 대화를 완성하십시오.
Complete the conversation.

1. 정희 씨 생일 선물로 뭘 사면 좋을까요?

➡ 정희 씨는 음악을 좋아한다니까 ____________________.

2. 이 책을 영어로 번역해야 하는데 누구한테 부탁하지?

➡ ____________________는다니까 ____________________.

3. 외국인이 읽을 만한 책을 추천해 주세요.

➡ ____________________는다니까 ____________________.

047 | -는다더라

용법 Usage

들은 말이나 사실을 친구나 아랫사람에게 전할 때 쓴다.
This is used to relay a fact or what the speaker heard to a friend or his/her subordinate.

활용 형태 Forms of Utilization

-는다더라 자음으로 끝나는 동사의 어간 뒤에 사용한다.
It is used behind the verb stem that ends in consonants.

예 닫**는다더라**

-ㄴ다더라 모음으로 끝나는 동사의 어간 뒤에 사용한다.
It is used behind the verb stem that ends in vowels.

예 **온다더라**

-다더라 형용사의 어간 뒤에 사용한다.
It is used behind the adjectival stem.

예 좋**다더라**, 비싸**다더라**

이라더라 자음으로 끝나는 명사 뒤에 사용한다.
It is used behind the noun that ends in consonants.

예 섬**이라더라**

라더라 모음으로 끝나는 명사 뒤에 사용한다.
It is used behind the noun that ends in vowels.

예 휴양지**라더라**

-었다더라/았다더라/였다더라
완료된 상황을 들었을 때 동사나 형용사의 어간 뒤에 사용한다.
It is used behind the verb or adjectival stem when one hears about a completed situation.

예 팔**렸다더라**, 복잡**했다더라**

-겠다더라 의지나 추측을 들었을 때 동사나 형용사의 어간 뒤에 사용한다.
It is used behind the verb or adjectival stem when one hears about someone's will or supposition.

예 남**겠다더라**, 어렵**겠다더라**

-냐더라 질문을 들었을 때 동사나 형용사의 어간 뒤에 사용한다.
It is used behind the verb or adjectival stem when one hears a question.

예 읽**냐더라**, 깨끗하**냐더라**

-으라더라	명령을 들었을 때 자음으로 끝나는 동사의 어간 뒤에 사용한다. It is used behind the verb stem that ends in consonants when one hears a command. 예 받**으라더라**
-라더라	명령을 들었을 때 모음으로 끝나는 동사의 어간 뒤에 사용한다. It is used behind the verb stem that ends in vowels when one hears a command. 예 타**라더라**
-자더라	제안을 들었을 때 동사의 어간 뒤에 사용한다. It is used behind the verb stem when one hears about a suggestion. 예 먹**자더라**, 보**자더라**

예문 Example

❶ 영수 씨가 중국말을 아주 잘한다더라.
I heard that Young-su is very good at Chinese.

❷ 어젯밤 축구 경기는 폭우로 인해 취소됐다더라.
They said that the soccer game was cancelled due to heavy rain last night.

❸ 요즘에는 어떤 제품이 인기가 있냐더라.
He asked what kind of products are popular thesedays.

❹ 찌개를 끓일 때 간을 잘 맞추라더라.
They said to get the taste right when making Jjigae.

❺ 이번 주말에 낚시하러 가자더라.
He suggested that we go fishing this weekend.

연습 Practice

대화를 완성하십시오.
Complete the conversation.

1. 가 : 어제 미선 씨 만났지? 요즘 어떻게 지낸대?

   나 : ______________________________ 는다더라.

2. 가 : 다음 주말에 친구들하고 소풍을 가려고 하는데 어디가 좋을까?

   나 : ______________________________ 는다더라.

3. 가 : 새로 생긴 식당에 가 봤어? ______________________________ 는다더라.

   나 : 그럼 말이 나온 김에 오늘 점심은 거기에서 먹을까?

048 | –는다든가

용법 Usage

여러 개를 예를 들어 말하고 그 중에서 어느 하나를 선택함을 나타낼 때 쓴다. 주로 '–는다든가 –는다든가'로 쓰인다.

This is used when the speaker is listing multiple examples and selecting one among them. It is mostly used as '–는다든가 –는다든가'.

활용 형태 Forms of Utilization

–는다든가
자음으로 끝나는 동사의 어간 뒤에 사용한다.
It is used behind the verb stem that ends in consonants.
예 먹**는다든가**

–ㄴ다든가
모음으로 끝나는 동사의 어간 뒤에 사용한다.
It is used behind the verb stem that ends in vowels.
예 **잔다든가**

–다든가
형용사의 어간 뒤에 사용한다.
It is used behind the adjectival stem.
예 어렵**다든가**, 나쁘**다든가**

–었다든가/았다든가/였다든가
과거나 완료를 나타낼 때 동사나 형용사의 어간 뒤에 사용한다.
It is used behind the verb or adjectival stem to express past or perfect tense.
예 일**했다든가**, 좋**았다든가**

–겠다든가
의지를 나타낼 때 동사의 어간 뒤에 사용한다.
It is used behind the verb stem to express one's will.
예 만들**겠다든가**, 사**겠다든가**

예문 Example

❶ 시간이 있을 때 책을 읽는다든가 텔레비전을 본다든가 해요.
When I have time, I either read a book or watch television.

❷ 주말에는 가족과 외식을 한다든가 공원에 간다든가 해요.
During the weekend, I either go out to eat or to the park.

❸ 외롭다든가 아프다든가 할 때 고향 생각이 나요.
When I feel sick or lonely I think of my hometown.

❹ 보너스를 받았다든가 일이 잘 됐다든가 할 때 한턱내요.
I treat my friends when I have gotten a bonus or if my work goes well.

❺ 너도 동아리 회원인데 장소 예약을 하겠다든가 연락을 하겠다든가 해야지.
You are a member of this club as well so you should either make a reservation or contact people.

연습 Practice 다음 주제에 대한 자신의 생각을 써 보십시오.
Write your opinion about the following topics.

1. 가 : 스트레스가 쌓일 때는 어떻게 해요?

   나 : 운동을 한다든가 ______________________________는다든가 해요.

2. 가 : 어떻게 하면 한국말 실력이 늘까요?

   나 : ____________________는다든가 ____________________는다든가 하면

   ____.

3. 가 : 언제 결혼하고 싶어져요?

   나 : ____________________는다든가 ____________________는다든가 하면

   ____.

049 | –는다면

용법 Usage 어떤 상황을 가정하여 말할 때 쓴다.
This is used to assume a certain situation.

활용 형태 Forms of Utilization

–는다면 자음으로 끝나는 동사의 어간 뒤에 사용한다.
It is used behind the verb stem that ends in consonants.
예 받**는다면**

–ㄴ다면 모음으로 끝나는 동사의 어간 뒤에 사용한다.
It is used behind the verb stem that ends in vowels.
예 **된다면**

–다면 형용사의 어간 뒤에 사용한다.
It is used behind the adjectival stem.
예 좋**다면**, 예쁘**다면**

이라면 자음으로 끝나는 명사 뒤에 사용한다.
It is used behind the noun that ends in consonants.
예 회사원**이라면**

라면 모음으로 끝나는 명사 뒤에 사용한다.
It is used behind the noun that ends in vowels.
예 여자**라면**

–겠다면 의지를 나타날 때 동사의 어간 뒤에 사용한다.
It is used behind the verb stem to show one's will.
예 읽**겠다면**, 만나**겠다면**

예문 Example

❶ 이번에 보너스를 받는다면 당장 휴대폰을 바꿀 거예요.
When I receive my bonus, I am going to change my cellular phone right away.

❷ 돈이 아주 많다면 일을 하지 않고 여행을 다닐 거예요.
If I had a lot of money, I would not work but instead travel.

❸ 오늘이 휴일이라면 늦잠을 잘 수 있을 텐데.
If today were a holiday, then I could sleep in.

❹ 내가 너라면 나는 그렇게 말하지 않을 거야.
If I were you, then I wouldn't say it that way.

❺ 네가 굳이 떠나겠다면 잡지 않겠다.
I will not hold you if you are set on leaving.

연습 Practice 관계있는 것을 연결해서 문장을 만드십시오.
Connect the related ones to make a sentence.

보기

타임머신이 있다 ——— 10년 전으로 돌아가고 싶어요

➡ 타임머신이 **있다면** 10년 전으로 돌아가고 싶어요.

1. 내가 부자이다 • • 한국회사에서 일하고 싶어요
2. 한국말을 잘 하게 되다 • • 금방 승진할 거예요
3. 실력이 좋다 • • 가난한 사람들을 많이 도와줄 거예요

______________________________.

______________________________.

______________________________.

050 | -는다면서요?

용법 Usage 다른 곳에서 들은 사실을 상대방에게 확인하며 물어볼 때 쓴다.
This is used to ask for confirmation from another person of what the speaker heard elsewhere.

활용 형태 Forms of Utilization

-는다면서요? 자음으로 끝나는 동사의 어간 뒤에 사용한다.
It is used behind the verb stem that ends in consonants.

예 듣**는다면서요?**

-ㄴ다면서요? 모음으로 끝나는 동사의 어간 뒤에 사용한다.
It is used behind the verb stem that ends in vowels.

예 공부**한다면서요?**

-다면서요? 형용사의 어간 뒤에 사용한다.
It is used behind the adjectival stem.

예 춥**다면서요?**, 크**다면서요?**

이라면서요? 자음으로 끝나는 명사 뒤에 사용한다.
It is used behind the noun that ends in consonants.

예 대학생**이라면서요?**

라면서요? 모음으로 끝나는 명사 뒤에 사용한다.
It is used behind the noun that ends in vowels.

예 의사**라면서요?**

-었다면서요?/았다면서요?/였다면서요?
완료된 상황을 들었을 때 동사나 형용사 어간 뒤에 사용한다.
It is used behind the verb or adjectival stem when one hears about a completed situation.

예 잡**았다면서요?**, 힘들**었다면서요?**

-겠다면서요? 의지나 추측을 들었을 때 동사나 형용사의 어간 뒤에 사용한다.
It is used behind the verb stem to when one hears about a will or supposition.

예 만들**겠다면서요?**, 어렵**겠다면서요?**

예문 Example

❶ 가 : 다음 주에 시험을 본다면서요?
So I hear we're having a test next week.

나 : 네, 시험이 어렵다던데 걱정이에요.
Yes, they said the test is difficult so I am worried.

❷ 가 : 그 회사는 일이 많다면서요?
I hear that company gives you a lot of work?

나 : 네, 다른 회사보다 일이 많은 편이에요.
Yes, we tend to have a lot of work compared to other companies.

❸ 가 : 오늘이 미선 씨 생일이라면서요?
I heard that today is Misun's birthday?

나 : 네, 그런데 그걸 어떻게 아셨어요?
Yes, how did you know that?

❹ 가 : 곧 고향으로 돌아간다면서?
I hear that you're going back to your hometown soon?

나 : 응, 다음 주에 가.
Yes, I'm leaving next week.

❺ 가 : 어렸을 때 외국에서 살았다면서요?
I hear that you lived abroad when you were young?

나 : 네, 아버지가 외교관이어서 여러 나라에서 살았어요.
Yes, I lived in several countries because my father was a diplomat.

참고 Note

상대방이 전에 한 말과 다르게 다른 말이나 행동을 해서 확인하듯이 물어볼 때 쓰기도 한다. 이때는 가볍게 따지거나 빈정거리는 느낌이 있으며 '–으라면서요?', '–자면서요?', '–냐면서요?'의 형태도 가능하다.

It is used for confirmation when the opposite party says or acts in a different manner than before. A slight accusatory tone or sarcasm can be used in this case, and '–으라면서요?', '–자면서요?', '–냐면서요?' forms can be used as well.

- 가 : 좀 도와줄 수 있어요?
  나 : 혼자 할 수 있다면서요? 왜 해 보니까 생각보다 어렵던가요?
- 가 : 우리 노래방에 가자.
  나 : 아까는 가지 말자면서? 왜 이랬다가 저랬다가 하니?

연습 Practice

대화를 완성하십시오.
Complete the conversation.

1. 가 : 정희 씨가 일본에 오래 살아서 ______________________ 는다면서요?

   나 : 네, 일본 사람처럼 일본말을 잘 한대요.

2. 가 : 열심히 공부하시더니 ______________________ 는다면서요?

   나 : 네, 원하던 회사에 들어가서 얼마나 기쁜지 몰라요.

3. 가 : 어제 동창회가 있었는데 왜 안 나오셨어요?

   나 : 저도 가고 싶었는데 일이 많아서 못 갔어요. ______________________ 는다면서요?

051 | -는다면야

용법 Usage

어떠한 사실이나 상황을 가정하여 조건으로 삼되, 그 조건에 따라서 이후의 행동을 할 때 쓴다. 또한 다른 결과나 상황을 나타낼 때도 쓴다.

This is used when a fact or a situation is assumed as a condition on which the subsequent action is carried out. It is also used to express a different result or condition.

활용 형태 Forms of Utilization

-는다면야 자음으로 끝나는 동사의 어간 뒤에 사용한다.
It is used behind the verb stem that ends in consonants.

예 먹**는다면야**

-ㄴ다면야 모음으로 끝나는 동사의 어간 뒤에 사용한다.
It is used behind the verb stem that ends in vowels.

예 **간다면야**

-다면야 형용사의 어간 뒤에 사용한다.
It is used behind the adjectival stem.

예 좋**다면야**, 한가하**다면야**

이라면야 자음으로 끝나는 명사 뒤에 사용한다.
It is used behind the noun that ends in consonants.

예 선물**이라면야**

라면야 모음으로 끝나는 명사 뒤에 사용한다.
It is used behind the noun that ends in vowels.

예 의사**라면야**

-었다면야/았다면야/였다면야
과거나 완료를 나타낼 때 동사나 형용사의 어간 뒤에 사용한다.
It is used behind the verb or adjectival stem to express past or perfect tense.

예 **왔다면야**, 쉬**웠다면야**

-겠다면야 의지를 들었을 때 동사의 어간 뒤에 사용한다.
It is used behind the verb stem when one hears about a will.

예 남**겠다면야**, 가**겠다면야**

–으라면야 명령을 들었을 때 자음으로 끝나는 동사의 어간 뒤에 사용한다.
It is used behind the verb stem that ends in consonants when one hears a command.

예 읽**으라면야**

–라면야 명령을 들었을 때 모음으로 끝나는 동사의 어간 뒤에 사용한다.
It is used behind the verb stem that ends in vowels when one hears a command.

예 오**라면야**

–자면야 제안을 들었을 때 동사의 어간 뒤에 사용한다.
It is used behind the verb stem when one hears about a suggestion.

예 팔**자면야**, 쉬**자면야**

예문 Example

❶ 장학금을 받는다면야 당연히 한턱내야지요.
If I do in fact receive the scholarship, then of course I will treat you.

❷ 실력이 뛰어나다면야 학벌 같은 것은 문제가 되지 않을 거예요.
If you are highly skilled then your education should be no problem.

❸ 법학 전공자라면야 누구나 알 수 있는 답이었어요.
That was an answer that anyone who had studied law would have known.

❹ 시험을 잘 봤다면야 무슨 걱정이 있겠어요?
If I had done well on the test, what worry would I have?

❺ 굳이 그 사람과 결혼을 하겠다면야 더 이상 반대하지는 않겠다.
If you insist on marrying that person, I won't oppose anymore.

연습 Practice

문장을 완성하십시오.
Complete the sentence.

1. 영수 씨가 이 일을 도와준다면야 ______________________________.
2. ______________________________는다면야 기차를 놓치지 않았을 거예요.
3. ______________________________는다면야 저도 자기계발을 하고 싶어요.

052 | -는다지요?

용법 Usage 다른 곳에서 들은 말을 상대방도 알고 있을 거라고 확신하면서 물어 볼 때 쓴다.
This is used in the interrogative form when the speaker is relaying to the listener what he heard elsewhere, assuming that the listener is already aware of it.

활용 형태 Forms of Utilization

-는다지요? 자음으로 끝나는 동사의 어간 뒤에 사용한다.
It is used behind the verb stem that ends in consonants.

예 입**는다지요?**

-ㄴ다지요? 모음으로 끝나는 동사의 어간 뒤에 사용한다.
It is used behind the verb stem that ends in vowels.

예 결혼**한다지요?**

-다지요? 형용사의 어간 뒤에 사용한다.
It is used behind the adjectival stem.

예 아름답**다지요?**, 바쁘**다지요?**

이라지요? 자음으로 끝나는 명사 뒤에 사용한다.
It is used behind the noun that ends in consonants.

예 경찰**이라지요?**

라지요? 모음으로 끝나는 명사 뒤에 사용한다.
It is used behind the noun that ends in vowels.

예 가수**라지요?**

-었다지요?/았다지요?/였다지요?
완료된 상황을 들었을 때 동사나 형용사 어간 뒤에 사용한다.
It is used behind the verb or adjectival stem when one hears about a completed situation.

예 찾**았다지요?**, 불편**했다지요?**

-겠다지요? 의지나 추측을 들었을 때 동사나 형용사의 어간뒤에 사용한다.
It is used behind the verb or adjectival stem when one hears about a will or supposition.

예 오**겠다지요?**, 덥**겠다지요?**

-으라지요? 명령을 들었을 때 자음으로 끝나는 동사의 어간 뒤에 사용한다.
It is used behind the verb stem that ends in consonants when one hears a command.

예 닦**으라지요?**

-라지요?	명령을 들었을 때 모음으로 끝나는 동사의 어간 뒤에 사용한다. It is used behind the verb stem that ends in vowels when one hears a command. 예 끝내**라지요**?
-자지요?	제안을 들었을 때 동사의 어간 뒤에 사용한다. It is used behind the verb stem when one hears about a suggestion. 예 듣**자지요**?, 쇼핑하**자지요**?

예문 Example

❶ 한국에서는 설날에 떡국을 먹는다지요?
They say you eat Dduk-Guk on new years day in Korea?

❷ 마리아 씨가 한국말을 잘 한다지요?
So I heard Maria speaks Korean well?

❸ 그 형제는 성격이 아주 다르다지요?
I heard the brother have very different personalities?

❹ 김 과장님은 지금 회의 중이시라지요?
I hear that Mangage Kim is in a meeting?

❺ 그 대학교는 역사가 아주 오래되었다지요?
I hear that university has quite a long history?

연습 Practice

대화를 완성하십시오.
Complete the conversation.

1. 가 : ____________________ 는다지요?
   나 : 네, 대학교 등록금이 많이 올라서 그런지 아르바이트를 하지 않는 학생이 없대요.

2. 가 : ____________________ 는다지요?
   나 : 네, 다음 달에 그 가수가 콘서트를 하면 저도 꼭 가려고 해요.

3. 가 : 그 회사에서 ____________________ 는다지요?
   나 : 네, 다음 달부터 그 신제품을 판매한대요.

053 | –는답니다

용법 Usage

상대방이 모른다고 생각하는 사실을 알려 줄 때 쓴다. 친근함을 표시하거나 자랑하는 듯한 느낌을 전할 때 쓴다.

This is used when the speaker is informing someone of a fact that he/she thinks the other person is unaware of. It is used to express familiarity or to boast.

활용 형태 Forms of Utilization

–는답니다

자음으로 끝나는 동사의 어간 뒤에 사용한다.
It is used behind the verb stem that ends in consonants.

예 듣**는답니다**

–ㄴ답니다

모음으로 끝나는 동사의 어간 뒤에 사용한다.
It is used behind the verb stem that ends in vowels.

예 끝**난답니다**

–답니다

형용사의 어간 뒤에 사용한다.
It is used behind the adjectival stem.

예 있**답니다**, 바쁘**답니다**

이랍니다

자음으로 끝나는 명사 뒤에 사용한다.
It is used behind the noun that ends in consonants.

예 사전**이랍니다**

랍니다

모음으로 끝나는 명사 뒤에 사용한다.
It is used behind the noun that ends in vowels.

예 커피**랍니다**

–었답니다/았답니다/였답니다

과거나 완료를 나타낼 때 동사나 형용사 어간 뒤에 사용한다.
It is used behind the verb or adjectival stem to express past or perfect tense.

예 잡**았답니다**, 행복**했답니다**

예문 Example

❶ 약속을 하면 잊어버리지 않게 꼭 메모해 놓는답니다.
When I have an appointment I make a memo so that I won't forget.

❷ 아침에 일어나자마자 물부터 한 잔 마신답니다.
I drink a cup of water as soon as I wake up in the morning.

❸ 이 식당은 비빔밥이 맛있답니다.
This restaurant has a really good Bibimbap.

❹ 이건 고등학교 졸업 선물로 받은 시계랍니다.
This is the watch I got for high school graduation present.

❺ 어제는 눈이 많이 내렸답니다.
It snowed a lot yesterday.

참고 Note

'-는답니다'는 '-는다고 합니다'의 줄어든 표현으로도 쓴다. 즉 다른 사람에게서 들은 말을 인용하여 전할 때 쓰는데, 특정한 사람에게서 들은 말일 수 도 있고 불특정의 일반인들이 말하거나 알고 있는 사실을 인용하여 전할 때도 쓴다.

'-는답니다' is used as a contracted form of '-는다고 합니다'. Thus it is used to indirectly speak of other person's words, it can be the words from a specific person or it can be used to quote non specific general fact.

- 제 친구가 이번 주말에 집들이를 한답니다.
- 요즘은 초등학생들도 휴대전화를 거의 다 가지고 있답니다.

연습 Practice

대화를 완성하십시오.
Complete the conversation.

1. 가 : 건강을 유지하는 비결이 뭐예요?
   나 : ____________________________________는답니다.

2. 가 : 한국에서 설날에 먹는 특별한 음식이 있어요?
   나 : ____________________________________는답니다.

3. 가 : 방학 때 뭐 하셨어요?
   나 : ____________________________________는답니다.

054 | –는대요

용법 Usage

'–는다고 해요'의 준말로, 다른 사람에게서 들은 사실을 전할 때 쓴다.
As a contraction of '–는다고 해요,' this ending is used to relay what the speaker heard from another person.

활용 형태 Forms of Utilization

–는대요 자음으로 끝나는 동사의 어간 뒤에 사용한다.
It is used behind the verb stem that ends in consonants.

예 삶**는대요**

–ㄴ대요 모음으로 끝나는 동사의 어간 뒤에 사용한다.
It is used behind the verb stem that ends in vowels.

예 올라**간대요**

–대요 형용사의 어간 뒤에 사용한다.
It is used behind the adjectival stem.

예 무겁**대요**, 바쁘**대요**

이래요 자음으로 끝나는 명사 뒤에 사용한다.
It is used behind the noun that ends in consonants.

예 과일**이래요**

래요 모음으로 끝나는 명사 뒤에 사용한다.
It is used behind the noun that ends in vowels.

예 변호사**래요**

–었대요/았대요/였대요
완료된 상황을 들었을 때 동사나 형용사의 어간 뒤에 사용한다.
It is used behind the verb or adjectival stem when one hears about a completed situation.

예 울**었대요**, 받**았대요**

–겠대요 의지나 추측을 들었을 때 동사나 형용사의 어간 뒤에 사용한다.
It is used behind the verb or adjectival stem when one hears about someone's will or supposition.

예 가**겠대요**, 춥**겠대요**

–냬요 질문을 들었을 때 동사나 형용사의 어간 뒤에 사용한다.
It is used behind the verb or adjectival stem when one hears a question.

예 먹**냬요**, 밝**냬요**

-으래요 명령을 들었을 때 자음으로 끝나는 동사의 어간 뒤에 사용한다.
It is used behind the verb stem that ends in consonants when one hears a command.

예 씻**으래요**

-래요 명령을 들었을 때 모음으로 끝나는 동사의 어간 뒤에 사용한다.
It is used behind the verb stem that ends in vowels when one hears a command.

예 쉬**래요**

-재요 제안을 들었을 때 동사의 어간 뒤에 사용한다.
It is used behind the verb stem when one hears about a suggestion.

예 듣**재요**, 보**재요**

예문 Example

❶ 민수 씨는 아르바이트를 한 경험이 없대요.
Minsu says he doesn't have any part-time work experience.

❷ 마이클 씨는 영국 사람이래요.
Michael says he is an English person.

❸ 과장님이 다음 회의 날짜는 언제내요.
The manager asked when the next meeting was.

❹ 의사 선생님이 운동을 규칙적으로 하래요.
The doctor told me to exercise regularly.

❺ 친구가 이번 휴가 때는 바다로 가재요.
My friend says we should go to the ocean for this vacation.

연습 Practice 다음 문장을 '-는대요'를 사용해서 바꾸십시오.
Change the sentences using '-는대요'.

1. 정희 씨는 매일 아침 다섯 시에 일어난다고 해요.

   ➡ ____________________

2. 내일은 백화점 정기 휴일이라고 합니다.

   ➡ ____________________

3. 민철 씨가 빠뜨린 준비물이 없는지 다시 확인하라고 해요.

   ➡ ____________________

055 | -는데도

용법 Usage

뒤 문장의 내용이 앞 문장의 상황에서는 전혀 예상할 수 없는 결과일 때, 즉 앞의 상황과 상관없이 뒤의 동작이나 상태가 일어났을 때 쓴다.

This is used when the result in the following statement is impossible to predict given the information in the first statement. That is, this ending is used when an action or event occurs regardless of the situation or conditions first described.

활용 형태 Forms of Utilization

-는데도
동사나 '있다', '없다'의 어간 뒤에 사용한다.
It is used after the stem of the verb or '있다', '없다'.
예 먹**는데도**, 주**는데도**, 있**는데도**

-은데도
자음으로 끝나는 형용사의 어간 뒤에 사용한다.
It is used behind the adjectival stem that ends in consonant.
예 싫**은데도**

-ㄴ데도
모음으로 끝나는 형용사의 어간 뒤에 사용한다.
It is used behind the adjectival stem that ends in vowels.
예 예**쁜데도**

인데도
명사 뒤에 사용한다.
It is used behind the noun.
예 선생님**인데도**, 부자**인데도**

-었는데도/았는데도/였는데도
과거나 완료를 나타낼 때 동사나 형용사의 어간 뒤에 사용한다.
It is used behind the verb or adjectival stem to express past or perfect tense.
예 **갔는데도**, 어려**웠는데도**

-겠는데도
추측을 나타낼 때 동사나 형용사의 어간 뒤에 사용한다.
It is used behind the verb or adjectival stem to express one's supposition.
예 끝나**겠는데도**, 춥**겠는데도**

예문 Example

❶ 열심히 공부하는데도 성적이 오르지 않아요.
I study hard but my grades do not rise.

❷ 날씨가 추운데도 밖에 운동하는 사람이 많아요.
There are a lot of people exercising outside even though the weather is cold.

❸ 그 물건은 비싼데도 잘 팔려요.
That item sells well even though it is expensive.

❹ 외국 사람인데도 한국말을 잘 해요.
He speaks Korean well even though he is a foreigner.

❺ 어제 많이 잤는데도 피곤해요.
I am still tired even though I slept a lot last night.

연습 Practice

관계있는 것을 연결해서 문장을 만드십시오.
Connect the related ones to make a sentence.

보기

집이 가깝다 • ——— • 날마다 지각을 해요

→ 집이 **가까운데도** 날마다 지각을 해요.

1. 열심히 연습하다 •	• 회사에 나와서 일을 해요
2. 약을 먹었다 •	• 실력이 늘지 않아요
3. 휴일이다 •	• 낫지 않아요

______________________________.

______________________________.

______________________________.

056 | -는 만큼

용법 Usage 앞 내용에 비례하거나 정도나 수량이 비슷함을 나타낼 때 쓴다.
This is used to describe that the degree or quantity is in proportion to what is described in the first statement.

활용 형태 Forms of Utilization

-는 만큼 동사나 '있다', '없다'의 어간 뒤에 사용한다.
It is used after the stem of the verb or '있다', '없다'.
예 잡**는 만큼**, 배우**는 만큼**, 있**는 만큼**

-은 만큼 자음으로 끝나는 형용사의 어간 뒤에 사용한다.
It is used behind the adjectival stem that ends in consonant.
예 많**은 만큼**

-ㄴ 만큼 모음으로 끝나는 형용사의 어간 뒤에 사용한다.
It is used behind the adjectival stem that ends in vowels.
예 예**쁜 만큼**

-은/ㄴ 만큼 과거나 완료를 나타낼 때 동사의 어간 뒤에 사용한다.
It is used behind the verb stem to express past or perfect tense.
예 받**은 만큼**, **본 만큼**

-을/ㄹ 만큼 미래를 나타낼 때 동사의 어간 뒤에 사용한다.
It is used behind the verb stem to express future tense.
예 읽**을 만큼**, 가르**칠 만큼**

예문 Example

❶ 네가 하는 만큼 복을 받을 거다.
You'll be blessed as much as you do.

❷ 많이 있으니까 가지고 싶은 만큼 사시고 가세요.
Since there are a lot of them, have them as much as you want

❸ 지금은 힘들지만 아픈 만큼 성숙해질 거예요.
It's tough right now, but as much as it hurts you will mature.

❹ 먹은 만큼 움직이면 살이 찌지 않아요.
If I move around as much as I eat, then I will not gain weight.

❺ 그동안 참을 만큼 참았어요.
I have had enough.

참고 Note

앞 내용이 뒤 내용의 이유나 근거임을 나타낼 때도 있다. 그러나 이때는 '–을/ㄹ 만큼'은 쓰지 않는다.

It is also used when the information in the first statement is showing the reason or grounds for the following clause. '–을/ㄹ' is not used in this case.

- 회사 사정이 어려운 만큼 사원 모두가 힘을 합쳐서 일해야 한다.
- 열심히 일한 만큼 좋은 결과가 있을 것이다.

연습 Practice 주의 사항을 완성해 보십시오.
Complete the guidelines.

1. "뷔페식당에서"

➡ 음식을 남기지 마세요. ____________________ 는 만큼 가지고 가세요.

2. "시험을 볼 때"

➡ 옆 사람의 시험지를 보지 말고 ____________________ 는 만큼 쓰세요.

3. "요가를 처음 시작하는 사람에게"

➡ 동작을 무리하게 따라하지 마세요. 자신이 ____________________ 는 만큼 하세요.

057 | -는지

용법 Usage 뒤의 사실에 대해서 나름대로 생각하는 이유가 있지만 그것이 분명하지 않고 막연할 때 쓴다.
This is used when the speaker has a certain reason for assuming what is stated in the following statement, but it is not clear, only vague.

활용 형태 Forms of Utilization

-는지 동사나 '있다', '없다'의 어간 뒤에 사용한다.
It is used after the stem of the verb or '있다', '없다'.

예 닦**는지**, 공부하**는지**, 있**는지**

-은지 자음으로 끝나는 형용사의 어간 뒤에 사용한다.
It is used behind the adjectival stem that ends in consonant.

예 좁**은지**

-ㄴ지 모음으로 끝나는 형용사의 어간 뒤에 사용한다.
It is used behind the adjectival stem that ends in vowels.

예 나**쁜지**

-었는지/았는지/였는지
과거나 완료를 나타낼 때 동사나 형용사의 어간 뒤에 사용한다.
It is used behind the verb or adjectival stem to express past or perfect tense.

예 놀**았는지**, 복잡**했는지**

예문 Example

❶ 옆집에서 생선을 굽는지 생선 냄새가 많이 나네요.
They must be grilling fish next door because the smell of fish is strong.

❷ 중요한 손님이 오시는지 아침 일찍부터 청소만 하고 있어요.
An important guest must be coming because all they have been doing is just cleaning from early in the morning.

❸ 숙제가 많은지 아이가 방에서 꼼짝하지 않아요.
He must have a lot of homework because he is not moving an inch from his room.

❹ 우리 집 강아지가 아픈지 밥을 잘 안 먹어요.
My dog must be sick because he's not eating his meal.

❺ 그 학생이 고향으로 돌아갔는지 요즘 보이지 않아요.
The student must have gone back to his hometown because I don't see him these days.

연습 Practice 대화를 완성하십시오.
Complete the conversation.

1. 가 : 요즘도 그 사람한테서 자주 연락이 와요?
   나 : 아니요. ____________________는지 통 연락이 없어요.

2. 가 : 이러다가 제 시간에 도착하지 못하겠어요.
   나 : ____________________는지 길이 많이 막히네요.

3. 가 : 민철 씨한테 무슨 일이 있어요? 조금 전에 만났는데 표정이 아주 어두웠어요.
   나 : 글쎄요. ____________________는지 ____________________.

문법 알아보기

ㄷ

058 | –다가 보니

용법 Usage

어떤 일을 하는 과정 중에 화자가 새로운 사실을 깨닫게 되었거나 새로운 상황이 되었을 때 쓴다. 앞 문장에는 어느 정도 시간이 소요되거나 반복되는 일이 온다. '–다가 보니까', '–다 보니까', '–다 보니'로도 쓸 수 있다.

This is used when the speaker has realized a new fact or was faced with an unexpected situation while carrying out an action this is repetitive or requires elapse of time. This ending is interchangeable with '–다가 보니까', '–다 보니까' and '–다 보니'.

활용 형태 Forms of Utilization

–다가 보니 동사의 어간 뒤에 사용한다.
It is used behind the verb stem.
예 읽**다가 보니**, 이야기하**다가 보니**

예문 Example

❶ 날마다 한국 뉴스를 듣다가 보니 듣기 실력이 향상되었다.
Since I listen to Korean news everyday, my listening skills have improved.

❷ 매일 늦게 퇴근하다가 보니 가족들과 대화할 시간이 부족합니다.
Since I get off work late, there is not enough time to have a conversation with my family.

❸ 꾸준히 발음 연습을 하다 보니 처음보다 발음이 많이 좋아졌어요.
Since I practice my pronunciation constantly, my pronunciation has gotten a lot better.

참고 Note

형용사와 결합했을 때는 앞의 상황이 이유를 나타내는데 이때는 '–다 보니' 형태로 쓴다.
When it is combined with adjectives, the previous situation shows the reason. '–다 보니' form is used in this case.

- 일이 많다 보니 아이에게 많이 신경을 못 써요.
- 시간이 없다 보니 서류를 꼼꼼히 확인하지 못 했어요.

연습 Practice 관계있는 것을 연결해서 문장을 만드십시오.
Connect the related ones to make a sentence.

보기

매일 같은 음식만 먹다 •———• 싫증이 난다

➡ 매일 같은 음식만 **먹다가 보니** 싫증이 난다.

1. 계속 앉아서 일을 하다 • • 전기 요금이 많이 나와요
2. 요즘 컴퓨터를 오래 사용하다 • • 허리가 아파요
3. 자주 만나다 • • 정이 들었어요

______________________________.

______________________________.

______________________________.

059 | -다가 보면

용법 Usage

어떠한 일을 계속하는 상황을 가정하고 그 상황 하에 새로운 상황이 나타날 때 쓴다. '-다 보면'으로도 쓸 수 있다.

This is used when the speaker assumes a new situation will develop, based on the fact that an action or event continually takes place. This ending is interchangeable with '-다 보면'.

활용 형태 Forms of Utilization

-다가 보면 동사의 어간 뒤에 사용한다.
It is used behind the verb stem.

예 참**다가 보면**, 가르치**다가 보면**

예문 Example

❶ 살다가 보면 기쁠 때보다 힘들 때가 더 많다고들 한다.
They say that there are more difficult times than happy times in life.

❷ 열심히 노력하다가 보면 분명히 좋은 결과가 있을 거예요.
If you work hard, there will be a good result.

❸ 그렇게 자기 의견만 말하다 보면 같이 일하기 힘들 것 같아요.
It will be hard for us to work together if you continue to keep talking about your thoughts only.

연습 Practice 문장을 완성하십시오.
Complete the sentence.

1. 일에 쫓겨 바쁘게 지내다가 보면 ______________________.
2. ______________________다가 보면 실수할 때도 있어요.
3. ______________________다가 보면 포기하고 싶어질 때도 있어요.

060 | -다가는

용법 Usage

앞선 행위나 상태가 지속되면 그 결과로 부정적인 상황이나 의외의 결과가 생기게 됨을 나타낼 때 쓴다. 주로 뒤에는 바람직하지 않은 내용이 오고 충고할 때 많이 쓴다. '-다간'으로 줄여 쓸 수 있다.

This is used to indicate that a negative circumstance or an unexpected result will occur if the action or event described in the first statement continue. '-다간' is its contracted form.

활용 형태 Forms of Utilization

-다가는

동사의 어간 뒤에 사용한다.

It is used behind the verb stem.

예 놀**다가는**, 어기**다가는**

-었다가는/았다가는/였다가는

과거나 완료를 나타낼 때 동사나 형용사의 어간 뒤에 사용한다.

It is used after the verb or adjectival stem to express past or perfect tense.

예 받**았다가는**, **썼다가는**

예문 Example

❶ 그렇게 인스턴트 식품만 먹다가는 건강이 나빠질 거예요.

If you only eat instant food like that, your health will become worse.

❷ 이렇게 시간을 낭비하다가는 나중에 후회할 거예요.

You will regret later if you waste your time like this.

❸ 모르는 사람을 따라갔다가는 큰일날 수 있어요.

It can be dangerous if you follow a stranger.

참고 Note

'-다가는'은 주로 동사와 결합하는데 형용사와 결합하면 그 상태가 계속 유지됨을 뜻한다.

'-다가는' is usually combined with verbs. However, if it is combined with adjectives, it means that the state is being continuously maintained.

- 식당에 이렇게 손님이 없다가는 곧 문을 닫아야겠어요.
- 이렇게 실적이 나쁘다가는 보너스는커녕 월급도 받기 힘들어요.

연습 Practice

다음 상황일 때 자신의 의견을 쓰십시오.
Write your opinion about the following situations.

1. 친구가 휴일에도 쉬지 않고 일만 한다.

   ➡ ____________________다가는 ______________________________________.

2. 친구가 약속을 자주 어긴다.

   ➡ ____________________다가는 ______________________________________.

3. 친구가 공부는 하지 않고 놀기만 한다.

   ➡ ____________________다가는 ______________________________________.

061 | -다가도

용법 Usage 앞의 행동이나 상태가 다른 행동이나 상태로 쉽게 바뀜을 나타낼 때 쓴다.
This is used to indicate that the action or event specified in the first statement is prone to change.

활용 형태 Forms of Utilization

-다가도 동사나 형용사의 어간 뒤에 사용한다.
It is used behind the verb or adjectival stem.

예 떠들**다가도**, 일하**다가도**, 좋**다가도**, 나쁘**다가도**

예문 Example

❶ 그 친구는 공연 전에는 몹시 떨다가도 무대에 올라가기만 하면 다른 사람이 돼요.
The friend gets very nervous but becomes a different person when he/she's on the stage.

❷ 친구들과 잘 지내다가도 말다툼을 하면 일주일씩 연락을 안 할 때가 있어요.
I usually have good relationships with my friends, but there are times I don't keep in touch with them after verbal arguments.

❸ 여름에는 날씨가 맑다가도 갑자기 비가 내릴 때가 있다.
In the summer, weather can be clear and yet all of a sudden it can rain.

참고 Note

형용사 중에서 그 속성이 쉽게 바뀌지 않는 것들은 '-다가도'를 사용하지 않는다.
Adjectives whose attributes do not change easily do not use '-다가도'.

- 그 집이 크다가도 작아질 때가 있다. (×)
- 책이 얇다가도 두꺼울 때가 있다. (×)

연습 Practice 문장을 완성하십시오.
Complete the sentence.

1. 그 아이는 울다가도 ______________________.
2. ______________________다가도 그 음악을 들으면 기분이 좋아져요.
3. ______________________다가도 영화를 보러 가곤 했어요.

062 | -다니

용법 Usage

어떤 상황을 보거나 듣고 놀라거나 감탄할 때 쓴다.
This is used to express astonishment or awe to a situation that the speaker witnessed or heard.

활용 형태 Forms of Utilization

-다니

동사나 형용사의 어간 뒤에 사용한다.
It is used behind the verb or adjectival stem.

예 잡**다니**, 되**다니**, 하얗**다니**, 깨끗하**다니**

이라니

자음으로 끝나는 명사 뒤에 사용한다.
It is used behind the noun that ends in consonants.

예 스무 살**이라니**

라니

모음으로 끝나는 명사 뒤에 사용한다.
It is used behind the noun that ends in vowels.

예 교수**라니**

-었다니/았다니/였다니

과거나 완료를 나타낼 때 동사나 형용사의 어간 뒤에 사용한다.
It is used behind the verb or adjectival stem to express past or perfect tense.

예 올**랐다니**, 뚱뚱**했다니**

-겠다니

의지나 추측을 나타낼 때 동사나 형용사의 어간 뒤에 사용한다.
It is used behind the verb or adjectival sentence to express one's will or supposition.

예 떠나**겠다니**, 맛없**겠다니**

예문 Example

❶ 아직 열두 살밖에 안 됐는데 벌써 그걸 알다니 천재군요.
Since he's just twelve and he already knows that, he must be a genius!

❷ 4월인데 이렇게 춥다니 도대체 언제쯤 따뜻해질까요?
If it's this cold in April, when will it get warm?

❸ 그 사람이 유명한 가수라니 믿을 수 없어요.
I can't believe that person is a famous singer.

❹ 일을 벌써 다 끝냈다니 정말 대단하십니다.
If you're already finished, you are very impressive.

❺ 영수 씨가 기분이 나쁘겠다니 무슨 일이 있었어요?
What do you mean Young-su must be upset? Did something happen?

연습 Practice 대화를 완성하십시오.
Complete the conversation.

1. 가 : 기네스북에 최장신으로 오른 사람의 키가 2미터 72센티미터래요.

   나 : ______________________________다니 정말이에요?

2. 가 : 이 가방은 천만 원이에요.

   나 : ______________________다니 ______________________.

3. 가 : 미선 씨가 병원에 입원했대요.

   나 : ______________________다니 ______________________.

063 | -다니요?

용법 Usage 상대방이 하는 말을 듣고 믿을 수 없거나 그런 사실을 부정할 때 쓴다.
This is used to express disbelief to what was said or to deny the statement.

활용 형태 Forms of Utilization

-다니요? 동사나 형용사의 어간 뒤에 사용한다.
It is used behind the verb or adjectival stem.

예 찾**다니요?**, 기다리**다니요?**, 넓**다니요?**, 바쁘**다니요?**

이라니요? 자음으로 끝나는 명사 뒤에 사용한다.
It is used behind the noun that ends in consonants.

예 은행원**이라니요?**

라니요? 모음으로 끝나는 명사 뒤에 사용한다.
It is used behind the noun that ends in vowels.

예 맥주**라니요?**

-었다니요?/았다니요?/였다니요?
완료된 상황을 들었을 때 동사나 형용사의 어간 뒤에 사용한다.
It is used behind the verb or adjectival stem when one hears about a completed situation.

예 그만두**었다니요?**, 더**웠다니요?**

-겠다니요? 의지나 추측을 들었을 때 동사나 형용사의 어간 뒤에 사용한다.
It is used behind the verb or adjectival stem when one hears about a will or supposition.

예 가**겠다니요?**, 어렵**겠다니요?**

-냐니요? 질문을 들었을 때 동사나 형용사의 어간 뒤에 사용한다.
It is used behind the verb or adjectival stem when one hears a question.

예 닫**냐니요?**, 한가하**냐니요?**

-으라니요? 명령을 들었을 때 자음으로 끝나는 동사의 어간 뒤에 사용한다.
It is used behind the verb stem that ends in consonants when one hears a command.

예 남**으라니요?**

-라니요?	명령을 들었을 때 모음으로 끝나는 동사의 어간 뒤에 사용한다. It is used behind the verb stem that ends in vowels when one hears a command. 예 쓰**라니요?**
-자니요?	제안을 들었을 때 동사의 어간 뒤에 사용한다. It is used behind the verb stem when one hears about a suggestion. 예 읽**자니요?**, 쉬**자니요?**

예문 Example

❶ 가 : 민수 씨가 매운 음식을 못 먹지요?
Min-su can't eat spicy food, can he?

나 : 민수 씨가 매운 음식을 못 먹다니요? 아주 잘 먹는데요.
What do you mean Min-su can't eat spicy food? He eats it very well.

❷ 가 : 내일 생일이지요?
Tomorrow is your birthday, isn't it?

나 : 내일 생일이라니요? 제 생일은 12월이에요.
What do you mean it's my irthday tomorrow? My birthday is in December.

❸ 가 : 정희 씨가 교통사고를 당했대요.
Jeong-hee got into a car accident.

나 : 정희 씨가 교통사고를 당했다니요? 많이 다쳤대요?
What do you mean Jeong-hee got into a car accident? Is she hurt a lot?

❹ 가 : 그 사실을 미선 씨한테 말하겠어요.
I am going to tell Misun about this.

나 : 미선 씨한테 말하겠다니요? 미선 씨가 알면 충격을 받을 텐데요.
What do you mean you're going to tell Misun? She will be in a shock if she hears this.

❺ 가 : 남은 것은 버리도록 하세요.
Throw away the leftovers.

나 : 남은 것을 버리라니요? 다음에 또 써야지요.
What do you mean throw away the leftovers? We will use them next time.

참고 Note

'-었다니요?'와 '-겠다니요?'는 '-다니요?'로 바꾸어 쓸 수 있다.
'-었다니요?'와 '-겠다니요?' can be changed to '-다니요?'.

- 어제 회의를 8시간이나 했다니요? → 어제 회의를 8시간이나 하다니요?
- 이 음식이 맛없겠다니요? → 이 음식이 맛없다니요?

현재의 행위임을 강조해서 쓸 때는 '-는다니요?'로 쓴다.
'-는다니요?' is used instead when emphasizing that the action is of the present.

- 아이가 학교에 다니지 않는다니요?
- 하루에 세 시간밖에 안 잔다니요?

연습 Practice 대화를 완성하십시오.
Complete the conversation.

1. 가 : 영수 씨가 이번 시험에서 떨어졌대요.
   나 : 그렇게 실력이 뛰어난 사람이 ________________다니요? 믿을 수 없어요.
2. 가 : 담배를 많이 피우시지요?
   나 : ________________다니요? 저는 담배를 안 피우는데요.
3. 가 : 그 공연이 취소되었대요.
   나 : ________________다니요? 많이 기대하고 있었는데요.

064 | 대로

용법 Usage

앞의 말이나 상황, 방법 등에 근거하거나 달라짐이 없음을 나타낼 때 쓴다. 또한 주로 '은/는'과 함께 쓰여 따로따로 구별됨을 나타낼 때도 쓴다.

This is used to indicate that the following statement is based on just the words, situations or methods described in the first statement. This ending is also frequently used together with '은/는' to indicate that the statements are distinguished.

활용 형태 Forms of Utilization

대로 명사 뒤에 사용한다.
It is used behind the noun.
예 법**대로**, 저**대로**

예문 Example

❶ 미선 씨 말대로 산 정상에서 바라보는 전망은 아주 아름답더군요.
Like Misun said, the scenary from the top of the mountain was very beautiful.

❷ 부모는 부모대로 아이는 아이대로 생각이 다를 수 있지요.
Parents have their own thoughts and so do kids.

❸ 전공 서적은 전공 서적대로 교양 서적은 교양 서적대로 나눠서 정리했어요.
I organized the books related to majors and educational books separately.

연습 Practice 문장을 완성하십시오.
Complete the sentence.

1. 도착하 ______________대로 줄을 서 주십시오. 순서를 지키지 않으면 곤란합니다.
2. 직장에서 상사도 힘들지만 __________은 __________대로 힘든 점이 있어요.
3. __________은 __________대로 __________은 __________대로 따로 모아야 합니다.
종이하고 병을 섞어 놓으면 나중에 분리하기가 더 힘듭니다.

065 | –더니[-1]

용법 Usage

전에 경험하여 알게 된 사실이나 상황에 더하여 그와 관련된 사실이나 상황이 있음을 나타낼 때 쓴다. 또한 전에 보거나 들어서 알게 된 사실이나 상황이 뒤 문장의 결과를 낳는 원인이나 이유가 됨을 나타낼 때 쓴다.

This is used to indicate that a relevant fact or situation exists in addition to what was known through previous experience. It is also used to indicate that a fact or a situation the speaker previously witnessed or heard serves as the reason or ground for the result described in the following statement.

활용 형태 Forms of Utilization

–더니 동사나 형용사의 어간 뒤에 사용한다.
It is used behind the verb or adjectival stem.
예 **받더니, 가더니, 춥더니, 시더니**

예문 Example

❶ 민철 씨가 지난 번에도 약속을 안 지키더니 오늘도 약속을 안 지켰어요.
Minchul broke the promise last time, and he called it off again.

❷ 영수 씨, 지난 주에 면접 시험을 보러 가더니 잘 보셨어요?
Youngsu, you went for an interview last week so how did you do?

❸ 미선 씨 어머니 음식 솜씨가 좋더니 미선 씨도 음식을 잘 만드시네요.
Misun's mom cooked very well, and Misun also is an excellent cook.

❹ 정희 씨가 며칠 밤을 새워서 일하더니 결국 과로로 쓰러졌대요.
Jeonghee stayed up many nights to work, and she ended up fainting from overwork.

연습 Practice **관계있는 것을 연결해서 문장을 만드십시오.**
Connect the related ones to make a sentence.

보기

여자 친구와 영화를 보러 갔다 • —— • 재미있게 보셨어요?

➡ 여자 친구와 영화를 보러 **가더니** 재미있게 보셨어요?

1. 미선 씨가 열심히 공부했다 • • 배탈이 났구나
2. 어제 많이 먹었다 • • 장학금을 받았군요
3. 영수 씨가 여기 저기 알아봤다 • • 마음에 드는 집을 구했어요

____.

____.

____.

066 | -더니$^{-2}$

용법 Usage 과거의 상황과 현재의 상황이 달라졌을 때 쓴다. 주로 상반되는 상황일 때 쓰며, 주어는 2인칭, 3인칭을 쓴다.

This is used to indicate a change of circumstances. It is mostly used to express a contradiction in situations. The subject is stated in the second or the third person.

활용 형태 Forms of Utilization

-더니 동사나 형용사의 어간 뒤에 사용한다.
It is used behind the verb or adjectival stem.
예 **열더니, 쓰더니, 많더니, 복잡하더니**

예문 Example

❶ 아침에는 바람이 불어서 춥더니 오후에는 따뜻해졌어요.
Wind was blowing in the morning, but it became warm in the afternoon.

❷ 지난 학기에는 공부를 열심히 하더니 이번 학기에는 놀기만 하는군요.
She seemed like she was studying hard last semester, but now she is playing around this semester.

❸ 제임스 씨가 전에는 한국 음악에 관심이 없더니 이제는 모르는 한국 노래가 없어요.
James had no interest in Korean music before, but now there isn't a single song he doesn't know.

연습 Practice 문장을 완성하십시오.
Complete the sentence.

1. 영수 씨가 지난 학기에는 학교에 일찍 오더니 ______________________.
2. 민철 씨가 ______________________더니 요즘에는 잘 도와주지 않아요.
3. 어렸을 때는 ______________________더니 지금은 몰라보게 컸구나.

067 | –더라

용법 Usage 과거에 직접 경험하여 새로 알게 된 사실을 지금 친구나 아랫사람에게 말할 때 쓴다. 말하는 사람 자신의 행동에 대해서는 쓰지 않는다.

This is used to relay a new experience or feeling to a friend or a subordinate. It is not used to describe the speaker's own action.

활용 형태 Forms of Utilization

–더라 동사나 형용사의 어간 뒤에 사용한다.
It is used behind the verb or adjectival stem.

예 잡**더라**, 사**더라**, 있**더라**, 예쁘**더라**

이더라 명사 뒤에 사용한다.
It is used behind the noun.

예 경찰**이더라**, 관광지**이더라**

–었더라/았더라/였더라

과거나 완료를 나타낼 때 동사나 형용사의 어간 뒤에 사용한다.
It is used behind the verb or adjectival stem to express past or perfect tense.

예 남**았더라**, 뚱뚱**했더라**

–겠더라 추측을 나타낼 때 동사나 형용사의 어간 뒤에 사용한다.
It is used behind the verb or adjectival stem to express one's supposition.

예 오**겠더라**, 아프**겠더라**

예문 Example

❶ 그 커피숍은 일찍 문을 닫더라.
That cafe closes early, as I recall.

❷ 마이클 씨가 한국말을 참 잘 하더라.
Michael speaks Korean very well, as I recall.

❸ 미선 씨가 상식이 풍부하더라.
Misun has plenty of general knowledge, as I recall.

❹ 김 과장님은 벌써 퇴근하셨더라.
Manager Kim already left the office, as I recall.

연습 Practice **대화를 완성하십시오.**
Complete the conversation.

1. 가 : 혹시 미선 씨가 어디 있는지 아니?

   나 : ______________________________더라.

2. 가 : 민수 씨 여동생 봤니?

   나 : ______________________________더라.

3. 가 : 설악산에 갔다 왔다면서? 어땠어?

   나 : ______________________________더라.

068 | -더라고요

용법 Usage 과거에 직접 경험하여 새로 알게 된 사실을 지금 상대방에게 옮겨 전달할 때 쓴다. 말하는 사람 자신의 행동에 대해서는 쓰지 않는다.
This is used when the speaker is relaying a fact newly discovered through personal experiences to another person.

활용 형태 Forms of Utilization

-더라고요 동사나 형용사의 어간 뒤에 사용한다.
It is used behind the verb or adjectival stem.
예 묻**더라고요**, 사**더라고요**, 덥**더라고요**, 싸**더라고요**

이더라고요 명사 뒤에 사용한다.
It is used behind the noun.
예 학생**이더라고요**, 친구**이더라고요**

-었더라고요/았더라고요/였더라고요
과거나 완료를 나타낼 때 동사나 형용사의 어간 뒤에 사용한다.
It is used behind the verb or adjectival stem to express past or perfect tense.
예 **봤더라고요**, **컸더라고요**

-겠더라고요 추측을 나타낼 때 동사나 형용사의 어간 뒤에 사용한다.
It is used behind the verb or adjectival stem to express one's supposition.
예 먹**겠더라고요**, 재미있**겠더라고요**

예문 Example

❶ 연극배우들이 연기를 실감나게 잘 하더라고요.
Stage actors performed realistically.

❷ 새로 생긴 마트가 다른 미드보나 비싸더라고요.
Products in the new supermarket is more expensive than other supermarkets.

❸ 알고 보니 두 사람이 초등학교 동창이더라고요.
It turns out that those two people have graduated from the same elementary school.

❹ 정희가 요즘 많이 힘든지 얼굴이 안됐더라고요.
Jeonghee must be having a hard time because she didn't look well today.

❺ 도와주는 사람도 없이 혼자 일을 하던데 많이 힘들겠더라고요.
He must be tired because it seemed like he was working alone without anyone's help.

연습 Practice 대화를 완성하십시오.
Complete the conversation.

1. 가 : 해외 출장 잘 다녀오셨어요?

   나 : 네, 덕분에요. 그런데 그곳은 4월인데도 ______________________더라고요.

2. 가 : 어제 본 영화가 어땠어요?

   나 : ______________________________________더라고요.

3. 가 : 어제 콘서트를 보고 왔어요. ______________________더라고요.

   나 : 그래요? 저도 시간만 있었으면야 갔을 텐데 못 가서 참 아쉬워요.

069 | -더라도

용법 Usage

앞 문장과 같은 상황을 가정하거나 인정해도 뒤 문장의 내용은 앞의 내용과 상반됨을 나타낼 때 쓴다. '-어도'에 비해서 좀 더 가정적이며 그 뜻이 더 강하다.

This is used to indicate that the first statement is followed by a conflicting one, while the situation described in the first statement can be assumed or admitted. This ending carries a more assumptive and stronger tone than '-어도'.

활용 형태 Forms of Utilization

-더라도

동사나 형용사의 어간 뒤에 사용한다.

It is used behind the verb or adjectival stem.

예 잡**더라도**, 가**더라도**, 쉽**더라도**, 비싸**더라도**

이더라도

명사 뒤에 사용한다.

It is used behind the noun.

예 부모님**이더라도**, 천재**이더라도**

-었더라도/았더라도/였더라도

과거나 완료를 나타낼 때 동사나 형용사의 어간 뒤에 사용한다.

It is used behind the verb or adjectival stem to express past or perfect tense.

예 **갔더라도**, 좋**았더라도**

예문 Example

❶ 또 다시 실패하더라도 포기하지 않겠어요.
Even if I fail again, I won't give up.

❷ 피곤하더라도 이 일을 내일까지 끝내 주세요.
Even if you are tired, please finish this by tomorrow.

❸ 대통령이더라도 죄를 지었으면 벌을 받아야 한다.
Even if you are a president, if you have committed a crime you should be punished.

❹ 그 사람은 그렇게 했더라도 너는 그러면 안 된다.
Just because that person did it that way, doesn't mean that you do that.

ㄷ

연습 Practice

문장을 완성하십시오.
Complete the sentence.

1. 월급을 적게 받더라도 ________________________.
2. ________________________더라도 당황하지 말고 침착하게 행동하세요.
3. ________________________더라도 자신의 감정을 드러내지 마세요.

070 | -던가요?

용법 Usage

말하는 사람이 상대방에게 과거에 경험한 것에 대해 물을 때 쓰며 보통 '-더군요', '-던데요', '-더라고요', '-더라' 형태로 대답한다.

This is used to inquire about what the other person has experienced. He will usually answer in a form of '-더군요', '-던데요', '-더라고요' or '-더라'.

활용 형태 Forms of Utilization

-던가요?

동사나 형용사의 어간 뒤에 사용한다.

It is used behind the verb or adjectival stem.

예 찾**던가요**?, 주**던가요**?, 춥**던가요**?, 싸**던가요**?

이던가요?

명사 뒤에 사용한다.

It is used behind the noun.

예 학생**이던가요**?, 친구**이던가요**?

-었던가요?/았던가요?/였던가요?

과거나 완료를 나타낼 때 동사나 형용사의 어간 뒤에 사용한다.

It is used behind the verb or adjectival stem to express past or perfect tense.

예 받**았던가요**?, 예**뻤던가요**?

예문 Example

❶ 가 : 지난주에 연세회사의 신제품 발표회가 있었어요.
There was a presentation on a new product from Yonsei Company.

나 : 누가 발표하던가요?
Who did the presentation?

가 : 이번에는 사장이 직접 하던데요.
The CEO did the presentation himself.

❷ 가 : 어제 시험을 봤어요.
I took a test yesterday.

나 : 시험이 어렵던가요?
Was the test hard?

가 : 아니요, 생각보다 어렵지 않더라고요.
No, it wasn't as difficult as it seemed.

❸ 가 : 어제 앞으로 같이 일하게 될 미선 씨를 만나 봤어.
Yesterday, I met Misun who I am going to be working with from now on.

나 : 미선 씨는 어떤 사람이던가요?
What kind of person was Misun?

가 : 성격이 참 털털하더라.
She seemed like an easy going person.

❹ 가 : 그저께 초등학교 동창회에 갔다 왔어요.
I went to a class reunion the day before yesterday.

나 : 사람들이 많이 왔던가요?
Did a lot of people come?

가 : 다들 바쁜지 많이 안 왔던데요.
People might have been busy because not a lot of them showed up.

연습 Practice 대화를 완성하십시오.
Complete the conversation.

1. 가 : 주말에 친구 결혼식에 다녀왔어요.
   나 : ______________________________던가요?

2. 가 : 어제 축구를 보러 경기장에 갔었어요.
   나 : ______________________________던가요?

3. 가 : 어제 첫 출근이셨다면서요? ______________________________던가요?
   나 : 첫날이어서 정신이 하나도 없었어요.

071 | -던데

용법 Usage

말하는 사람의 경험이 뒤 문장의 배경이나 상황이 될 때 쓴다. 뒤 문장에는 주로 그 사실에 대한 물음이나 상대방에게 제안하거나 권유하는 표현 등이 온다.

This is used when the speaker's experience serves as the background or circumstances of the following statement. The following statement mostly includes inquiry on the fact, an expression of suggestion, or recommendation to the other person.

활용 형태 Forms of Utilization

-던데

동사나 형용사의 어간 뒤에 사용한다.

It is used behind the verb or adjectival stem.

예 먹**던데**, 자**던데**, 좋**던데**, 아프**던데**

이던데

명사 뒤에 사용한다.

It is used behind the noun.

예 선생님**이던데**, 교포**이던데**

-었던데/았던데/였던데

과거나 완료를 나타낼 때 동사나 형용사의 어간 뒤에 사용한다.

It is used behind the verb or adjectival stem to express past or perfect tense.

예 닫**았던데**, 작**았던데**

-겠던데

추측을 나타낼 때 동사나 형용사의 어간 뒤에 사용한다.

It is used behind the verb or adjectival stem to express one's supposition.

예 받**겠던데**, 늦**겠던데**

예문 Example

❶ 가 : 미선 씨가 지금 어디에 있는지 아세요?

Do you know where Misun is at right now?

나 : 아까 사무실로 가던데 거기에 한번 가 보세요.

I saw her going into the office awhile ago, go look for her there.

❷ 가 : 오늘 점심은 어디에서 먹을까요?

Where should we eat lunch today?

나 : 새로 생긴 식당 음식이 맛있던데 그 식당에 갑시다.

I recall that the new restaurant serves good food, let's go there.

ㄷ

❸ 가 : 가방이 수입품이던데 그런 건 얼마나 해요?
The bag looks imported, around how much is it?

나 : 그렇게 비싸지 않아요.
It's not that expensive.

❹ 가 : 보고서를 어떻게 써야 할지 모르겠어요.
I don't know how I'm going to write a report.

나 : 영수 씨가 다 썼던데 영수 씨한테 가르쳐 달라고 해 보세요.
Young-su seems to already have finished writing his report, ask him.

❺ 음식이 좀 부족하겠던데 더 준비해야 하는 거 아니에요?
It looks like there was not enough food. Don't we need to prepare more?

참고 Note

과거의 사실에 대해 반대되는 결과나 상황이 이어질 때 또는 대조되는 두 가지 사실을 말할 때 쓰기도 한다.
- 준비한 자료가 많던데 하나도 보여주지 못했네요.
- 외국 사람이던데 한국말을 참 잘 하더군요.

연습 Practice 관계있는 것을 연결해서 문장을 만드십시오.
Connect the related ones to make a sentence.

보기

명동에 볼거리가 많다 • ——— • 한번 가 보세요

➡ 명동에 볼거리가 **많던데** 한번 가 보세요.

1. 아까 미선 씨가 울다 •	• 한번 가 보세요
2. 그 식당이 싸고 좋다 •	• 빌려 달라고 해 보세요
3. 영수 씨가 그 책을 샀다 •	• 무슨 일이 있었어요?

____.

____.

____.

072 | -던데요

용법 Usage

과거에 자기가 직접 보거나 느낀 사실을 지금 설명하듯이 얘기하거나 그 때 경험한 것에 대해 감탄하듯이 말할 때 쓴다.

This is used to relate what the speaker personally witnessed or felt in the past now being explained it in the present, or to convey admiration of the past experience.

활용 형태 Forms of Utilization

-던데요

동사나 형용사의 어간 뒤에 사용한다.

It is used behind the verb or adjectival stem.

예 찾**던데요**, 주**던데요**, 맵**던데요**, 싸**던데요**

이던데요

명사 뒤에 사용한다.

It is used behind the noun.

예 한국 사람**이던데요**, 전문가**이던데요**

-었던데요/았던데요/였던데요

과거나 완료를 나타낼 때 동사나 형용사의 어간 뒤에 사용한다.

It is used behind the verb or adjectival stem to express past or perfect tense.

예 놓**았던데요**, 많**았던데요**

-겠던데요

추측을 나타낼 때 동사나 형용사의 어간 뒤에 사용한다.

It is used behind the verb or adjectival stem to express one's supposition.

예 모이**겠던데요**, 빠르**겠던데요**

예문 Example

❶ 가 : 미선 씨 못 봤어요?

Did you see Misun?

나 : 복도에서 전화하던데요.

She was talking one the phone in the hallway, as I recall.

❷ 가 : 한국 요리를 배워 보니까 어때요?

How do you like learning how to cook Korean food?

나 : 재미있던데요.

It was fun, as I recall.

❸ 가 : 도서관에 가면 그 책이 있을 거예요.
If you go to the library, you should find the book there.

나 : 안 그래도 가 봤는데 벌써 누가 빌려갔던데요.
I've already to been to the library, but some already borrowed it. (as I recall)

❹ 주말에 설악산에 갔다 왔는데 경치가 참 아름답던데요.
I went to the Mr. Seorak, and the scenary was very beautiful. (as I recall)

❺ 미선 씨가 열심히 공부하는 걸 보니 이번 시험을 잘 보겠던데요.
Seeing Misun study so hard, it looks as though she will do well on this test.

연습 Practice 대화를 완성하십시오.
Complete the conversation.

1. 가 : 어제 정희 씨 생일 파티에 갔다 왔지요? 재미있었어요?

   나 : 네, ______________________________ 던데요.

2. 가 : 주말에 놀이공원에 갔다 왔다면서요? 어땠어요?

   나 : ______________________________ 던데요.

3. 가 : 미선 씨가 집들이를 했는데 ______________________ 던데요.

   나 : 네, 어찌나 맛있는 음식이 많던지 배가 터지도록 먹었어요.

073 | –도록 하다

용법 Usage

'하다'가 명령형이나 청유형으로 쓰여 상대방에게 행동을 지시하거나 권유할 때 쓴다. 또는 '–도록 하겠다'로 쓰여 말하는 사람의 의지나 다짐을 나타낼 때 쓴다.

This is used when the speaker is instructing or recommending an action to the other person. It is also used in the form of '도록 하겠다', indicating the speaker's determination or resolution.

활용 형태 Forms of Utilization

–도록 하다 동사의 어간 뒤에 사용한다.
It is used behind the verb stem.

예 **입도록 하다, 오도록 하다**

예문 Example

❶ 가 : 그럼 지금부터 토론 주제를 결정하도록 합시다.
Let's decide on the debate topic from now on.

나 : 성형수술에 대한 토론은 어떨까요?
How about debating about plastic surgery?

❷ 가 : 앞으로 조심하세요.
You should be careful in the future.

나 : 네, 다시는 이런 실수하지 않도록 하겠습니다.
Yes, I won't make another mistake like this again.

❸ 가 : 건강을 생각해서 담배는 끊도록 하세요.
For your health, you should quit smoking.

나 : 네, 끊도록 하겠습니다.
Yes, I will try to quit smoking.

연습 Practice

대화를 완성하십시오.
Complete the conversation.

1. 가 : 내일 회의는 9시에 시작합니다. ______________________도록 하세요.

   나 : 네, 일찍 오겠습니다.

2. 가 : 오늘까지 이 일을 다 끝내야 해요.

   나 : 걱정하지 마세요. ______________________도록 하겠습니다.

3. 가 : 이번 연말에는 어디로 봉사활동을 갈까요?

   나 : 이번에는 ______________________도록 합시다.

074 | –도록[-1]

용법 Usage 뒤에 나오는 행위에 대한 목적이나 이유, 기준 등을 나타낼 때 쓴다.

This is used when the first statement describes the purpose, reason or grounds for the action specified in the following statement.

활용 형태 Forms of Utilization

–도록 동사의 어간 뒤에 사용한다.
It is used behind the verb stem.
예 낫도록, 가도록

예문 Example

❶ 필요할 때 쉽게 찾을 수 있도록 보이는 곳에 잘 놓아 두었다.
I put it in a place where I can find it easily whenever I need it.

❷ 음식이 상하지 않도록 냉장고에 넣어 두세요.
Put them in a refrigerator so that food won't go bad.

❸ 노인들이 잡수시도록 음식을 부드럽게 만들었어요.
I made the food tender so that elder people will be able to eat them.

연습 Practice 문장을 완성하십시오.
Complete the sentence.

1. 신입사원이 회사 생활에 ____________________도록 선배들이 많이 도와주세요.
2. 환절기에 ____________________도록 옷을 따뜻하게 입으세요.
3. 충고를 할 때는 상대방이 ____________________도록 잘 이야기해야 돼요.

075 | -도록$^{-2}$

용법 Usage 뒤에 나오는 행위의 방식이나 정도 또는 시간의 한계 등을 나타낼 때 쓴다.
This is used to describe the method or degree of an action, or limitation of time specified in the following statement.

활용 형태 Forms of Utilization

-도록 동사의 어간 뒤에 사용한다.
It is used behind the verb stem.
예 **죽도록, 밤새도록**

예문 Example

❶ 목이 터지도록 응원을 했어요.
I cheered until my voice was gone.

❷ 입에 침이 마르도록 칭찬을 했어요.
I praised him nonstop.

❸ 공부하라는 소리는 귀가 닳도록 들었어요.
I have heard the word "Study" multiple times until I was fed up hearing it.

❹ 밤 12시가 지나도록 아직 아무런 연락이 없다.
There has been no calls even past midnight.

❺ 30살이 넘도록 한 번도 데이트를 해 본 적이 없다.
I have not ever been on a date even though I am past thirty.

연습 Practice 관계있는 것을 연결해서 문장을 만드십시오.
Connect the related ones to make a sentence.

보기

손이 발이 되다 ———— 빌었어요

→ 손이 발이 **되도록** 빌었어요.

1. 눈이 빠지다 • • 기다렸어요
2. 한 달이 넘다 • • 음식을 많이 차렸어요
3. 상다리가 부러지다 • • 전화 한 통도 없어요

______________________________.

______________________________.

______________________________.

076 | -든 -든

용법 Usage 어떠한 경우도 상관이 없음을 나타낼 때 쓴다.

This is used to indicate that the situation is irrelevant in any case.

활용 형태 Forms of Utilization

-든 -든

동사나 형용사의 어간 뒤에 사용한다.

It is used behind the verb or adjectival stem.

예 **음식을 직접 만들든 배달을 시키든, 친구를 만나든**

영화를 보든, 가깝든 멀든, 크든 작든

-었든/았든/였든 -었든/았든/였든

과거나 완료를 나타낼 때 동사나 형용사의 어간 뒤에 사용한다.

It is used behind the verb stem to express past or perfect tense.

예 **여행을 갔든 집에 있었든, 바빴든 한가했든**

예문 Example

❶ 전화를 하든 이메일을 보내든 빨리 연락하세요.

Either through phone or e-mail, just contact me as soon as possible.

❷ 우리 아버지는 음식이 맛있든 맛없든 아무 말씀 없이 잘 드세요.

My father eats well regardless of how the food tastes.

❸ 그 일을 알고 했든 모르고 했든 책임을 피할 수는 없을 거예요.

Regardless of whether you knew what you were doing or not, you will not be able to avoid the consequences.

참고 Note

어떤 행위의 실행 여부와 상관이 없을 때 '-든지 말든지' 또는 '-든 말든'을 쓸 수 있다.

'-든지 말든지' or '-든 말든' can be used when one is careless whether the action is carried out or not.

- 그 사람이 가든지 말든지 그 일에 대해서 더 이상 신경 쓰지 마세요.
- 공부를 하든 말든 마음대로 해.

연습 Practice 대화를 완성하십시오.
Complete the conversation.

1. 가 : 저는 자전거를 못 타는데 자전거 동호회에 들 수 있습니까?

   나 : 자전거를 잘 타든 ____________________든 누구나 저희 동호회에 들어오실 수 있습니다.

2. 가 : 뭐니 뭐니 해도 집이 제일 편한 것 같아요.

   나 : 맞아요. ________________든 ________________든 집만큼 편한 곳이 없지요.

3. 가 : 마라톤은 완주하는 데 의의가 있어요.

   나 : 네. ________________든 ________________든 최선을 다한 선수들에게 박수를 보내야지요.

077 | –듯이

용법 Usage

앞의 행동처럼 뒤의 행동을 하거나 앞의 상황과 같은 상황이 뒤에 이어질 때 쓴다. '–듯'으로 줄여 쓸 수 있다.

This is used when the action or event described in the second statement is similar to the one specified in the first statement, or when the action or event in the first statement continues. '–듯' is the contracted form of this expression.

활용 형태 Forms of Utilization

–듯이

동사나 형용사의 어간 뒤에 사용한다.

It is used behind the verb or adjectival stem.

예 **먹듯이, 보듯이, 싫듯이, 바쁘듯이**

–었듯이/았듯이/였듯이

과거나 완료를 나타낼 때 동사나 형용사의 어간 뒤에 사용한다.

It is used behind the verb or adjectival stem to express past or perfect tense.

예 **갔듯이, 조용했듯이**

예문 Example

❶ 시간과 사건들이 쌓여서 역사를 만들듯이 문학 작품도 그런 과정을 겪으며 탄생한다.
Just as time and event accumulate to make history, literary works are also born through a similar process.

❷ 자기 자식이 귀하듯 남의 자식도 귀하다는 걸 알아야 한다.
People need to know that just as their child is precious so is someone else's child.

❸ 앞서 말씀 드렸듯이 교육에 대한 투자가 우선되어야 한다고 봅니다.
As it was mentioned before, I believe that investments in education need to be first.

참고 Note

'–듯이'는 다음과 같이 관용 표현에 써서 그 의미를 강조한다.

'–듯이' stresses the meaning by using idiomatic phrase like the following.

- 가뭄에 콩 나듯이 드물어요.
- 돈을 물 쓰듯이 써요.
- 땀을 비 오듯이 흘려요.
- 결과는 불 보듯이 뻔해요.
- 거짓말을 밥 먹듯이 해요.

연습 Practice

문장을 완성하십시오.
Complete the sentence.

1. 그 사람은 물을 마시듯이 ______________________________.

2. 영수는 땀을 ______________________________듯이 흘렸어요.

3. 그 사람은 거짓말을 __________듯이 해서 모두에게 신뢰를 잃었어요.

문법 알아보기

ㅁ

078 | 마저

용법 Usage

어떠한 상황에 부정적인 다른 상황이 더해지거나 하나 남은 마지막 대상을 나타낼 때 쓴다.

This is used when a negative situation is added to the existing situation. It can be used to indicate the last remaining thing.

활용 형태 Forms of Utilization

마저 명사 뒤에 사용한다.
It is used behind the noun.
예 바람**마저**, 컴퓨터**마저**

예문 Example

❶ 한 달 전에 할머니께서 돌아가셨는데, 지난주에 아버지마저 돌아가셨다.
My grandmother passed away last month, and last week my dad also passed away.

❷ 요금을 내지 않아서 가스도 끊겼는데, 내일부터 전기마저 끊긴대요.
The gas was cut off because I didn't pay the bill, and they said that the electricity will also be cut off tomorrow.

❸ 너마저 나를 안 믿는구나.
Even you are not believing me.

참고 Note 1

'마저'는 조사 뒤에도 쓸 수 있다.
'마저' can be used after postpositional particles.

- 제 친구가 고양이를 얼마나 사랑하는지 학교에마저 데리고 왔어요.
- 그 사람은 자기 집에서마저 관심을 받지 못했다고 합니다.

참고 Note 2

'마저'는 '까지', '조차'와 바꿔 쓸 수도 있는데 다음과 같은 차이가 있다.
'마저' can be replaced with '까지' or '조차', but there is a differece as it is mentioned below.

'까지' : '마저'는 부정적인 상황에서만 쓰나, '까지'는 긍정적인 상황에서도 쓸 수 있다.
'까지' : '마저' is used in a negative situation, whereas '까지' can be used in a positive situation as well.

- 리에 씨는 한국어도 잘하고 영어도 잘하는데 프랑스어마저 잘한다. (×)
- 리에 씨는 한국어도 잘하고 영어도 잘하는데 프랑스어까지 잘한다. (○)

'조차' : '마저'는 긍정문과 부정문에 모두 쓰나 '조차'는 부정문에 더 잘 어울린다.

'조차' : '마저' is used both in positive and negative sentences, but '조차' suits better in a negative sentence.

- 퇴근 시간인 데다가 사고마저 나서 길이 더 막힌다. (○)
- 퇴근 시간인 데다가 사고조차 나서 길이 더 막힌다. (×)
- 그 사람은 자기 이름조차 쓰지 못했다. (○)

연습 Practice 대화를 완성하십시오.
Complete the conversation.

1. 가 : 지갑을 잃어버렸다면서 어떻게 집에 돌아왔어요?

   나 : 다행히 주머니에 교통카드가 있었어요. ______________마저 없었더라면 집에 못 왔을 거예요.

2. 가 : 아직도 보고서를 다 못 끝냈니?

   나 : 제 컴퓨터가 고장 나서 동생 컴퓨터를 빌려 썼는데, ______________마저 ______________________________.

3. 가 : 민철 씨가 사업에 실패했나 봐요.

   나 : 네. ______________마저 ______________________________.

079 | 만 못하다

용법 Usage 두 개의 대상을 비교할 때, 앞의 것이 뒤의 것보다 수준이나 정도가 좋지 못할 때 쓴다.

This is used for comparison. It signifies that the former is inferior to the latter in terms of level or degree.

활용 형태 Forms of Utilization

만 못하다 명사 뒤에 사용한다.
It is used behind the noun.

예 **집만 못하다, 회사만 못하다**

예문 Example

❶ 백 번 듣는 것이 한 번 보는 것만 못하다.
Hearing it for hundred times cannot be as good as seeing it once.

❷ 사 먹는 음식이 집에서 만들어 먹는 음식만 못하다.
The food bought outside cannot be as good as the food made at home.

❸ 형이 동생만 못할 때도 있다.
There are times when an older brother is not as good as an younger one.

연습 Practice 대화를 완성하십시오.
Complete the conversation.

1. 가 : 출장 가셔서 호텔에서 지내실 테니까 별로 불편하시지 않겠지요?
   나 : 글쎄요, 저는 ________________이 ________________만 못하다고 생각하는데요.

2. 가 : 로봇이 집안일도 하고 아이도 돌보는 시대가 곧 오겠지요?
   나 : 아무리 그래도 ________________이 ________________만 못할 거예요.

3. 가 : 요즘은 인기 소설을 영화로 많이 만드는 것 같아요.
   나 : 그래도 ________________이 ________________만 못해요.

080 | 만 하다

용법 Usage 사람이나 사물의 크기를 비교할 때 쓴다.
This is used to compare the size of a person or an object.

활용 형태 Forms of Utilization

만 하다 명사 뒤에 사용한다.
It is used behind the noun.

예 **집만 하다, 이만 하다**

예문 Example

❶ 내 방은 우리 교실 반만 해. My room is half the size of our classroom.
❷ 우리 형 키는 저만 해요. My older brother is about as tall as I am.
❸ 우리 집 컴퓨터도 이 컴퓨터만 해요. Our computer at home is also about the same size as this.

참고 Note

'만 하다'는 다음과 같이 관용 표현에 써서 그 의미를 강조한다.
'만 하다' stresses the meaning by using idiomatic phrases like the following.

- 제 친구는 얼굴이 주먹만 해요.
- 그 사람은 목소리가 모기 소리만 해요.
- 월급이 쥐꼬리만 해요.
- 제 하숙집 방은 손바닥만 해요.

연습 Practice 다음 문장을 같은 의미로 바꾸십시오.
Change the sentence so that the meanings will be the same.

1. 제 가방은 이 가방과 크기가 비슷해요.
   → ____________________ 만 해요.
2. 우리 회사는 월급이 아주 적어요.
   → ____________________ 만 해요.
3. 제 방은 아주 작아요.
   → ____________________ 만 해요.

081 | 만 해도

용법 Usage

'여러 가지 중에서 이 경우의 예만 들어도'의 뜻으로 쓴다. 또한 현재의 상황이 얼마 전까지의 상황과 전혀 다를 때에는 '전만 해도' 형태로 쓴다. 이때에는 시간을 나타내는 말 뒤에 사용한다.

This is used as an indicator 'to cite one example among many'. The form '전만 해도' is used when the current situation is completely different from the immediate past. In this case, this ending follows a phrase that indicates time.

활용 형태 Forms of Utilization

만 해도 명사 뒤에 사용한다.
It is used behind the noun.

예 대학생**만 해도**, 자동차**만 해도**, 1년 전**만 해도**, 어제**만 해도**

예문 Example

❶ 가 : 요즘 물가가 많이 올랐지요?
The prices has risen a lot. Don't you think?

나 : 네, 기름 값만 해도 작년에 비해서 20퍼센트나 올랐어요.
Yes, even the oil price has risen twenty percent compared to last year.

❷ 가 : 그 친구는 패션 감각이 굉장히 뛰어난 것 같아요.
That friend has a very good taste in fashion.

나 : 네, 패션에 관심이 많아서 모자만 해도 100개가 넘을 거예요.
Yes, she has such a great interest in fashion that her hat collection alone amounts to over a hundred.

❸ 6개월 전만 해도 주가가 이렇게 떨어질 거라고 예상하지 못했다.
Just only six months, we had no idea that the stocks would fall this much.

❹ 몇 년 전만 해도 이곳에 사람이 많이 안 살았어요.
Just few years ago, not many people lived here.

❺ 지난 주만 해도 날씨가 더워서 반팔 티셔츠를 입었어요.
Just a week ago, the weather was hot that people wore short sleeved t-shirts.

참고 Note

'만 해도'는 조사 뒤에도 쓸 수 있다.
'만 해도' can be used after postpositional particles.

- 작년까지만 해도 이 제품은 없어서 못 팔았는데 지금은 찾는 손님이 거의 없어요.
- 학교 근처에만 해도 그 커피숍이 몇 군데 있어요.
- 그 가수 새 앨범이 국내에서만 해도 백만 장 이상 팔렸다고 합니다.

연습 Practice 대화를 완성하십시오.
Complete the conversation.

1. 가 : 작년에 비해 물가가 너무 많이 올랐지요?
   나 : 네, 야채 값만 해도 ______________________.

2. 가 : 학교 주변이 많이 변했지요?
   나 : 네, ______________만 해도 ______________________.

3. 가 : 요즘에는 휴대폰 없는 사람이 없는 것 같아요.
   나 : 네, ______________만 해도 ______________________.

082 | 만으로는

용법 Usage

'겨우 그 정도로는', '다른 것 없이 그것만 가지고는'의 뜻으로 뒤에는 '부족하다', '가능하지 않다' 등의 표현이 온다.

This is used to indicate something 'alone,' or 'alone without other things'. This ending is followed by '부족하다,' '가능하지 않다' or other similar expressions.

활용 형태 Forms of Utilization

만으로는	명사 뒤에 사용한다. It is used behind the noun. 예 이것**만으로는**, 영어 점수**만으로는**

예문 Example

❶ 환경 문제는 한 사람의 노력만으로는 해결되지 않을 것입니다.
Environmental problems cannot be solved by single person's effort.

❷ 약을 먹는 것만으로는 크게 좋아지지 않을 거예요. 생활 습관을 바꾸는 것이 더 중요해요.
You will not see big results by taking medicine alone. It is more important to change your habits.

❸ 사진을 보는 것만으로는 정확하게 알 수 없어서 직접 그곳에 가 봤어요.
I could not know just by looking at the picture so I went there in person.

연습 Practice

다음 내용에 대해 다른 의견을 쓰십시오.
Write your different opinion about the information below.

1. 영어만 잘하면 좋은 회사에 취직할 수 있다.
➡ ________________ 만으로는 ________________________________.

2. 학교 수업 시간에만 열심히 공부하면 시험을 잘 볼 수 있다.
➡ ________________ 만으로는 ________________________________.

3. 살을 빼려면 평소 식사량을 반으로 줄여야 한다.
➡ ________________ 만으로는 ________________________________.

083 | 말고

용법 Usage '은 아니고', '은 제외하고'의 뜻으로 구어체에서 많이 쓴다.
Mostly used in colloquial speech, this ending is the same as 'except for' or 'but'.

활용 형태 Forms of Utilization

말고 명사 뒤에 사용한다.
It is used behind the noun.

예 책 **말고**, 바지 **말고**

예문 Example

❶ 나이가 들면 번화한 곳 말고 한적한 곳에서 살고 싶어요.
When I grow old, I want to live in a quite place rather than a busy place.

❷ 커피 말고 녹차로 주실래요?
Can you give me green tea instead of coffee?

❸ 어버이날에 부모님께 선물 말고 현금을 드릴까 해요.
I am thinking of giving my parents cash instead of a gift on Parents' day.

연습 Practice 대화를 완성하십시오.
Complete the conversation.

1. 가 : 손님, 이 파란색 어떠세요?
   나 : ______________________ 말고 다른 색으로 보여 주세요.

2. 가 : 번역 아르바이트를 해 보시겠어요?
   나 : ______________________ 말고 다른 아르바이트는 없나요?

3. 가 : 어떤 텔레비전 프로그램을 볼까요?
   나 : ____________ 말고 ____________ 을 봅시다.

문법 알아보기

ㅅ

084 | 사동

용법 Usage

사람이나 동물로 하여금 어떤 행위를 하게 하거나 그 상태에 이르도록 하는 의미를 나타낸다. 동사의 어간에 '이, 히, 리, 기, 우, 추' 등을 붙여 쓴다.

The causative indicates that the speaker incites someone or something to carry out an action or reach a certain state. It is expressed by adding '이,' '히,' '리,' '기,' '우,' or '추' to the stem of a verb.

활용 형태 Forms of Utilization

–이–	보다 → 보이다, 먹다 → 먹이다, 죽다 → 죽이다 끓다 → 끓이다, 속다 → 속이다, 높다 → 높이다
–히–	앉다 → 앉히다, 읽다 → 읽히다, 입다 → 입히다 눕다 → 눕히다
–리–	살다 → 살리다, 알다 → 알리다, 울다 → 울리다 듣다 → 들리다
–기–	남다 → 남기다, 맡다 → 맡기다, 벗다 → 벗기다 숨다 → 숨기다, 웃다 → 웃기다
–우–	깨다 → 깨우다, 자다 → 재우다, 서다 → 세우다 타다 → 태우다
–추–	낮다 → 낮추다, 늦다 → 늦추다, 맞다 → 맞추다

예문 Example

❶ 친구가 가족 사진을 보여 줬어요.
My friend showed me her family picture.

❷ 어머니가 아이에게 옷을 입혔어요.
The mother dressed her child.

❸ 밥을 남기지 말고 다 드세요.
Please eat everything and do not leave anything.

❹ 회사 동료가 차로 집까지 태워 줬어요.
My co–worker gave me a ride home.

❺ 시계가 맞지 않아서 다시 맞췄어요.
I set the clock again because it didn't give right time.

연습 Practice 문장을 완성하십시오.
Complete the sentence.

1. 아이가 혼자 밥을 안 먹으면 엄마가 ________________.

2. 환자가 옷을 잘 입지 못하니까 보호자가 ________________.

3. 기사님, 학교 앞 횡단보도 앞에서 ________________.

문법 알아보기

ㅇ

085 | -어 가면서

용법 Usage

앞의 행동을 계속 지속하면서 동시에 뒤의 행동을 같이 할 때 쓴다.
This is used when the action in a second statement is performed while the action in the first statement is still continuing.

활용 형태 Forms of Utilization

-어 가면서

'ㅏ, ㅗ' 이외의 모음으로 끝나는 동사의 어간 뒤에 사용한다.
It is used behind the verb stem that ends in vowels excluding 'ㅏ, ㅗ'.

예 적어 가면서, 마셔 가면서

-아 가면서

'ㅏ, ㅗ'로 끝나는 동사의 어간 뒤에 사용한다.
It is used behind the verb stem that ends in 'ㅏ, ㅗ'.

예 잡아 가면서, 봐 가면서

-여 가면서

'하다'가 붙는 동사의 어간 뒤에 사용한다. 주로 '하여'는 줄여서 '해'로 쓴다.
It is used behind the stem of the verb with '하다'. '하여' is usually used in a contracted form '해'.

예 일해 가면서

예문 Example

❶ 길을 잘 몰라서 물어 가면서 그곳을 찾았어요.
I found the place by asking people because I didn't know the way.

❷ 흐르는 땀을 닦아 가면서 끝까지 뛰었어요.
I ran all the way to the end while wiping away my dripping sweat.

❸ 앞으로 회의를 해 가면서 여러 의견을 듣도록 하겠습니다.
In the future, we will have meetings to listen to various opinions.

연습 Practice 대화를 완성하십시오.
Complete the conversation.

1. 가 : 바쁘실 텐데 도와 주셔서 정말 감사합니다.
   나 : 별말씀을요. 서로 ______________________어 가면서 살아야지요.

2. 가 : 오늘 아침에 명동에서 교통사고가 나서 2명이 크게 다쳤대요.
   나 : ______________________어 가면서 운전했더라면 사고가 나지 않았을 텐데요.

3. 가 : 공부하다가 모르는 단어가 있으면 어떻게 하세요?
   나 : ______________________어 가면서 ______________________.

086 | -어 놓다

용법 Usage

어떤 일을 하기 전에 그와 관련된 준비 행위를 끝내고 그 상태를 유지시킬 때 쓴다.
This is used when preparation is done before performing an action, and the resulting state is maintained.

활용 형태 Forms of Utilization

-어 놓다

'ㅏ, ㅗ' 이외의 모음으로 끝나는 동사의 어간 뒤에 사용한다.
It is used behind the verb stem that ends in vowels excluding 'ㅏ, ㅗ'.

예 만들**어 놓다**, 고쳐 **놓다**

-아 놓다

'ㅏ, ㅗ'로 끝나는 동사의 어간 뒤에 사용한다.
It is used behind the verb stem that ends in 'ㅏ, ㅗ'.

예 받**아 놓다**, 봐 **놓다**

-여 놓다

'하다'가 붙는 동사의 어간 뒤에 사용한다. 주로 '하여'는 줄여서 '해'로 쓴다.
It is used behind the stem of the verb with '하다'. '하여' is usually used in a contracted form '해'.

예 정리**해 놓다**

예문 Example

❶ 서류를 책상 서랍 안에 넣어 놓았어요.
I put the document inside the desk drawer.

❷ 오후에 비가 많이 온다고 해서 창문을 닫아 놓았어요.
I closed the door because they said it was going to rain in the afternoon.

❸ 명절에 기차표 구하기가 어려울 것 같아서 미리 예매해 놓았어요.
I purchased the train ticket in advance because I thought it might be difficult to get it on festival days.

연습 Practice 대화를 완성하십시오.
Complete the conversation.

1. 가 : 이제 곧 예약한 손님들이 오실 텐데 준비는 다 됐나요?
   나 : 네, 다 ______________________________어 놓았어요.
2. 가 : 감기에 걸렸네요.
   나 : 네, 밤에 ______________________________어 놓고 잤거든요.
3. 가 : 더운데 마실 거 없어요?
   나 : 냉장고에 음료수를 ____________________어 놓았으니까 꺼내 마셔라.

087 | -어 버리다

용법 Usage

어떤 행동이 완전히 끝나서 아무것도 남지 않았거나 부담을 덜게 되었을 때 또는 아쉬움이 남게 되었을 때 쓴다.

This is used to indicate that nothing is left, a burden is relived, or there is a sense of regret and sorrow once an action is completed.

활용 형태 Forms of Utilization

-어 버리다

'ㅏ, ㅗ' 이외의 모음으로 끝나는 동사의 어간 뒤에 사용한다.

It is used behind the verb stem that ends in vowels excluding 'ㅏ, ㅗ'.

예 **울어 버리다, 지워 버리다**

-아 버리다

'ㅏ, ㅗ'로 끝나는 동사의 어간 뒤에 사용한다.

It is used behind the verb stem that ends in 'ㅏ, ㅗ'.

예 **놓아 버리다, 사 버리다**

-여 버리다

'하다'가 붙는 동사의 어간 뒤에 사용한다. 주로 '하여'는 줄여서 '해'로 쓴다.

It is used behind the stem of the verb with '하다'. '하여' is usually used in a contracted form '해'.

예 폭로**해 버리다**

예문 Example

❶ 남은 음식을 내가 다 먹어 버렸어요.
I ended up eating all the leftovers.

❷ 30분이 지나도 친구가 오지 않아서 그냥 가 버렸어요.
I just left because my friend didn't show up even after thirty minutes have passed.

❸ 작성한 원고가 마음에 들지 않아서 그 자리에서 찢어 버렸어요.
I didn't like the manuscript that I wrote so I tore up right then and there.

연습 Practice 문장을 완성하십시오.
Complete the sentence.

1. 월급을 받은 지 얼마 안 됐는데 벌써 ______________________ 어 버렸어요.
2. 다음 주까지 해도 되는 일을 오늘 ______________________ 어 버렸어요.
3. 밤에 공부를 해야 하는데 너무 피곤해서 그냥 ______________________ 어 버렸어요.

088 | -어다가

용법 Usage

일정한 장소에서 어떤 행위를 하고 나서 그것으로 얻어진 결과물을 가지고 다른 장소에서 뒤의 행위를 할 때 쓴다. '-어다'로 줄여 쓸 수 있다.

This is used to indicate that an action is performed in a specified place and its result is used to carry out the action of the following statement in another place. Its contraction is '-어다'.

활용 형태 Forms of Utilization

-어다가

'ㅏ, ㅗ' 이외의 모음으로 끝나는 동사의 어간 뒤에 사용한다.

It is used behind the verb stem that ends in vowels excluding 'ㅏ, ㅗ'.

예 만들**어다가**, 가**져다가**

-아다가

'ㅏ, ㅗ'로 끝나는 동사의 어간 뒤에 사용한다.

It is used behind the verb stem that ends in 'ㅏ, ㅗ'.

예 볶**아다가**, 싸**다가**

-여다가

'하다'가 붙는 동사의 어간 뒤에 사용한다. 주로 '하여'는 줄여서 '해'로 쓴다.

It is used behind the stem of the verb with '하다'. '하여' is usually used in a contracted form '해'.

예 완성**해다가**

예문 Example

❶ 너무 심심해서 만화책을 빌려다가 봤어요.

I was so bored that I borrowed comic books and read it.

❷ 머리가 아픈데 약 좀 사다 주세요.

I have a headache. Please buy me some medicine.

❸ 숙제를 해다 선생님께 드리면 선생님께서 고쳐 주세요.

When you do your homework and turn it into the teacher, the teacher corrects it.

꼭~ 알아두기

연습 Practice 관계있는 것을 연결해서 문장을 만드십시오.
Connect the related ones to make a sentence.

보기

공책을 사다 —— 숙제를 했어요

➡ 공책을 **사다가** 숙제를 했어요.

1. 책을 빌리다	•	• 하숙비를 냈어요
2. 샌드위치를 만들다	•	• 친구에게 줬어요
3. 은행에서 돈을 찾다	•	• 집에서 읽었어요

______________________________.

______________________________.

______________________________.

089 | -어야

용법 Usage 앞의 사실이나 상황이 뒤의 상황에 꼭 필요한 조건일 때 쓴다.
This is used when the fact or situation in the preceding statement is a requisite for the event of the following statement.

활용 형태 Forms of Utilization

-어야
'ㅏ, ㅗ' 이외의 모음으로 끝나는 동사나 형용사의 어간 뒤에 사용한다.
It is used behind the verb or adjectival stem that ends in vowels excluding 'ㅏ, ㅗ'.

예 입**어야**, 가르**쳐야**, 맛있**어야**, **커야**

-아야
'ㅏ, ㅗ'로 끝나는 동사나 형용사의 어간 뒤에 사용한다.
It is used behind the verb or adjectival stem that ends in 'ㅏ, ㅗ'.

예 깎**아야**, 가**야**, 맑**아야**, **싸야**

-여야
'하다'가 붙는 동사나 형용사의 어간 뒤에 사용한다. 주로 '하여'는 줄어서 '해'로 쓴다.
It is used behind the verb or adjectival stem '하다'. '하여' is usually used in a contracted form '해'.

예 완성**해야**, 똑똑**해야**

예문 Example

❶ 18살이 넘어야 운전을 할 수 있어요.
You can drive when you are over 18.

❷ 무엇보다도 품질이 좋아야 잘 팔려요.
The most important thing is good quality for it to sell well.

❸ 규칙적인 생활을 해야 건강하게 살 수 있어요.
You can live healthily if you keep a routine lifestyle.

참고 Note

그 뜻을 강조할 때 '-어야만'을 쓰기도 한다.
'-어야만' is used to stress the meaning.

- 미리 예약을 해야만 그 식당에 갈 수 있어요.
- 신청을 해야만 그 수업을 들을 수 있어요.

ㅇ

연습 Practice 문장을 완성하십시오.
Complete the sentence.

1. 날마다 발음 연습을 해야 ________________________________.
2. ________________________________어야 병이 빨리 나을 수 있어요.
3. ________________________________어야 외교관이 될 수 있어요.

090 | 어찌나 -는지

용법 Usage

앞의 행위나 상태를 강조하면서 그로 인해 뒤의 결과가 나타났을 때 쓴다. 동사와 쓸 때는 '많이', '자주' 등과 같은 정도 부사와 함께 쓰인다.

This is used to indicate that an event in a second statement is the result of an event in the first statement. When used with a verb, it is often combined with adverbs that indicate the extent to which something happens or is the case, such as '많이' or '자주'.

활용 형태 Forms of Utilization

어찌나 -는지
동사나 '있다', '없다'의 어간 뒤에 사용한다.
It is used after the stem of the verb or '있다', '없다'.
예 **어찌나 찾는지, 어찌나 사는지, 어찌나 있는지**

어찌나 -은지
자음으로 끝나는 형용사의 어간 뒤에 사용한다.
It is used behind the adjectival stem that ends in consonants.
예 **어찌나 많은지**

어찌나 -ㄴ지
모음으로 끝나는 형용사의 어간 뒤에 사용한다.
It is used behind the adjectival stem that ends in vowels.
예 **어찌나 피곤한지**

어찌나 -었는지/았는지/였는지
과거나 완료를 나타낼 때 동사나 형용사의 어간 뒤에 사용한다.
주로 '하였는지'는 '했는지'로 쓴다.
It is used behind the verb or adjectival stem to express past or perfect tense. '하였는지' is usually used '했는지' form.
예 **어찌나 일했는지, 어찌나 바빴는지**

예문 Example

❶ 영수가 어찌나 공부를 열심히 하는지 제가 깜짝 놀랐어요.
I was so surprised by how hard Youngsoo was studying.

❷ 시험이 어찌나 어려운지 한 문제도 못 풀었어요.
The exam was so difficult that I couldn't even solve a single problem.

❸ 그 배우가 어찌나 예쁜지 마치 인형 같았어요.
That actress was so pretty that she seemed like a doll.

❹ 돌잔치 집에서 어찌나 많이 먹었는지 아직도 배가 불러요.
I ate so much at the one year old party house that I am still full.

참고 Note

'어찌나 –던지'의 형태로도 많이 쓰인다.

It is commonly used as '어찌나 –던지' form.

- 어찌나 울었던지 눈이 다 퉁퉁 부었어요.
- 어찌나 맵던지 입에서 불이 나는 줄 알았어요.

연습 Practice 관계있는 것을 연결해서 문장을 만드십시오.

Connect the related ones to make a sentence.

보기

값이 비싸다 ● ——— ● 사는 사람이 한 명도 없어요

→ **어찌나** 값이 **비싼지** 사는 사람이 한 명도 없어요.

1. 날씨가 춥다 ● ● 얼어 죽는 줄 알았어요
2. 무섭게 야단을 치다 ● ● 손바닥이 다 아팠어요
3. 박수를 많이 치다 ● ● 눈물이 다 났어요

____.

____.

____.

091 | -었다 하면

용법 Usage 앞 문장의 행동을 하면 반드시 뒤 문장의 행동을 하게 될 때 쓴다.
This is used to indicate that the former action is always followed by the latter one.

활용 형태 Forms of Utilization

-었다 하면 'ㅏ, ㅗ' 이외의 모음으로 끝나는 동사의 어간 뒤에 사용한다.
It is used behind the verb stem that ends in vowels excluding 'ㅏ, ㅗ'.
예 먹었다 하면, 그렸다 하면

-았다 하면 'ㅏ, ㅗ'로 끝나는 동사의 어간 뒤에 사용한다.
It is used behind the verb stem that ends in 'ㅏ, ㅗ'.
예 만났다 하면, 봤다 하면

-였다 하면 '하다'가 붙는 동사의 어간 뒤에 사용한다. 주로 '하였나'는 줄여서 '했다'로 쓴다.
It is used behind the stem of the verb with '하다'. '하였다' is usually used in a contracted form '했다'.
예 전화했다 하면

예문 Example

❶ 저는 우산을 가지고 나갔다 하면 잃어버려요.
Whenever I take an umbrella out with me, I lose it.

❷ 제 동생은 책만 폈다 하면 졸아요.
My younger brother/sister falls asleep everytime he/she opens a book.

❸ 그 사람은 약속을 했다 하면 으레 한 시간씩 늦어요.
Whenever the person makes a date he/she is always one hour late.

연습 Practice 대화를 완성하십시오.
Complete the conversation.

1. 가 : 영수 씨는 컴퓨터 게임을 참 좋아하는 것 같아요.

   나 : 네, 게임을 아주 좋아해서 ____________________ 었다 하면 밤을 새워요.

2. 가 : 책을 참 많이 읽으시는군요

   나 : 네, 책을 아주 좋아해서 ____________________ 었다 하면 밤새도록 읽어요.

3. 가 : 친구들끼리 모이면 무슨 이야기를 해요?

   나 : ____________________ 었다 하면 ____________________.

092 | -었다면

용법 Usage

과거의 사실이나 상황을 반대로 가정할 때 쓴다.
This is used to assume the opposite of a past fact or situation.

활용 형태 Forms of Utilization

-었다면

'ㅏ, ㅗ' 이외의 모음으로 끝나는 동사나 형용사의 어간 뒤에 사용한다.
It is used behind the verb or adjectival stem that ends in vowels excluding 'ㅏ, ㅗ'.

예 입**었다면**, 배**웠다면**, 재미있**었다면**, 예**뻤다면**

-았다면

'ㅏ, ㅗ'로 끝나는 동사나 형용사의 어간 뒤에 사용한다.
It is used behind the verb or adjectivalstem that ends in 'ㅏ, ㅗ'.

예 남**았다면**, **봤다면**, 좋**았다면**, 작**았다면**

-였다면

'하다'가 붙는 동사나 형용사의 어간 뒤에 사용한다.
주로 '하였다면'은 줄여서 '했다면'으로 쓴다.
It is used behind the stem of the verb with '하다'. '하였다면' is usually used in '했다면' form.

예 성공**했다면**, 똑똑**했다면**

예문 Example

❶ 키가 좀 더 컸다면 모델이 됐을 텐데.
I would have been a model if I were a bit taller.

❷ 친구가 도와주지 않았다면 일을 다 끝내지 못했을 거예요.
I wouldn't have been able to finish the work if my friend hadn't helped me.

❸ 김 선수가 부상을 당하지 않았다면 그 경기는 이겼을 거예요.
We would have won the game if the player Kim had not gotten injured.

참고 Note

과거에 실제로 일어나지 않은 일에 쓰는 경우도 있다.
It can be also used when an incident hasn't actually occurred in the past.

- 그 사람이 오해를 했다면 어떡하지?
- 그 사람이 정말 잘못했다면 어떻게 해야 하지?

연습 Practice 문장을 완성하십시오.
Complete the sentence.

1. 날씨가 좋았다면 ________________________________.

2. ________________________________ 었다면 시험에 합격했을 거예요.

3. ________________________________ 었다면 도와주었을 거예요.

093 | -었더니

용법 Usage

과거의 사실이나 상황과 다른 새로운 사실이나 상황이 나타날 때 쓴다. 또는 과거의 사실이나 상황이 원인이나 이유가 되어 뒤 문장의 결과가 나타날 때 쓴다. 앞 문장의 주어는 대개 1인칭이고 뒤 문장의 주어는 3인칭이다.

This is used to indicate that a new fact or situation occurred, different from those in the past. This is also used when a fact or a situation of the past serves as the cause or reason for the result in the next statement. The first statement is mostly described in the first person while the following one is in the third person.

활용 형태 Forms of Utilization

-었더니

'ㅏ, ㅗ' 이외의 모음으로 끝나는 동사의 어간 뒤에 사용한다.

It is used behind the verb stem that ends in vowels excluding 'ㅏ, ㅗ'.

예 **읽었더니, 줬더니**

-았더니

'ㅏ, ㅗ'로 끝나는 동사의 어간 뒤에 사용한다.

It is used behind the verb stem that ends in 'ㅏ, ㅗ'.

예 **받았더니, 봤더니**

-였더니

'하다'가 붙는 동사의 어간 뒤에 사용한다. 주로 '하였더니'는 줄여서 '했더니'로 쓴다.

It is used behind the stem of the verb with '하다'. '하였더니' is usually used in a contracted form '했더니'.

예 공부**했더니**

예문 Example

❶ 소리가 나는 것 같아서 나가 봤더니 아무도 없었어요.

I thought I heard a noise so I went out but there was no one there.

❷ 어제 무리해서 운동을 했더니 온 몸이 다 아파요.

I pushed myself too hard exercising yesterday and now my entire body aches.

❸ 친구에게 좀 도와달라고 했더니 친구가 거절하더군요.

My friend turned me down when I asked her to help me.

참고 Note

앞 문장의 주어가 3인칭일 때는 말하는 사람이 3인칭 주어의 행동을 보고 그에 대한 반응이나 결과를 말한 것이다.

When the subject of the front clause is third person, the speaker talks is about the response or result to the third person's action.

- 영수가 노래를 했더니 반 친구들이 모두 크게 웃었어요.
- 휴대폰 회사가 가격을 내렸더니 판매량이 급증했다.

연습 Practice 대화를 완성하십시오.
Complete the conversation.

1. 가 : 이제는 한국말을 잘 하시네요.

   나 : 한국 친구와 언어교환을 했더니 ______________________.

2. 가 : 피곤해 보이는군요.

   나 : ______________________었더니 ______________________.

3. 가 : 친구하고 화해하셨어요?

   나 : ______________________었더니 ______________________.

094 | -었더라면

용법 Usage

과거의 사실이나 상황과 반대로 가정해서 뒤에 어떠한 결과가 나타날 것을 예상할 때 쓴다.

This is used when the speaker assumes what is opposite to the past fact or situation and the expected result follows in the next statement.

활용 형태 Forms of Utilization

-었더라면

'ㅏ, ㅗ' 이외의 모음으로 끝나는 동사나 형용사의 어간 뒤에 사용한다.

It is used behind the verb or adjectival stem that ends in vowels excluding 'ㅏ, ㅗ'.

예 입**었더라면**, 쉬**었더라면**, 넓**었더라면**, **컸더라면**

-았더라면

'ㅏ, ㅗ'로 끝나는 동사나 형용사의 어간 뒤에 사용한다.

It is used behind the verb or adjectivalstem that ends in 'ㅏ, ㅗ'.

예 남**았더라면**, **봤더라면**, 높**았더라면**, 아**팠더라면**

-였더라면

'하다'가 붙는 동사나 형용사의 어간 뒤에 사용한다.
주로 '하였더라면'은 줄여서 '했더라면'으로 쓴다.

It is used behind the stem of the verb or adjective with '하다'.
'하였더라면' is usually used in a contracted form '했더라면'.

예 운동**했더라면**, 깨끗**했더라면**

예문 Example

❶ 부모님 말씀을 들었더라면 이런 문제가 생기지 않았을 거예요.
If I had listened to my parents then this sort of problem would have never occurred.

❷ 그때 힘들다고 포기해 버렸더라면 오늘같이 행복한 날은 없었을 거예요.
If I had given up then because it was too hard, I would not have a happy day like today.

❸ 그 분의 도움이 없었더라면 지금 이렇게 성공하지 못했을 거예요.
I would not have become this successful if it weren't for the help of that person.

❹ 고등학교 때 열심히 공부했더라면 원하는 대학교에 들어갈 수 있었을 텐데.
I would have been able to go to the college of my choice if I had studied hard during high school.

연습 Practice 관계있는 것을 연결해서 문장을 만드십시오.
Connect the related ones to make a sentence.

보기

미리 준비해 놓다 • ——— • 밤을 새우지 않아도 됐을 텐데

➡ 미리 준비해 **놓았더라면** 밤을 새우지 않아도 됐을 텐데.

1. 과식하지 않다 • • 배탈이 나지 않았을 거예요
2. 사실대로 말하다 • • 잠을 잘 잤을 텐데
3. 커피를 많이 마시지 않다 • • 용서해 줬을 거예요

______________________________.

______________________________.

______________________________.

095 | -었었-

용법 Usage 과거에 어떤 일이 있었지만 그 후에 그 상황이 지속되지 않고 바뀌었을 때 쓴다.
This is used when an event took place in the past but the situation has now changed.

활용 형태 Forms of Utilization

-었었-

'ㅏ, ㅗ' 이외의 모음으로 끝나는 동사나 형용사의 어간 뒤에 사용한다.
It is used behind the verb or adjectival stem that ends in vowels excluding 'ㅏ, ㅗ'.

예 읽었었어요, 빌렸었어요, 추웠었어요, 컸었어요

-았었-

'ㅏ, ㅗ'로 끝나는 동사나 형용사의 어간 뒤에 사용한다.
It is used behind the verb or adjectivalstem that ends in 'ㅏ, ㅗ'.

예 만났었어요, 봤었어요, 자았었어요, 비쌌었어요

-였었-

'하다'가 붙는 동사나 형용사의 어간 뒤에 사용한다.
주로 '하였었'은 줄여서 '했었'으로 쓴다.
It is used behind the stem of the verb or adjective with '하다'.
'하였었' is usually used in a contracted form '했었'.

예 좋아했었어요, 깨끗했었어요

예문 Example

❶ 처음 한국에 왔을 때는 김치를 못 먹었었어요.
When I first came to Korea, I could not eat kimchi.

❷ 고등학교 때 농구 선수였었어요.
I was a basketball player when I was in high school.

❸ 조금 전에 친구가 사무실에 왔었어요.
My friend came to the office just a while ago.

❹ 한국에 오기 전에 은행에서 일했었어요.
I worked at the bank before I came to Korea. (I don't work at the bank now.)

연습 Practice 문장을 완성하십시오.
Complete the sentence.

보기

지금은 바빠서 운동을 못 하지만 **전에는 자주 했었다**.

1. 지금은 매운 음식을 잘 먹지만 ______________________.

2. 지금은 자유롭게 해외여행을 갈 수 있지만 ______________________.

3. 지금은 한국말을 잘 할 수 있지만 ______________________.

꼭~ 말아두기

096 | -었으면야

용법 Usage

과거의 사실이나 상황을 가정하면 현재와 다른 상황이 되었을 것임을 나타낼 때 쓴다.

This is used when the speaker assumes that something is opposite to the past. It indicates that the situation would have been different from what it is now.

활용 형태 Forms of Utilization

-었으면야

'ㅏ, ㅗ' 이외의 모음으로 끝나는 동사나 형용사의 어간 뒤에 사용한다.

It is used behind the verb or adjectival stem that ends in vowels excluding 'ㅏ, ㅗ'.

예 열었으면야, 배웠으면야, 재미있었으면야, 시었으면야

-았으면야

'ㅏ, ㅗ'로 끝나는 동사나 형용사의 어간 뒤에 사용한다.

It is used behind the verb or adjectivalstem that ends in 'ㅏ, ㅗ'.

예 받았으면야, 모았으면야, 좋았으면야, 쌌으면야

-였으면야

'하다'가 붙는 동사나 형용사의 어간 뒤에 사용한다.

주로 '하였으면야'는 줄여서 '했으면야'로 쓴다.

It is used behind the stem of the verb with '하다'. '하였으면야' is usually used in a contracted form '했으면야'.

예 해결했으면야, 간단했으면야

예문 Example

❶ 월급이라도 제대로 받을 수 있었으면야 회사를 그만두지 않았을 거예요.
If I had been able to at least receive my wages properly I would not have quit the job.

❷ 그 사실을 알았으면야 너한테 당연히 말을 해 줬을 거야.
If I had known that fact then I would have certainly told you.

❸ 그때 일을 다 기록해 놓았으면야 지금 이런 고생을 안 하겠지요.
If I had recorded everything that had happened then, I would not be going through this turmoil now.

❹ 내가 시키는 대로만 했으면야 아무 문제가 없었을 텐데.
If you had done as I had said then there would have been no problem.

ㅇ

연습 Practice 대화를 완성하십시오.
Complete the conversation.

1. 가 : 왜 미선 씨 결혼식에 안 오셨어요?

   나 : ______________________________었으면야 갔겠지요.

2. 가 : 왜 이렇게 늦게 오셨어요?

   나 : ______________________________었으면야 제 시간에 도착했겠지요.

3. 가 : 그 가방을 마음에 들어하시더니 왜 안 사셨어요?

   나 : ____________________었으면야 ____________________.

097 | –었을 텐데

용법 Usage 이미 끝난 일이나 과거의 상태를 추측하여 말할 때 쓴다.
This ending is used when the speaker speculates a finished event or a past state.

활용 형태 Forms of Utilization

–었을 텐데 'ㅏ, ㅗ' 이외의 모음으로 끝나는 동사나 형용사의 어간 뒤에 사용한다.
It is used behind the verb or adjectival stem that ends in vowels excluding 'ㅏ, ㅗ'.

예 읽었을 텐데, 기다렸을 텐데, 추웠을 텐데, 기뻤을 텐데

–았을 텐데 'ㅏ, ㅗ'로 끝나는 동사나 형용사의 어간 뒤에 사용한다.
It is used behind the verb or adjectival stem that ends in 'ㅏ, ㅗ'.

예 닫았을 텐데, 왔을 텐데, 좋았을 텐데, 아팠을 텐데

–였을 텐데 '하다'가 붙는 동사나 형용사의 어간 뒤에 사용한다.
주로 '하였을'은 줄여서 '했을'로 쓴다.
It is used behind the stem of the verb with '하다'. '하였을' is usually used in a contracted form '했을'.

예 시작했을 텐데, 한가했을 텐데

예문 Example

❶ 일 하느라고 쉬지도 못했을 텐데 잠시라도 눈 좀 붙이세요.
You must not have been able to rest, while you were working so catch a few winks for a little while.

❷ 대학 시험에 떨어져서 부모님께서 크게 실망하셨을 텐데 내색하지 않으셨어요.
My parents must have been greatly disappointed when I didn't pass the college entrance exams but they didn't show it at all.

❸ 가 : 많이 바쁘셨을 텐데 언제 이런 걸 다 준비하셨어요?
When were you able to prepare all this when you must have been so busy?

나 : 별로 준비한 것도 없어요.
Oh, there actually isn't a lot that I've prepared.

참고 Note

문장 종결형처럼 쓰기도 한다.

It can be used as an ending of a sentence.

- 세 시간 전에 출발했으면 지금쯤 도착했을 텐데요.
- 가 : 김 과장은 아직 퇴근 안 했나?
  나 : 7시가 넘었으니까 김 과장님은 퇴근하셨을 텐데요.

연습 Practice 문장을 완성하십시오.
Complete the sentence.

1. 많이 힘들었을 텐데 ______________________________.
2. ______________________________었을 텐데 저는 시간이 없어서 못 갔어요.
3. ______________________________었을 텐데 우산이 없어서 비를 다 맞았어요.

098 | 에 달려 있다

용법 Usage

어떤 일이나 상태가 '무엇에 의존하다', 또는 '어떤 것에 좌우되다'의 뜻으로 쓴다.
This ending is used to indicate that a certain event or state 'relies upon something' or 'is dependent on something'.

활용 형태 Forms of Utilization

에 달려 있다 명사 뒤에 사용한다.
It is used behind the noun.
예 손**에 달려 있다**, 의지**에 달려 있다**

예문 Example

❶ 이번 일의 성공 여부는 우리들의 노력에 달려 있어요.
The success of this work depends on our efforts.

❷ 우리의 미래는 젊은 세대에게 달려 있다고 할 수 있어요.
You can say that our future depends on the younger generation.

❸ 환경 보호는 국민들의 참여 의식에 달려 있어요.
Environmental protection depends on the participation awareness of the citizens.

참고 Note

'에 달려 있다'는 명사형 어미나 명사절 뒤에도 쓸 수 있다. 또한 사람이 올 때는 '에게 달려 있다'로 쓴다.
'에 달려 있다' can be used behind the noun clause or noun form ending, and when the noun is a person it is used as '에게 달려 있다'.

- 행복은 마음 먹기에 달려 있는 것 같습니다.
- 그 문제는 어떻게 생각하느냐에 달려 있다고 봅니다.
- 아이들의 생활 습관은 전적으로 부모에게 달려 있어요.

연습 Practice 대화를 완성하십시오.
Complete the conversation.

1. 가 : 어제 부상을 당한 그 선수가 올해 남은 경기에 다시 나올 수 있을까요?

   나 : ______________________________에 달려 있다고 봅니다.

2. 가 : 어떻게 하면 여행을 재미있게 할 수 있을까요?

   나 : 여행은 ______________________________에 달려 있어요.

3. 가 : 어떻게 하면 가전제품을 오래 쓸 수 있나요?

   나 : 기계의 수명은 ______________________________에 달려 있어요.

099 | 에 따라서

용법 Usage

앞의 상황이나 기준에 의해서 뒤의 결과가 나타날 때 쓴다. '에 따라'로 줄여 쓸 수 있다.

This is used when the result in the second statement is brought on by the event or situation of the first statement. It can be contracted to '에 따라'.

활용 형태 Forms of Utilization

에 따라서 명사 뒤에 사용한다.

It is used behind the noun.

예 사람**에 따라서**, 학교**에 따라서**

예문 Example

❶ 회사 사정에 따라서 일요일에도 출근할 때가 있어요.

Depending on the company's needs, there are times when I go to work on sundays.

❷ 순서에 따라서 한 분씩 들어와 주시기 바랍니다.

Please come in one by one according to your turn.

❸ 자기 기분에 따라서 사람을 대하는 건 문제가 있다고 봐요.

I think it is problematic to treat people according to one's mood.

참고 Note

'에 따라서'는 명사형 어미, 명사절 뒤에도 쓴다.

'에 따라서' is also used behind a noun form ending or noun clause.

- 늦기에 따라서 기분이 나쁠 수도 있는 말이었어요.
- 최근 1인 가구가 늘어남에 따라 소형 주택에 대한 수요가 급속하게 증가했다.
- 같은 음식이라도 어떤 재료를 넣느냐에 따라서 맛이 달라집니다.

연습 Practice 대화를 완성하십시오.
Complete the conversation.

1. 가 : 컴퓨터에 이 프로그램을 설치하기가 쉬운가요?
   나 : 네, ______________________에 따라서 설치하시면 돼요.
2. 가 : 친구들과 식사를 한 후에 계산을 어떻게 하나요?
   나 : ______________에 따라서 달라요. 제가 낼 때도 있고 친구가 낼 때도 있어요.
3. 가 : 성격과 환경이 관계가 있다고 생각하십니까?
   나 : 네, ______________에 따라서 ______________.

100 | 에 의하면

용법 Usage

뒤에 어떤 사실을 인용하면서 인용된 내용의 출처를 밝힐 때 쓴다. 문장의 끝에는 '-는다고 하다' 등의 간접화법 종결 형태를 쓴다.

This is used when, giving the source, the speaker relates to a fact in the following statement. The sentence is ended by indirect speech such as '-는다고 하다'.

활용 형태 Forms of Utilization

에 의하면 명사 뒤에 사용한다.
It is used behind the noun.

예 선생님 말씀**에 의하면**, 신문 기사**에 의하면**

예문 Example

❶ 일기예보에 의하면 내일부터 추위가 다소 풀리겠다고 합니다.
According to the weather forecast, the worst of the cold will be over from tomorrow.

❷ 경제 전문가들의 예측에 의하면 이번 경제 위기는 늦어도 3년 이내에 극복될 수 있을 것이라고 한다.
According to the predictions of economic experts, this economic crisis will be overcome in three years at the latest.

❸ 한 연구 결과에 의하면 부모가 모두 비만인 경우 자녀도 비만일 확률이 높다고 한다.
According to the results of a research, the probability for a child being obese is high when both parents are obese.

연습 Practice 문장을 완성하십시오.
Complete the sentence.

1. ______________에 의하면 평균 결혼 비용은 남자가 여자보다 세 배 정도 더 든다고 합니다.
2. ______________에 의하면 앞으로 전 세계적으로 물 부족 사태가 심각해질 것이라고 합니다.
3. ______________에 의하면 요즘은 아들보다 딸을 더 선호한다고 합니다.

101 | –으나 마나

용법 Usage

앞의 내용과는 상관없이 뒤의 결과가 동일함을 나타낼 때 쓴다. 주로 앞의 행위 여부와 관계없이 결과를 분명하게 추측할 수 있을 때 쓴다.

This is used to indicate that the result in the next statement remains unchanged regardless of the first statement. It is mostly used when the result can be clearly conjectured regardless of the action specified in the first statement.

활용 형태 Forms of Utilization

–으나 마나 자음으로 끝나는 동사의 어간 뒤에 사용한다.
It is used behind the verb stem that ends in consonants.
예 **읽으나 마나**

–나 마나 모음으로 끝나는 동사의 어간 뒤에 사용한다.
It is used behind the verb stem that ends in vowels.
예 **가나 마나**

예문 Example

❶ 물어보나 마나 그 사람은 그 사실을 모를 거예요.
It goes without saying that he does not know that truth.

❷ 그 영화는 유명한 감독이 만든 영화니까 보나 마나 재미있을 거예요.
It's obvious that the movie will be fun because a famous director made it.

❸ 약을 녹차 같은 차와 같이 복용하면 먹으나 마나래요.
I heard that taking medicine with tea like green tea defeats the purpose of taking the medicine in the first place.

연습 Practice 대화를 완성하십시오.
Complete the conversation.

1. 가 : 맛이 어떨지 모르겠는데 한번 드셔 보세요.
   나 : 요리 솜씨가 좋으니까 ________________으나 마나 맛있을 거예요.

2. 가 : 내일 경기에서 꼭 우리 팀이 이겨야 할 텐데….
   나 : ________________________으나 마나 우리 팀이 이길 거예요.

3. 가 : 값을 내리면 그 제품이 많이 팔리겠지요?
   나 : ________________으나 마나 제품 판매량에는 거의 차이가 없을 거예요.

102 | -으라고

용법 Usage

앞의 목적이나 의도 때문에 뒤 문장의 행위를 할 때 쓴다. 주로 동사의 어간 뒤에 쓰나 형용사의 어간 뒤에 쓸 때도 있다.

This is used to indicate that the action in the second statement is carried out due to the purpose or intention described in the first statement. It is mostly added to the stem of a verb and can also be used after the stem of an adjective.

활용 형태 Forms of Utilization

-으라고 자음으로 끝나는 동사의 어간 뒤에 사용한다.
It is used behind the verb stem that ends in consonants.
예 **입으라고**

-라고 모음으로 끝나는 동사의 어간 뒤에 사용한다.
It is used behind the verb stem that ends in vowels.
예 **쓰라고**

예문 Example

❶ 한 해 동안 복 많이 받으라고 새해에 덕담을 주고 받습니다.
We exchange well wishing remarks during the new year so that we will receive a lot of blessings throughout the year.

❷ 목이 아플 때 마시라고 어머니께서 유자차를 챙겨 주셨어요.
My mother gave me Yuja tea so that I can drink it when my throat hurts.

❸ 기분이 나쁘라고 한 소리는 아니었는데 마음 상했다면 미안해.
I didn't mean for you to be offended by my words, but if you were hurt I do apologize.

연습 Practice

관계있는 것을 연결해서 문장을 만드십시오.
Connect the related ones to make a sentence.

보기

부자가 되다 • —— • 집들이 때 비누나 휴지를 선물해요

➡ 부자가 **되라고** 집들이 때 비누나 휴지를 선물해요.

1. 울지 말다 •	• 엿이나 떡을 선물해요
2. 공부를 열심히 하다 •	• 동생에게 사전을 사 줬어요
3. 한국에서는 시험에 붙다 •	• 아이에게 사탕을 줬어요

______________________________.

______________________________.

______________________________.

103 | –으려던 참이다

용법 Usage

곧 어떤 행동을 하려고 할 때 또는 어떤 행동을 하려고 하는데 우연히 그것과 관련된 일이 겹쳐 일어날 때 쓴다.

This is used to indicate that an event happens to coincide when the speaker was just about to perform the action or was about to do an action.

활용 형태 Forms of Utilization

–으려던 참이다 자음으로 끝나는 동사의 어간 뒤에 사용한다.
It is used behind the verb stem that ends in consonants.
예 **닫으려던 참이다**

–려던 참이다 모음으로 끝나는 동사의 어간 뒤에 사용한다.
It is used behind the verb stem that ends in vowels.
예 **가려던 참이다**

예문 Example

❶ 현금이 없어서 은행에 돈을 찾으러 가려던 참이었다.
I was just on my way to withdraw money from the bank because I had no cash.

❷ 가 : 지금 뭐 하세요?
What are you doing now?
나 : 커피를 마시려던 참인데, 같이 마실래요?
I was just about to drink some coffee. Would you like to join me?

❸ 가 : 네 방 청소를 다 했니?
Have you finished cleaning your room?
나 : 지금 하려던 참이었어요.
I was just on my way to do it.

ㅇ

연습 Practice 대화를 완성하십시오.
Complete the conversation.

1. 가 : 방이 춥군요. 창문을 좀 닫아 주시겠어요?

   나 : 그렇지 않아도 ______________________ 으려던 참이었어요.

2. 가 : 교수님께 연락드렸어요?

   나 : 안 그래도 지금 ______________________ 으려던 참이었어요.

3. 가 : 명동에 가려고 하는데 태워 드릴까요?

   나 : 마침 잘 됐네요. 저도 ______________________ 으려던 참이었어요.

104 | 으로 인해

용법 Usage

어떤 상황이나 일에 대한 원인이나 이유를 나타낼 때 쓴다. 일반적인 대화에서보다는 주로 문어체나 격식체에서 쓴다.

This is used to express the reason or cause of a situation or event. This is mostly used in written form or in formal speech rather than in general conversation.

활용 형태 Forms of Utilization

으로 인해 자음으로 끝나는 명사 뒤에 사용한다.
It is used behind the verb stem that ends in consonants.
예 **소음으로 인해**

로 인해 모음으로 끝나는 명사 뒤에 사용한다.
It is used behind the verb stem that ends in vowels.
예 **폭우로 인해**

예문 Example

❶ 짙은 안개로 인해 비행기 이착륙이 지연되고 있습니다.
Flight landing and departures are delayed due to heavy fog.

❷ 그 사고로 인해 많은 희생자가 발생했다고 해요.
There were a lot of casualties due to that accident.

❸ 지나친 개발로 인해 점점 사라져가는 동물과 식물이 많아지고 있다.
There is an increasing number of animals and plants that are disappearing due to excessive development.

연습 Practice 문장을 완성하십시오.
Complete the sentence.

1. ________________으로 인해 비행기 도착이 지연되고 있습니다.
2. ________________으로 인해 두 사람이 헤어졌다고 합니다.
3. ________________으로 인해 사망자 5명, 부상자 3명이 발생했다고 합니다.

105 | 으로는

용법 Usage

뒤에 오는 내용의 근거가 됨을 나타낼 때 쓴다.
This is used to indicate that the first statement serves as the grounds for the second statement.

활용 형태 Forms of Utilization

으로는 자음으로 끝나는 명사 뒤에 사용한다.
It is used behind the noun that ends in consonants.

예 **판단으로는**

로는 모음으로 끝나는 명사 뒤에 사용한다.
It is used behind the noun that ends in vowels.

예 **현재로는**

예문 Example

❶ 지금 형편으로는 대학에 갈 처지가 못 돼요.
With these circumstances right now, I am not in the position to go to college.

❷ 제 생각으로는 이번 작품보다는 지난번 작품이 더 좋았던 것 같습니다.
In my opinion I think that the previous piece was better than this one.

❸ 현재로는 그 계획의 실현 가능성이 거의 없다고 봐야 해요.
In the present we have to conclude that there is no possibility for that plan to be played out.

연습 Practice 관계있는 것을 연결해서 문장을 만드십시오.
Connect the related ones to make a sentence.

보기

외모 • ——— • 사람의 성격을 알 수 없어요

➡ **외모로는** 사람의 성격을 알 수 없어요.

1. 소문 • • 아무 이상이 없는 것으로 나왔어요
2. 검사 결과 • • 장학금을 받기 힘들 것 같아요
3. 이 성적 • • 두 사람이 곧 결혼할 거라고 합니다

______________________________.

______________________________.

______________________________.

106 | -으면서도

용법 Usage

앞의 행위나 상태에 반대되는 행위나 상태가 이어질 때 쓴다. 주로 앞의 상황이나 사실에도 불구하고 그것과 무관하거나 대조적인 상황이 함께 존재함을 나타낸다.

This is used when an action or a state specified in the second statement contradicts the one described in the first statement. It is mostly used to indicate that a situation is irrelevant or contradictory to the circumstances or fact specified in the first statement.

활용 형태 Forms of Utilization

-으면서도 자음으로 끝나는 동사나 형용사의 어간 뒤에 사용한다.
It is used behind the verb or adjectival stem that ends in consonants.

예 먹**으면서도**, 싫**으면서도**

-면서도 모음으로 끝나는 동사나 형용사의 어간 뒤에 사용한다.
It is used behind the verb or adjectival stem that ends in vowels.

예 모르**면서도**, 바쁘**면서도**

이면서도 명사 뒤에 사용한다.
It is used behind the noun.

예 학생**이면서도**, 전문가**이면서도**

-었으면서도/았으면서도/였으면서도

과거나 완료를 나타낼 때 동사나 형용사의 어간 뒤에 사용한다.
It is used behind the verb or adjectival stem to express past or perfect tense.

예 결혼**했으면서도**, 많**았으면서도**

예문 Example

❶ 두 사람은 서로 좋아하면서도 결혼을 하지 않아요.
Those two don't get married even though they like each other.

❷ 미선 씨는 남자 친구가 있으면서도 없는 척해요.
Misun pretends that she doesn't have a boyfriend when she does.

❸ 그 사람은 가수이면서도 노래를 잘 못 불러요.
That person can't sing very well even though he is a singer.

❹ 친구는 잘못을 했으면서도 사과를 하지 않았어요.
My friend did not apologize even though she has wronged me

참고 Note

'–으면서도'는 앞 문장과 뒤 문장의 주어가 같아야 한다.

'–으면서도' requires both subjects of the front and following clauses to be the same.

- 운동을 해야 하는 걸 알면서도 하지 않아요. (○)
- 비가 오면서도 우산이 없어요. (×)

연습 Practice 문장을 완성하십시오.
Complete the sentence.

1. 그 사람은 부자이면서도 ______________________.
2. ______________________으면서도 담배를 끊지 않아요.
3. ______________________으면서도 처음 듣는 척했어요.

107 | –은 끝에

용법 Usage

앞의 행동을 한 다음에 뒤의 결과가 이루어짐을 나타낼 때 쓴다. 앞 문장의 진행 과정이 길고 힘들었음을 나타낸다.

This is used when the action in the first statement is followed by the consequence in the second statement. It signifies that the process of the first action was long and difficult.

활용 형태 Forms of Utilization

–은 끝에 자음으로 끝나는 동사의 어간 뒤에 사용한다.
It is used behind the verb stem that ends in consonants.
예 **찾은 끝에**

–ㄴ 끝에 모음으로 끝나는 동사의 어간 뒤에 사용한다.
It is used behind the verb stem that ends in vowels.
예 **생각한 끝에**

예문 Example

❶ 수많은 시행착오를 겪은 끝에 드디어 성공했어요.
I was successful after countless trial and error.

❷ 오랜 시간 동안 고민한 끝에 내린 결정이에요.
It is a decision that was made after a long period of contemplation.

❸ 여기저기 알아본 끝에 이렇게 좋은 일자리를 찾게 되었어요.
I was able to find this great job after seeking here and there.

참고 Note

동사의 의미를 갖고 있는 명사 다음에 '끝에'를 쓰기도 한다.
'끝에' can be used after the noun with the meaning of verb.

- 고생 끝에 낙이 온다.
- 오랜 연습 끝에 이 기술을 익히게 되었다.

연습 Practice 대화를 완성하십시오.
Complete the conversation.

1. 가 : 오랫동안 찾으시던 친구 분을 만나셨다면서요?
   나 : 네, 여기저기 수소문한 끝에 ________________.

2. 가 : 회사를 그만둔다고 들었는데 다시 생각해 보는 건 어때요?
   나 : ________________은 끝에 내린 결정이에요.

3. 가 : 부모님께서 반대하신다더니 어떻게 결혼 허락을 받았어요?
   나 : ________________은 끝에 ________________.

108 | 은커녕

용법 Usage

앞의 내용은 당연히 불가능하거나 어려우며 뒤의 내용은 그것보다 더 못한 것이나 못한 상황임을 나타낼 때 쓴다.

This is used when the following statement is worse than the first one that is extremely difficult, or merely impossible.

활용 형태 Forms of Utilization

은커녕 자음으로 끝나는 명사 뒤에 사용한다.
It is used behind the noun that ends in consonants.

예 **일은커녕**

는커녕 모음으로 끝나는 명사 뒤에 사용한다.
It is used behind the noun that ends in vowels.

예 **청소는커녕**

예문 Example

❶ 제 여자 친구는 김치찌개는커녕 라면도 잘 못 끓여요.
My girlfriend can't cook ramen properly let alone Kimchee Jjigae.

❷ 수술한 지 얼마 안돼서 밥은커녕 물 한 모금도 마실 수 없어요.
Because it hasn't been too long since I had the surgery, I can't even drink a drop of water let alone eating food.

❸ 아버지를 도와드린다고 일을 했는데 칭찬은커녕 화만 내셨어요.
I worked to help my father but far from praising me, all he did was get mad.

참고 Note

명사뿐만 아니라 동사의 명사형 어미, 조사 뒤에도 쓴다.
Not only this is used behind a noun, but also a noun form ending of a verb and particle.

- 그 사람은 도움이 되기는커녕 오히려 방해만 돼요.
- 영수는 집에서는커녕 학교에서도 공부를 안 해요.

연습 Practice 대화를 완성하십시오.
Complete the conversation.

1. 가 : 지난 휴가 때 어디로 여행을 갔다 왔어요?

   나 : 여행이라니요? ________________________은커녕 쉬지도 못했어요.

2. 가 : 그 회사는 보너스가 많지요?

   나 : 무슨 소리예요? ____________은커녕 ____________________.

3. 가 : 아침 밥을 꼬박꼬박 챙겨 드세요?

   나 : 챙겨 먹기는요. ____________은커녕 ____________________.

ㅇ

109 | –을걸 그랬다

용법 Usage

말하는 사람이 하지 않은 일이나 하지 못한 일에 대한 후회나 아쉬움을 나타낼 때 쓴다.
This is used to express regret or remorse of what the speaker did not do, or was unable to do.

활용 형태 Forms of Utilization

–을걸 그랬다 자음으로 끝나는 동사의 어간 뒤에 사용한다.
It is used behind the verb stem that ends in consonants.

예 **감을걸 그랬다**

–ㄹ걸 그랬다 모음으로 끝나는 동사의 어간 뒤에 사용한다.
It is used behind the verb stem that ends in vowels.

예 **배울걸 그랬다**

예문 Example

❶ 그 사람 전화번호를 적어 놓을걸 그랬어요.
I should have written down his number.

❷ 옷을 사기 전에 한번 입어보고 살걸 그랬어요.
I should have tried on the clothes before I bought it.

❸ 이렇게 후회될 줄 알았더라면 그때 좋아한다고 말할걸 그랬어요.
Had I known I would regret it this much, I should have told him that I liked him back then.

참고 Note

이미 한 일을 후회할 때는 '–지 말걸 그랬다'를 쓴다.
When regretting about something that has happened in the past, '–지 말걸 그랬다' is used.

- 어제 파티에 가지 말걸 그랬어요.
- 친구가 이렇게 기분 나빠할 줄 알았더라면 얘기하지 말걸 그랬어요.

연습 Practice 대화를 완성하십시오.
Complete the conversation.

1. 가 : 왜 어제 모임에 안 나왔어요? 얼마나 재미있었다고요.

   나 : 그래요? 그럴 줄 알았더라면 ______________________ 을걸 그랬어요.

2. 가 : 길이 많이 막히네요. 택시가 꼼짝을 못해요.

   나 : ______________________________ 을걸 그랬어요.

3. 가 : 오늘부터 백화점 세일을 시작한대요.

   나 : ______________________________ 을걸 그랬어요.

110 | -을 게 아니라

용법 Usage

앞의 행동을 하지 말고 뒤의 행동을 선택할 것을 제안하거나 권유할 때 쓴다. 또는 앞의 행동을 선택한 것에 대해 뒤의 행동을 선택함이 더 나았을 거라는 후회나 안타까움을 나타낼 때 쓴다.

This is used to suggest or recommend that the following action should be performed instead of the first one. It is also used to express regret for it.

활용 형태 Forms of Utilization

-을 게 아니라 자음으로 끝나는 동사의 어간 뒤에 사용한다.
It is used behind the verb stem that ends in consonants.

예 **먹을 게 아니라**

-ㄹ 게 아니라 모음으로 끝나는 동사의 어간 뒤에 사용한다.
It is used behind the verb stem that ends in vowels.

예 **갈 게 아니라**

예문 Example

❶ 이렇게 앉아 있을 게 아니라 나가서 직접 찾아봅시다.
Instead of sitting here like this, let's go and look for ourselves.

❷ 주말에 텔레비전만 볼 게 아니라 취미 활동을 해 보세요.
Instead of merely watching television during the weekend, try taking up a hobby.

❸ 무조건 회사를 그만둘 게 아니라 좀 더 알아보고 결정했더라면 이런 후회는 하지 않았을 거예요.
I wouldn't feel this sort of regret if I had sought more information before deciding, instead of simply quitting work.

연습 Practice 관계있는 것을 연결해서 문장을 만드십시오.
Connect the related ones to make a sentence.

보기

화가 나면 참다 ——— 솔직히 얘기하는 게 어때요?

➡ 화가 나면 **참을 게 아니라** 솔직히 얘기하는 게 어때요?

1. 기침이 심한데 약을 먹다 • • 우리 같이 한번 도전해 봅시다
2. 한 사람 말만 듣다 • • 여러 사람의 말을 들었더라면 좋았을 거예요
3. 이렇게 두려워만 하다 • • 병원에 한번 가 보세요

______________________________.

______________________________.

______________________________.

꼭~ 알아두기

111 | –을 겸

용법 Usage

뒤 문장의 행위의 목적이 두 가지 이상임을 나타낼 때 쓴다. 주로 '–을 겸 –을 겸'의 형태로 많이 쓰인다.

This is used when the action stated in the following statement has more than one objective. It is mostly used in the form of '–을 겸 –을 겸'.

활용 형태 Forms of Utilization

–을 겸 자음으로 끝나는 동사의 어간 뒤에 사용한다..
It is used behind the verb stem that ends in consonants.
예 **읽을 겸**

–ㄹ 겸 모음으로 끝나는 동사의 어간 뒤에 사용한다.
It is used behind the verb stem that ends in vowels.
예 **벌 겸**

예문 Example

❶ 한국말도 공부할 겸 한국 영화를 봐요.
I watch Korean movies to also learn Korean.

❷ 친구 선물도 살 겸 옷 구경도 할 겸 백화점에 가려고 해요.
I am trying to go the department store to buy my friend's present and to also look at clothes while I'm at it.

❸ 볼일도 볼 겸 친구도 만날 겸 지난주에 고향에 갔다 왔어요.
I went to my hometown last week to run a few errands as well as see my friend.

연습 Practice 대화를 완성하십시오.
Complete the conversation.

1. 가 : 주말에 뭘 했어요?
   나 : ______________________을 겸 시내에 나갔다 왔어요.

2. 가 : 아이 간식을 직접 만들어 주시는군요.
   나 : __________을 겸 ______________을 겸 제가 직접 만들어 먹여요.

3. 가 : 왜 아르바이트를 해요?
   나 : __________을 겸 __________을 겸 ______________.

112 | –을 만하다

용법 Usage 어떤 행위를 해도 괜찮거나 그렇게 할 가치가 있다고 말할 때 쓴다.
This is used to indicate that the action is granted or worthwhile.

활용 형태 Forms of Utilization

–을 만하다 자음으로 끝나는 동사의 어간 뒤에 사용한다..
It is used behind the verb stem that ends in consonants.

예 **믿을 만하다**

–ㄹ 만하다 모음으로 끝나는 동사의 어간 뒤에 사용한다.
It is used behind the verb stem that ends in vowels.

예 **쓸 만하다**

예문 Example

❶ 가 : 그 책 재미있어요?
Is that book fun?

나 : 네, 읽을 만해요.
Yes, it's worth reading.

❷ 가 : 제주도가 어때요?
How is Jeju island?

나 : 아주 아름다워요. 가 볼 만해요.
It's very beautiful. It's worth the trip.

❸ 이 식당에는 아이들이 먹을 만한 음식이 없군요.
This restaurant does not have any food that is suitable for children.

참고 Note

충분히 그런 일이 일어날 상황임을 나타내기도 한다.
It may also express the adequateness of such circumstances.

- 그런 심한 말을 들었으니 미선이가 화낼 만하다.
- 그렇게 좋은 일을 많이 했으니 상을 받을 만하다.

ㅇ

연습 Practice 추천해 보십시오.
Make a recommendation.

1. “재미있는 영화를 보고 싶어 하는 사람에게”

   ______________________________을 만해요.

2. “한국 음식을 처음 먹는 외국 사람에게”

   ______________을 만하니까 ______________________.

3. “운동을 처음 시작하려고 하는 사람에게”

   ______________을 만하니까 ______________________.

113 | -을 뻔하다

용법 Usage

사실은 일어나지 않았지만 조금만 잘못했으면 어떤 일이 일어날 수도 있었음을 나타낼 때 쓴다.

This is used when an event almost happened. It means that the slightest of mistakes could have triggered the event.

활용 형태 Forms of Utilization

-을 뻔하다　자음으로 끝나는 동사의 어간 뒤에 사용한다.
It is used behind the verb stem that ends in consonants.
예 **죽을 뻔하다**

-ㄹ 뻔하다　모음으로 끝나는 동사의 어간 뒤에 사용한다.
It is used behind the verb stem that ends in vowels.
예 **다칠 뻔하다**

예문 Example

❶ 친구가 도와줘서 찾았지 안 그랬으면 지갑을 못 찾을 뻔했어요.
I was able to find my wallet because my friend helped me, or else I might not have been able to find it.

❷ 오늘 늦잠을 자서 하마터면 지각할 뻔했어요.
I could have been tardy because I slept in today.

❸ 서둘러서 뛰어 나오다가 넘어질 뻔했어요.
I almost fell down because I was rushing to run out.

참고 Note

과거의 상태를 과장하여 말할 때 '-어서 죽을 뻔했다'를 쓴다.
'-어서 죽을 뻔했나'is used when exaggerating the status of the past.

- 보고 싶어서 죽을 뻔했어요.
- 추워서 얼어 죽을 뻔했어요.

연습 Practice 대화를 완성하십시오.
Complete the conversation.

1. 가 : 오늘 미선 씨 생일인 거 알지요?
   나 : 네, 영수 씨가 미리 얘기를 안 해 줬으면 ______________________을 뻔 했어요.
2. 가 : 합격 축하드려요.
   나 : 시험이 쉬워서 붙었지 안 그랬으면 ______________________을 뻔 했어요.
3. 가 : 주식 값이 많이 떨어졌는데 손해를 보지 않았어요?
   나 : 다행히 지난주에 다 팔았어요. 안 그랬으면 ______________________을 뻔 했어요.

114 | -을 뿐만 아니라

용법 Usage 앞의 행동이나 상황에 뒤의 행동이나 상황이 더해질 때 쓴다.
This is used when the action or situation in the second statement is an addition to that in the first statement.

활용 형태 Forms of Utilization

-을 뿐만 아니라 자음으로 끝나는 동사나 형용사의 어간 뒤에 사용한다.
It is used behind the verb or adjectival stem that ends in consonants.

예 **먹을 뿐만 아니라, 많을 뿐만 아니라**

-ㄹ 뿐만 아니라 모음으로 끝나는 동사나 형용사의 어간 뒤에 사용한다.
It is used behind the verb or adjectival stem that ends in vowels.

예 **올 뿐만 아니라, 깨끗할 뿐만 아니라**

일 뿐만 아니라 명사 뒤에 사용한다.
It is used behind the noun.

예 선생님**일 뿐만 아니라**, 대표**일 뿐만 아니라**

-었을/았을/였을 뿐만 아니라
과거나 완료를 나타낼 때 동사나 형용사의 어간 뒤에 사용한다.
It is used behind the verb or adjectival stem to express past or perfect tense.

예 잡**았을 뿐만 아니라**, 예**뻤을 뿐만 아니라**

예문 Example

❶ 그 사람은 책을 많이 읽을 뿐만 아니라 공연도 자주 보러 다녀요.
That person does not only read a lot of books, he also sees a lot of performances.

❷ 남대문시장은 물건 값이 쌀 뿐만 아니라 물건의 종류도 매우 다양하다.
Nadaemoon market not only carries items that are cheap, the market also has a diverse stock of items.

❸ 내일은 졸업식 날일 뿐만 아니라 제 생일이기도 해요.
Tomorrow is not only graduation day, but it is also my birthday.

❹ 지난 겨울은 몹시 추웠을 뿐만 아니라 폭설도 자주 내렸어요.
Last winter was not only very cold, but there was also frequent heavy snow.

참고 Note

'뿐만 아니라'는 명사와 결합한다.
'뿐만 아니라' is combined with nouns.

- 도서관에는 전공 관련 책뿐만 아니라 다양한 종류의 책들이 있다.
- 그 영화는 아이들뿐만 아니라 어른들도 좋아해요.

연습 Practice 대화를 완성하십시오.
Complete the conversation.

1. 가 : 새로 이사한 하숙집이 어때요?

   나 : ______________________을 뿐만 아니라 밝아서 좋아요.

2. 가 : 그 회사가 취업 준비생들에게 인기가 많은 이유는 무엇일까요?

   나 : ____________을 뿐만 아니라 ____________________.

3. 가 : 왜 사람들이 그 드라마를 비판해요?

   나 : ____________을 뿐만 아니라 ____________________.

115 | -을 뿐이다

용법 Usage

다른 행동을 하지 않고 그 행동만 하거나 큰 일이 아니라 작은 일을 했다는 뜻을 나타낼 때 쓴다.

This is used when someone does nothing more than perform the action stated even though there is something more important happening.

활용 형태 Forms of Utilization

-을 뿐이다

자음으로 끝나는 동사나 형용사의 어간 뒤에 사용한다.
It is used behind the verb or adjectival stem that ends in consonants.

예 **먹을 뿐이다, 많을 뿐이다**

-ㄹ 뿐이다

모음으로 끝나는 동사나 형용사의 어간 뒤에 사용한다.
It is used behind the verb or adjectival stem that ends in vowels.

예 **갈 뿐이다, 기쁠 뿐이다**

일 뿐이다

명사 뒤에 사용한다.
It is used behind the noun.

예 학생**일 뿐이다**, 친구**일 뿐이다**

-었을/았을/였을 뿐이다

과거나 완료를 나타낼 때 동사나 형용사의 어간 뒤에 사용한다.
It is used behind the verb or adjectival stem to express past or perfect tense.

예 말**했을 뿐이다**, 바**빴을 뿐이다**

예문 Example

❶ 잘은 모르고 그냥 이름만 알 뿐이에요.
I don't know her well. I just know her name.

❷ 너무 피곤해서 자고 싶을 뿐이에요.
I am so tired that all I want to do is (to) go to sleep.

❸ 우리는 편한 동료 사이일 뿐이에요.
We are simply comfortable colleagues.

❹ 제가 할 일을 했을 뿐이에요.
All I did was (to) do my job.

연습 Practice 대화를 완성하십시오.
Complete the conversation.

1. 가 : 저 농구 선수는 키가 크니까 농구를 잘 하겠어요.
   나 : 잘 못해요. ____________________________을 뿐이에요.

2. 가 : 살이 많이 빠졌는데 뭐 특별한 비결이라도 있어요?
   나 : 특별한 비결은 없어요. 그저 날마다 ____________________을 뿐이에요.

3. 가 : 영수 씨하고 친하신 모양이에요.
   나 : 친하기는요. ____________________________을 뿐이에요.

116 | -을 텐데

용법 Usage

어떤 사실이나 상황에 대해 강한 추측을 나타내면서 뒤에는 그와 관련되거나 반대되는 내용 등을 제시할 때 쓴다.

This is used to indicate a strong possibility that the something is true. The following statement gives relevant information or suggests that this cannot be so, giving contradictory information.

활용 형태 Forms of Utilization

-을 텐데 자음으로 끝나는 동사나 형용사의 어간 뒤에 사용한다.
It is used behind the verb or adjectival stem that ends in consonants.
예 **읽을 텐데, 작을 텐데**

-ㄹ 텐데 모음으로 끝나는 동사나 형용사의 어간 뒤에 사용한다.
It is used behind the verb or adjectival stem that ends in vowels.
예 **모를 텐데, 복잡할 텐데**

일 텐데 명사 뒤에 사용한다.
It is used behind the noun.
예 **생일일 텐데, 친구일 텐데**

예문 Example

❶ 우리가 없어졌다고 다들 찾을 텐데 먼저 연락부터 합시다.
They must be all looking for us because we disappeared so we should contact them first.

❷ 회사 생활이 많이 힘들 텐데 내색을 하지 않아요.
Her work life should be quite hard but she doesn't show it.

❸ 바쁘실 텐데 이렇게 와 주셔서 감사합니다.
Thank you for coming when you must be so busy.

❹ 아직 학생일 텐데 어디서 저렇게 큰돈이 생겼을까요?
She must only be a student so where do you think she got such a large amount of money?

참고 Note

문장 종결형처럼 '-을/ㄹ 텐데', '-을/ㄹ 텐데요'가 쓰이기도 한다.
'-을/ㄹ 텐데' or '-을/ㄹ 텐데요' can also be used as a final ending.

- 미선 씨가 오늘 안으로 저 일을 다 끝낼 수 있을까? 도와줄 사람도 없을 텐데.
- 지금 백화점에 간다고요? 오늘은 백화점 휴일일 텐데요.

연습 Practice 관계있는 것을 연결해서 문장을 만드십시오.
Connect the related ones to make a sentence

보기

곧 영화가 시작되다 • —— • 안으로 들어갑시다

➡ 곧 영화가 **시작될 텐데** 안으로 들어갑시다.

1. 백화점은 비싸다 • • 부탁을 하지 않아요
2. 도와 달라고 하면 도와주다 • • 시장에 가는 게 어때요?
3. 배가 많이 고프시다 • • 먼저 드세요

______________________________.

______________________________.

______________________________.

117 | -을걸요

용법 Usage

아직 일어나지 않은 일이나 잘 모르는 사실에 대하여 추측할 때 쓴다. 주로 대화 상황에서 상대방의 말을 듣고 대답할 때 쓴다.

This is used when making assumptions about issues, situations or events which have yet to occur, or about something which is not well–known. It is mostly used as a response to another person's statement during a conversation.

활용 형태 Forms of Utilization

-을걸요

자음으로 끝나는 동사나 형용사의 어간 뒤에 사용한다.

It is used behind the verb or adjectival stem that ends in consonants.

예 **닫을걸요, 좋을걸요**

-ㄹ걸요

모음으로 끝나는 동사나 형용사의 어간 뒤에 사용한다.

It is used behind the verb or adjectival stem that ends in vowels.

예 공부**할걸요**, 따뜻**할걸요**

일걸요

명사 뒤에 사용한다.

It is used behind the noun.

예 내일**일걸요**, 친구**일걸요**

-었을걸요/았을걸요/였을걸요

과거나 완료를 나타낼 때 동사나 형용사의 어간 뒤에 사용한다.

It is used behind the verb or adjectival stem to express past or perfect tense.

예 닫**았을걸요**, 한가**했을걸요**

예문 Example

❶ 가 : 미선 씨가 매운 음식을 잘 먹을까요?

Do you think Misun can eat spicy foods well?

나 : 아마 잘 먹을걸요.

I think she probably can eat well.

❷ 가 : 다음 주에 독일로 출장을 가는데, 거긴 날씨가 어떨까요?

I'm going on a business trip to Germany next week. What do you think the weather there will be like?

나 : 한국하고 비슷할걸요.

It's probably similar to Korea.

❸ 가 : 민철 씨 여동생이 무슨 일을 하는지 아세요?
Do you know what Minchol's younger sister does for a living?

나 : 아마 대학생일걸요.
I think she is probably a college student.

❹ 가 : 영수 씨가 도착했을까요?
Do you think that Youngsoo has arrived?

나 : 지금쯤 도착했을걸요.
He has probably arrived about now.

연습 Practice 대화를 완성하십시오.
Complete the conversation.

1. 가 : 이 선생님을 만나러 사무실에 가려고 해요.
   나 : 6시가 넘었으니까 ______________________________을걸요.
2. 가 : 이걸 한국어로 번역해야 하는데 누가 한국어를 잘하는지 아세요?
   나 : ______________________________을걸요.
3. 가 : 이번 시험이 지난 시험보다 어려울까요?
   나 : ______________________________을걸요.

118 | -을까 봐

용법 Usage 앞의 일이나 상황이 생길 것 같아서 걱정할 때 쓴다.
This is used when the speaker is worried that an event or a situation stated in the first statement might occur

활용 형태 Forms of Utilization

-을까 봐 자음으로 끝나는 동사나 형용사의 어간 뒤에 사용한다.
It is used behind the verb or adjectival stem that ends in consonants.

예 **상할까 봐, 적을까 봐**

-ㄹ까 봐 모음으로 끝나는 동사나 형용사의 어간 뒤에 사용한다.
It is used behind the verb or adjectival stem that ends in vowels.

예 **오를까 봐, 나쁠까 봐**

-었을까/았을까/였을까 봐
과거나 완료를 나타낼 때 동사나 형용사의 어간 뒤에 사용한다.
It is used behind the verb or adjectival stem to express past or perfect tense.

예 **넘었을까 봐, 맛없었을까 봐**

예문 Example

❶ 친구가 우리 집을 못 찾을까 봐 마중을 나갔어요.
I went out to meet my friend because she might not have been able to find our house.

❷ 산에 가면 추울까 봐 따뜻한 옷을 준비해 놓았어요.
I prepared warm clothes because it might get cold when I go to the mountains.

❸ 그 분이 저를 오해했을까 봐 걱정이에요.
I am worried that she has misunderstood me.

ㅇ

연습 Practice 관계있는 것을 연결해서 문장을 만드십시오.
Connect the related ones to make a sentence.

보기

시험에 떨어지다 ● —— ● 매일 도서관에서 늦게까지 공부해요

➡ 시험에 **떨어질까 봐** 매일 도서관에서 늦게까지 공부해요.

1. 오후에 비가 오다 ● ● 아직 말씀을 못 드렸어요
2. 아침에 못 일어나다 ● ● 어머니께 깨워 달라고 했어요
3. 부모님께서 걱정하시다 ● ● 우산을 가지고 왔어요

______________________________.

______________________________.

______________________________.

119 | -을지도 모르다

용법 Usage 어떤 상황일 것이라고 추측하지만 확신할 수 없을 때 쓴다.
This is used when the speaker conjectures a certain situation but is not convinced.

활용 형태 Forms of Utilization

-을지도 모르다 자음으로 끝나는 동사나 형용사의 어간 뒤에 사용한다.
It is used behind the verb or adjectival stem that ends in consonants.

예 닫을지도 모르다, 많을지도 모르다

-ㄹ지도 모르다 모음으로 끝나는 동사나 형용사의 어간 뒤에 사용한다.
It is used behind the verb or adjectival stem that ends in vowels.

예 올지도 모르다, 클지도 모르다

일지도 모르다 명사 뒤에 사용한다.
It is used behind the noun.

예 범인일지도 모르다, 의사일지도 모르다

-었을지도/았을지도/였을지도 모르다
과거나 완료를 나타낼 때 동사나 형용사의 어간 뒤에 사용한다.
It is used behind the verb or adjectival stem to express past or perfect tense.

예 남았을지도 모르다, 어려웠을지도 모르다

예문 Example

❶ 정희 씨가 민철 씨 전화번호를 알지도 몰라요.
Junghee might know Minchol's telephone number.

❷ 친구가 집에 없을지도 모르니까 가기 전에 전화해 보세요.
My friend might not be at home so call before you go there.

❸ 가 : 그 소문이 사실은 아니겠지요?
You don't think that rumor is true right?

나 : 사실일지도 몰라요.
It might be true.

❹ 가 : 미선 씨가 아직 교실에 있겠지요?
Misun should still be at the classroom right?

나 : 점심을 먹으러 갔을지도 몰라요.
She might have left to eat lunch.

ㅇ

연습 Practice 문장을 완성하십시오.
Complete the sentence.

1. 우산을 가지고 가세요. ______________________________________을지도 몰라요.
2. ___________________________을지도 몰라서 먹을 것을 조금 가져왔어요.
3. ___________________________을지도 모르니까 참석 인원을 먼저 확인하세요.

120 | 이나마

용법 Usage

어떤 것이 아주 마음에 들지는 않지만 없는 것보다는 나음을 나타내거나 다른 선택의 여지가 없을 때 쓴다.

This is used when the situation is not perfect but is acceptable, or there is no other option.

활용 형태 Forms of Utilization

이나마

자음으로 끝나는 명사 뒤에 사용한다.

It is used behind the noun that ends in consonants.

예 라면**이나마**

나마

모음으로 끝나는 명사 뒤에 사용한다.

It is used behind the noun that ends in vowels.

예 선풍기**나마**

예문 Example

❶ 이것이나마 남아 있어서 다행이에요.

It's fortunate that at least this is left.

❷ 제가 아직 혼자서 일을 잘 못하니까 선배들 심부름이나마 잘 해야지요.

Since I can't do the work by myself properly, the least thing I can do is carry out my senior members' errands well.

❸ 하루나마 좀 쉬고 나니까 피곤이 풀리는 것 같아요.

I think that I'm less tired after being able to rest for at least a day.

참고 Note

'이나마'는 '에서' 등의 조사나 부사어 뒤에 쓰기도 한다.

'이나마' can be used behind particles or adverbs such as '에서'.

- 그곳에서나마 편히 쉴 수 있었으면 좋겠어요.
- 이렇게나마 얼굴을 볼 수 있어서 다행이에요.

ㅇ

연습 Practice

대화를 완성하십시오.
Complete the conversation.

1. 가 : 이 식당은 음식이 맛있지만 항상 사람이 많아서 오래 기다려야 하는 게 흠이에요.

   나 : 네, ______________________________이나마 있으면 기다리기가 덜 지루할 텐데요.

2. 가 : 어제 콘서트에서 그 가수는 노래를 한 곡밖에 안 불렀다면서?

   나 : __________________________________이나마 직접 들을 수 있어서 저는 좋았어요.

3. 가 : 배가 많이 고프실 텐데 사과밖에 못 드셔서 어떡해요?

   나 : 배가 고파서 쓰러질 것 같았는데 ________________이나마 먹으니까 살 것 같아요.

121 | 이든

용법 Usage 둘 이상의 것 중에서 그 어느 것을 선택해도 상관이 없음을 나타낼 때 쓴다. 주로 '이든 이든'의 형태로 쓴다.

This is used to indicate that no matter what option is selected, the result will not be different. It is mostly used in the form of '이든 이든'.

활용 형태 Forms of Utilization

이든 자음으로 끝나는 명사 뒤에 사용한다.
It is used behind the noun that ends in consonants.

예 소설책**이든** 역사책**이든**

든 모음으로 끝나는 명사 뒤에 사용한다.
It is used behind the noun that ends in vowels.

예 사과**든** 배**든**

예문 Example

❶ 제 남편은 라면이든 국수든 다 잘 먹어요.
No matter it be ramen or noodles, my husband likes to eat them all.

❷ 청소든 설거지든 아무거나 하나만 도와주세요.
It doesn't matter if it is cleaning or doing the dishes, please just help me with one.

❸ 내일이든 모레든 시간이 날 때 연락할게요.
I will call you either tomorrow or the day after tomorrow when I have time.

참고 Note

'이든'은 조사나 부사어 뒤에 쓸 수 있다.
'이든' can be used behind particles and adverbs.

- 국내에서든 외국에서든 제품의 품질이 좋아야 잘 팔린다.
- 신촌으로든 영등포로든 차가 안 밀리는 쪽으로 갑시다.
- 걸어서든 뛰어서든 그 시간 안에 도착하기만 하면 된다.

연습 Practice 문장을 완성하십시오.
Complete the sentence.

1. ______________이든 ___________이든 빨리 되는 것으로 해 주세요.

2. ______________이든 ___________이든 시원한 것을 마시고 싶어요.

3. ______________이든 ___________이든 집에서 유용하게 쓸 수 있는 걸 선물하세요.

122 | 이라도

용법 Usage

마음에 드는 것이 없어서 차선의 것을 선택할 때 쓴다.
This is used when the speaker chooses second best because he can not get the thing he likes the most.

활용 형태 Forms of Utilization

이라도	자음으로 끝나는 명사 뒤에 사용한다. It is used behind the noun that ends in consonants. 예 **빵이라도**
라도	모음으로 끝나는 명사 뒤에 사용한다. It is used behind the noun that ends in vowels. 예 **너라도**

예문 Example

❶ 오늘 시간이 없으면 내일이라도 만납시다.
If you are not free today, at least let's meet tomorrow.

❷ 건강하게 오래 살려면 매일 30분씩이라도 걸으세요.
If you want to live a long healthy life, at least walk for 30 minutes daily.

❸ 명절 때 친척 분들을 찾아뵙지 못하면 전화라도 드려요.
If you can't go to your relatives during the holidays, at least give them a call.

연습 Practice 대화를 완성하십시오.
Complete the conversation.

1. 가 : 밥이 없는데 어떻게 하지요?
   나 : 그럼 ______________________ 이라도 주세요.
2. 가 : 일이 너무 많은데 친구들이 다 바쁘다고 해요.
   나 : 그럼 ______________________ 이라도 도와 드릴게요.
3. 가 : 차를 사려고 하는데 차 값이 너무 비싸서 고민이에요.
   나 : ______________________ 이라도 사세요.

123 | 이라든가

용법 Usage

예를 들어 나열할 때 쓴다. 뒤에는 나열한 예들을 종합적으로 설명하는 말이 올 수 있다.

This is used to list examples. The following statement can include a summarized explanation of the listed examples.

활용 형태 Forms of Utilization

이라든가 자음으로 끝나는 명사 뒤에 사용한다.
It is used behind the noun that ends in consonants.

예 과일**이라든가**

라든가 모음으로 끝나는 명사 뒤에 사용한다.
It is used behind the noun that ends in vowels.

예 농구**라든가**

예문 Example

❶ 주말이라든가 공휴일 같은 쉬는 날에는 가족끼리 외출할 때가 많아요.
During the days that I have off, like weekends or national holidays, we go out as a family.

❷ 휴가철에는 바다라든가 산으로 떠나는 사람들이 많다.
During vacation times there are lots of people who go off to the beaches or the mountains.

❸ 요즘에는 젊은이들도 인삼차라든가 대추차 같은 전통차를 즐겨 마신다.
These days even young people enjoy drinking traditional teas like ginseng or date teas.

연습 Practice 대화를 완성하십시오.
Complete the conversation.

1. 가 : 감기에 걸렸는데 무슨 차를 마시면 좋을까요?
   나 : ______________이라든가 ______________________같은 따뜻한 차를 드세요.
2. 가 : 대학교에서 뭘 전공하고 싶어요?
   나 : ______________이라든가 ______________________.
3. 가 : 첫 결혼기념일인데 부인에게 뭘 선물하면 좋을까요?
   나 : ______________이라든가 ______________________.

124 | 이라서

용법 Usage

앞의 상황이 뒤의 행동이나 상황의 원인이나 이유를 나타낼 때 쓴다. 주로 구어체에서 쓴다.

This is used when the situation in the statement serves as the cause of the action or situation in the following statement. It is mostly used in colloquial speech.

활용 형태 Forms of Utilization

이라서

자음으로 끝나는 명사 뒤에 사용한다.

It is used behind the noun that ends in consonants.

예 외국인**이라서**

라서

모음으로 끝나는 명사 뒤에 사용한다.

It is used behind the noun that ends in vowels.

예 여자**라서**

예문 Example

❶ 이번 토요일이 결혼기념일이라서 아내하고 같이 가까운 곳으로 여행을 가려고 해요.
Because this Saturday is our wedding anniversary I am planning on going on a trip nearby with my wife.

❷ 수업 중이라서 전화를 받을 수 없었어요.
I can not pick up the phone because I am in the middle of class.

❸ 그때는 설날 연휴라서 비행기 표를 구하기 힘들 거예요.
It might be difficult to obtain an airplane ticket then because it is during the new year holidays.

연습 Practice 문장을 완성하십시오.
Complete the sentence.

1. 시험 기간이라서 ______________________________.
2. ______________________________이라서 비가 자주 내려요.
3. ______________________________이라서 다른 곳에 비해서 집값이 비싸요.

ㅇ

125 | 이라야

용법 Usage

앞의 조건에서만 뒤의 결과가 나타남을 강조할 때 쓴다.
This is used to emphasize that the result in the following statement is possible only in the condition of the preceding statement.

활용 형태 Forms of Utilization

이라야 자음으로 끝나는 명사 뒤에 사용한다.
It is used behind the noun that ends in consonants.
예 **명품이라야**

라야 모음으로 끝나는 명사 뒤에 사용한다.
It is used behind the noun that ends in vowels.
예 **전문가라야**

예문 Example

❶ 이 영화는 19세 이상이라야 볼 수 있습니다.
You can say that this is an R rated movie.

❷ 초등학생이라야 할인을 받을 수 있어요.
You can receive a discount only when you are an elementary school student.

❸ 운전 면허증 소지자라야 이 일을 할 수 있어요.
You can do this job only if you have a driver's license.

연습 Practice 대화를 완성하십시오.
Complete the conversation.

1. 가 : 인터넷으로 주문한 물건을 받았는데 사진으로 봤던 것과 좀 다릅니다. 반품시킬 수 있을까요?
   나 : ______________________이라야 반품이 가능합니다.

2. 가 : 이 놀이 기구는 몇 살부터 탈 수 있나요?
   나 : ______________________이라야 탈 수 있습니다.

3. 가 : 비행기에 탑승할 때 몇 kg까지 돈을 내지 않고 짐을 실을 수 있어요?
   나 : ______________________이라야 추가 비용을 내지 않고 짐을 실을 수 있어요.

126 | 이며

용법 Usage 두 개 이상의 대상을 나열하여 예시할 때 쓴다. 주로 '이며 이며' 형태로 쓴다.
This is used to list more than one example. It is mostly used in the form of '이며 이며'.

활용 형태 Forms of Utilization

이며	자음으로 끝나는 명사 뒤에 사용한다. It is used behind the noun that ends in consonants. 예 떡**이며** 과일**이며**
며	모음으로 끝나는 명사 뒤에 사용한다. It is used behind the noun that ends in vowels. 예 야채**며** 고기**며**

예문 Example

❶ 가방 안에 지갑이며 여권이며 다 들어있는데 잃어버렸어요.
The wallet and the passport were all in the bag but I lost it.

❷ 민수 씨는 공부며 운동이며 다 잘해요.
Minsoo is good at his studies and his sports.

❸ 그 식당은 음식 맛이며 서비스며 다 좋아요.
That restaurant is good for the taste of the dishes as well as its service.

연습 Practice 문장을 완성하십시오.
Complete the sentence.

1. 친구 집에는 __________이며 __________이며 없는 게 없었어요.
2. 요즘은 __________이며 __________이며 안 오르는 게 없어요.
3. 영수는 운동에 소질이 있어서 __________이며 __________이며 못하는 운동이 없어요.

127 | 이야말로

용법 Usage

강조하여 말할 때 쓴다.
This is used to emphasize the statement.

활용 형태 Forms of Utilization

이야말로	자음으로 끝나는 명사 뒤에 사용한다. It is used behind the noun that ends in consonants. 예 책**이야말로**
야말로	모음으로 끝나는 명사 뒤에 사용한다. It is used behind the noun that ends in vowels. 예 사과**야말로**

예문 Example

❶ 마라톤이야말로 올림픽의 꽃이라고 할 수 있지요.
You can say that it is the marathon that is in fact the highlight of the Olympics.

❷ 김치야말로 한국을 대표하는 건강식입니다.
Kimchi is in fact a health food that represents Korea.

❸ 뭐든지 직접 경험하는 것이야말로 제일 좋은 교육이라고 생각해요.
I think that whatever it be, experiencing it in person is the best form of education.

연습 Practice 대화를 완성하십시오.
Complete the conversation.

1. 가 : 살을 좀 빼고 싶은데 수영을 하면 효과가 있을까요?
   나 : ______________________이야말로 살을 빼는 데 제일 효과적인 운동이에요.

2. 가 : 직업을 선택할 때 뭐가 가장 중요하다고 생각하세요?
   나 : ______________이야말로 ________________________________.

3. 가 : 집에서 가장 중요한 공간은 어디라고 생각하세요?
   나 : ______________이야말로 ________________________________.

문법 알아보기

ㅈ

128 | -자마자

용법 Usage

어떤 일이 일어나고 나서 바로 그 다음에 잇따라 다른 일이 일어날 때 쓴다.
This is used when one event is immediately followed by another event.

활용 형태 Forms of Utilization

-자마자 동사의 어간 뒤에 사용한다.
It is used behind the verb stem.

예 **먹자마자, 일어나자마자**

예문 Example

❶ 영수 씨는 전화를 받자마자 나갔어요.
Myungsoo went out as soon as he took the call.

❷ 5시가 되자마자 모두들 퇴근했어요.
Everyone left work as soon as it was 5 o'clock.

❸ 그 사람이 멀리서 나를 보자마자 달려오기 시작했다.
That person began to run towards me as soon as he saw me.

연습 Practice 관계있는 것을 연결해서 문장을 만드십시오.
Connect the related ones to make a sentence.

보기

내가 버스를 타다 • —— • 버스가 고장이 났다

➡ 내가 버스를 **타자마자** 버스가 고장이 났다.

1. 밖으로 나오다 • • 손부터 씻으세요
2. 집에 들어오다 • • 비가 내리기 시작했어요
3. 사무실에 가다 • • 컴퓨터부터 켰어요

______________________________.

______________________________.

______________________________.

129 | -자면

용법 Usage

어떤 의도나 목적을 가정하고 뒤 문장에 그에 대한 조건을 나타낼 때 쓴다. 큰 의미 차이 없이 '-으려면'과 바꿔 쓸 수 있다.

This is used to suppose an intention or a purpose and to specify its condition in the following statement. It is interchangeable with '-으려면' without compromising the original meaning.

활용 형태 Forms of Utilization

-자면 동사의 어간 뒤에 사용한다.
It is used behind the verb stem.
예 **찾자면, 되자면**

예문 Example

❶ 경제를 살리자면 정부와 국민이 모두 노력해야 합니다.
If we are to save the economy both the government and the people all need to put in the effort.

❷ 여러 사람들에게 인정받자면 우선 실력을 쌓아야 해요.
In order to gain recognition from many people, you first need to build your skills.

❸ 시내로 이사를 가자면 지금보다 돈이 2배는 더 있어야 해요.
If you want to move downtown, then you need twice as much as money as you have now.

참고 Note

예상되는 어떤 상황을 제시하여 그 조건에 따른 상태를 말할 때 쓰기도 한다.
It can be used to speak of a state according to the condition by presenting a predictable circumstanc.

- 해가 뜨자면 아직도 3시간은 더 있어야 한다.
- 세계 경제가 회복되자면 앞으로 최소한 5년은 더 걸릴 것이다.

연습 Practice 문장을 완성하십시오.
Complete the sentence.

1. 돈을 모으지면 ______________________________.
2. ______________________자면 외국어 공부를 열심히 해야 돼요.
3. ______________________자면 균형적인 국토 개발이 이루어져야 한다.

ㅈ

130 | 조차

용법 Usage

어떠한 상황에 그 이상의 것이 더해짐을 나타낼 때 쓴다. 보통 예상하지 못했던 것이 더해짐을 나타내며 주로 부정문과 잘 어울린다.

This is used when something is added to a situation. It mostly indicates that something unexpected is to be added. It is often used with a negative statement.

활용 형태 Forms of Utilization

조차 명사 뒤에 사용한다.
It is used behind the noun.

예 **물조차, 선풍기조차**

예문 Example

❶ 그 사람은 자기 이름조차 못 써요.
That person can't even write his own name.

❷ 눈 코 뜰 새 없이 바쁘다 보니 밥 먹을 시간조차 없어요.
Because I'm so busy, I don't even have the time to eat.

❸ 그 일이라면 말도 꺼내지 마세요. 생각조차 하기 싫어요.
If you talk about that incident, don't even bring it up. I don't even want to think about it.

참고 Note 1

명사뿐만 아니라 동사의 명사형 어미, 조사 뒤에도 쓴다.

Not only can it be used behind the noun, but also particles and noun form ending of verbs.

- 다리에 힘이 풀려서 서 있기조차 힘들다.
- 영수는 부모님에게조차 그 사실을 말하지 않았다.

참고 Note 2

'은커녕 ~조차'의 형태로도 많이 쓰인다.

It is also used widely in '은커녕 ~조차' form.

- 고향에 계시는 부모님께 편지는커녕 전화조차 드리지 못 했다.
- 오늘이 내 생일인데 선물은커녕 축하 인사조차 못 받았다.

연습 Practice 대화를 완성하십시오.
Complete the conversation.

1. 가 : 몸은 좀 어떠세요? 다 나으셨어요?
   나 : 낫기는요. 목이 부어서 ____________________조차 제대로 마실 수 없는걸요.
2. 가 : 그 사람은 신용을 다 잃은 것 같아요.
   나 : 네, ____________________조차 그 사람 말을 믿지 않는대요.
3. 가 : 인터넷 쇼핑몰에서 가짜 물건을 팔던 사람들이 잡혔대요.
   나 : 네, 저도 들었어요. 너무 정교해서 ________________조차 잘 구별하지 못할 정도래요.

131 | –지요[1]

용법 Usage

듣는 사람이 어떤 사실을 알고 있다고 전제하며 말하거나 말하는 사람 자신에 관한 이야기나 자신의 생각을 친근하게 말할 때 쓴다. '–죠'로 줄여 쓸 수 있다.

This is used when the speaker says something, assuming that the listener is already aware of it, or when the speaker is relaying one's story or thought in a friendly manner. It can be contracted to '–죠'.

활용 형태 Forms of Utilization

–지요 동사나 형용사의 어간 뒤에 사용한다.
It is used behind the verb or adjectival stem.
예 **놓지요, 가지요, 좋지요, 예쁘지요**

이지요 명사 뒤에 사용한다.
It is used behind the noun.
예 고향**이지요**, 친구**이지요**

–었지요/았지요/였지요
과거나 완료를 나타낼 때 동사나 형용사의 어간 뒤에 사용한다.
It is used behind the verb or adjectival stem to express past or perfect tense.
예 일**했지요**, 바**빴지요**

–겠지요 추측을 나타낼 때 동사나 형용사의 어간 뒤에 사용한다.
It is used behind the verb or adjectival stem to express one's supposition.
예 오**겠지요**, 있**겠지요**

예문 Example

❶ 그 일은 제가 하지요.
I will do that task.

❷ 물론 시험은 누구나 다 보기 싫지요.
Of course no one likes taking tests.

❸ 외국어를 배운다는 것은 쉽지 않은 일이죠.
Learning a foreign language is not an easy task.

❹ 그때는 우리 모두의 생활이 다 어려웠지요.
Back then, all of our lives were difficult.

❺ 꼼꼼한 사람이니 실수할 리 없겠지요.
He is a meticulous person so there's probably no chance that he makes a mistake.

연습 Practice 대화를 완성하십시오.
Complete the conversation.

1. 가 : 오늘 저녁은 ____________________지요.

   나 : 그럼, 커피는 제가 살게요.

2. 가 : 인생에서 가장 중요한 게 뭐라고 생각해요?

   나 : 뭐니 뭐니해도 ____지요.

3. 가 : 그 사람이 내일 모임에 참석할까요?

   나 : 여러 번 연락을 했으니까 ____지요.

132 | –지요²

용법 Usage

듣는 사람에게 어떤 행동을 공손하게 권유하거나 제안할 때 쓴다. 일반적으로 '–으시지요/시지요'의 형태로 많이 쓰인다.

This is used to politely suggest or recommend something to the listener. It is generally used in the form of '–으시지요/시지요'.

활용 형태 Forms of Utilization

–지요 동사의 어간 뒤에 사용한다.
It is used behind the verb stem.

예 놓으시**지요**, 타시**지요**

예문 Example

❶ 피곤하면 일찍 들어가서 쉬시지요.
If you are tired, go early and rest.

❷ 바쁘지 않으면 함께 가시지요.
If you aren't busy, let's go together.

❸ 날씨가 꽤 추운데 코트를 입으시지요.
The weather is quite cold, so wear a coat.

참고 Note

이미 일어난 상황에 대해 못마땅함을 나타내기도 한다.

It also expresses that one is not satisfied about the circumstance that already took place.

- 지난번에 영수 씨가 미선 씨만 도와줘서 섭섭했어요. 그때 저도 좀 도와주시지요.
- 저는 회의가 취소된 줄 몰랐어요. 알고 계셨으면 말씀 좀 해주시지요.

연습 Practice 좋은 방법을 권유해 보십시오.
Recommend a good solution.

1. "밤에 잠을 잘 못 자는 사람에게"

➡ ______________________________ 지요.

2. "스트레스가 쌓여 있는 사람에게"

➡ ______________________________ 지요.

3. "자신감이 없는 사람에게"

➡ ______________________________ 지요.

ㅊ

133 | 치고

용법 Usage

앞에 제시된 명사가 예외 없이 모두 뒤의 내용에 해당될 때 쓴다. 이 경우에 흔히 뒤에는 부정을 뜻하는 말이나 표현하고자 하는 것을 강조하는 수사의문문을 쓴다. 또한 뒤의 내용이 앞의 명사의 경우에 예외적인 것임을 나타낼 때도 쓴다. 이 경우에는 '치고는', '치고서는' 형태로 쓸 수도 있다.

This is used to indicate that the description of a situation in the first statement is going to be just the same as that which is described in the second statement. In this case, a negative statement or a rhetorical question will be mentioned in the second statement. It is also used when the second statement is an exception to the situation described in the first statement. In this case, it can also be used in the form of '치고는' or '치고서는'.

활용 형태 Forms of Utilization

치고 명사 뒤에 사용한다.
It is used behind the noun.
예 대학생**치고**, 휴대전화**치고**

예문 Example

❶ 이번에 주식에 투자한 사람치고 손해를 안 본 사람이 없어요.
There is no one who invested this time who did not take a loss.

❷ 그 감독이 만든 영화치고 재미있는 거 봤어?
Did you see a movie made by that director that was ever fun?

❸ 그 사람은 외국인치고 한국말을 잘 하는 편이에요.
He is pretty good at Korean considering that he is a foreigner.

❹ 처음 만든 거치고는 잘 만들었어.
You did a good job making it considering that it was your first time.

연습 Practice 대화를 완성하십시오.
Complete the conversation.

1. 가 : 요즘 남편하고 말다툼을 자주 하게 돼요.
   나 : 살다 보면 ____________________치고 안 싸우는 사람들이 없지요.

2. 가 : 민수는 초등학교 4학년밖에 안 됐는데 아주 똑똑한 것 같아요.
   나 : 네, 그 아이는 ____________________치고 아는 게 많아요.

3. 가 : 테니스를 배운 지 한 달밖에 안 됐어요
   나 : ____________________치고는 잘 치시네요.

문법 알아보기

ㅍ

134 | 피동

용법 Usage

다른 사람이나 외부의 힘에 의해 동작이나 행위가 이루어질 때 쓴다. 동사의 어간에 '이, 히, 리, 기' 등을 붙여 쓴다.

This is used to indicate one's action or behavior is influenced by another person's action or exterior force. It combines the stem of a verb with '이, 히, 리,' or '기'.

활용 형태 Forms of Utilization

-이-	보다 → 보이다, 쌓다 → 쌓이다, 놓다 → 놓이다, 바꾸다 → 바뀌다
-히-	먹다 → 먹히다, 밟다 → 밟히다, 읽다 → 읽히다, 먹다 → 먹히다, 밟다 → 밟히다, 읽다 → 읽히다,
-리-	걸다 → 걸리다, 듣다 → 들리다, 열다 → 열리다, 팔다 → 팔리다
-기-	끊다 → 끊기다, 안다 → 안기다, 씻다 → 씻기다, 쫓다 → 쫓기다

예문 Example

❶ 우리 집에서 바다가 보여요. You can see the ocean from our house.
❷ 버스 안에서 발이 밟혔어요. I got my foot stepped on in the bus.
❸ 벽에 시계가 걸려 있어요. There is a clock hanging on the wall.
❹ 도둑이 경찰에게 잡혔어요. The thief was caught by the police.

연습 Practice 문장을 완성하십시오. Complete the sentence.

1. 전화를 받았는데 소리가 ____________________지 않았어요.
2. 아기가 엄마에게 ____________________어 있어요.
3. 문이 고장이 났는지 ____________________지 않아요.

Ⅱ 연습문제

유형별 연습문제

종합 연습문제

연습문제

유형별 연습문제

Ⅰ. 다음 (　　)안에 알맞은 것을 고르십시오.

1. 가 : 어제 밤을 새워서 너무 졸려요.
   나 : 잠깐(　　) 휴게실에 가서 눈 좀 붙이세요.

   ❶ 조차　　❷ 은커녕　　❸ 이나마　　❹ 이야말로

2. 가 : 미안한데 약속이 있어서 먼저 가야 해.
   나 : 너(　　) 가면 나 혼자 어떻게 이 일을 다 하니?

   ❶ 라도　　❷ 라든가　　❸ 마저　　❹ 치고

3. 가 : 취직한 지 삼 년이 넘었으니 저축을 꽤 많이 했겠어요?
   나 : 웬걸요. 저축(　　) 생활비도 부족한 형편이에요.

   ❶ 만큼　　❷ 마저　　❸ 이라도　　❹ 은커녕

4. 가 : 로봇이 직접 수술을 하다니 정말 신기해요.
   나 : 네, 예전에는 상상(　　) 할 수 없었던 일이에요.

   ❶ 이라도　　❷ 조차　　❸ 말고　　❹ 이든

5. 가 : 이번 토요일에 날씨가 어떨까요?
   나 : 일기예보(　　) 맑을 거라고 해요.

   ❶ 대로　　❷ 로 인해　　❸ 에 의하면　　❹ 에 따라서

6. 가 : 이번 주말에 뭘 할 거예요?
   나 : 친구가 서울에 (　　) 해서 서울 구경을 시켜 주려고 해요.

   ❶ 온다고　　❷ 오냐고　　❸ 오라고　　❹ 오자고

7. 가 : 민수 씨가 이번 주말에 같이 영화를 (　　) 어떠세요?
   나 : 미안하지만 저는 선약이 있어요. 다음에 같이 봐요.

   ❶ 본다던데　　❷ 보자던데　　❸ 보냐던데　　❹ 봤냐던데

8. 가 : 미선 씨랑 얘기하고 오해는 좀 풀렸어요?
나 : 네, 얘기를 (　　) 그 동안 제가 오해를 많이 했더군요.

❶ 듣는다고　❷ 듣다가는　❸ 듣고 보니　❹ 들을 텐데

9. 가 : 요즘은 일이 많아서 일주일에 서너 번씩 밤을 새워요.
나 : 무리하지 마세요. 그렇게 (　　) 큰일 날 거예요.

❶ 하고도　❷ 하다가는　❸ 하다가도　❹ 하더라도

10. 가 : 김 과장님, 이번 발표가 얼마나 중요한지 알지요?
나 : 네, 최선을 다 (　　) 하겠습니다.

❶ 하게　❷ 해야　❸ 할수록　❹ 하도록

11. 가 : 왜 어제 모임에 안 나왔어요?
나 : 머리도 (　　) 일찍 집에 갔어요

❶ 아프고 해서　❷ 아프다 해도　❸ 아프고 나서　❹ 아프다 보면

12. 가 : 커피가 왜 이렇게 짜요?
나 : 네? 설탕을 (　　) 것이 그만 소금을 넣었네요.

❶ 넣은　❷ 넣던　❸ 넣는다는　❹ 넣었던

13. 가 : 매달 양로원에서 봉사활동하기 힘들지 않아요?
나 : 아니에요, (　　) 보람도 있어요

❶ 힘든 만큼　❷ 힘들다니까　❸ 힘든가 하면　❹ 힘들기든

14. 가 : 어제 그 사람한테 좀 심하게 말씀하신 거 아니에요?
나 : 저도 (　　) 후회했어요. 오늘 사과해야겠어요.

❶ 말하고 나서　❷ 말하다 보면　❸ 말한다고 해도　❹ 말하고 보니

15 가 : 올 상반기 경제 상황이 어땠습니까?
나 : 작년 하반기에 비해 수출은 (　　) 수입은 증가했습니다.

❶ 감소한 만큼　❷ 감소한 반면에　❸ 감소하는 바람에　❹ 감소한 탓에

16. 가 : 미선 씨가 화가 많이 났던데요.
    나 : 제가 실수로 미선 씨의 비밀을 얘기하고 (   ).

❶ 버렸거든요　❷ 놓았거든요　❸ 말았거든요　❹ 싶었거든요

17. 가 : 휴대전화가 오래된 것 같은데 바꾸시지 그래요?
    나 : 아니에요. 아직 (   ).

❶ 쓸 만해요　❷ 쓸 뿐이에요　❸ 쓰는 편이에요　❹ 쓰기 마련이에요

18. 가 : 계속 서 있었더니 다리가 좀 아프군요.
    나 : 그럼 잠깐이라도 여기에 (   ).

❶ 앉으시네요　❷ 앉으시지요　❸ 앉으시던데요　❹ 앉으시기는요

19. 가 : 미선 씨한테 그 소식을 알려 줬어요?
    나 : 말하려고 했는데 벌써 (   ).

❶ 알곤 해요　❷ 알고 있을걸요
❸ 알고 있고말고요　❹ 알고 있더라고요

20. 가 : 아침에 교통이 복잡했을 텐데 늦지 않았어요?
    나 : 다행히 제 시간에 도착했지만 하마터면 (   ).

❶ 늦었대요　❷ 늦었더라
❸ 늦거든요　❹ 늦을 뻔했어요

Ⅱ. 다음 중 밑줄 친 부분이 맞는 것을 고르십시오.

1. (   )

❶ 배가 고프니까 <u>라면마저</u> 먹자.
❷ 우리 아이는 <u>공부는커녕</u> 운동도 잘 한다.
❸ 이 일에 대해서 저 <u>나름대로</u> 생각한 게 있어요.
❹ 어려운 상황에 도와줄 <u>친구나마</u> 없어서 너무 힘들다.

2. (　　)

❶ 겨울 날씨치고 그리 추운 날씨는 아니다.

❷ 사람들은 저대로 살아가는 방식이 있다.

❸ 요리사마다 비법이 있어서 음식 맛이 같다.

❹ 잘 먹어야 하는데 뭐든지 먹지 않아서 큰일이다.

3. (　　)

❶ 이것조차 있어서 다행입니다.

❷ 월요일 말고 다른 날도 괜찮은데요.

❸ 그 여배우가 인형만큼 아주 예뻐요.

❹ 학생이라야 입장권 할인을 받을 수 있어요.

4. (　　)

❶ 오늘이 내 생일인데 어머니라도 몰랐다.

❷ 한국 사람치고 김치를 싫어하는 사람이 있다.

❸ 그 식당에 한식이며 일식이며 없는 음식이 없다.

❹ 무더운 여름철이라서 음식을 냉장고에 보관하세요.

5. (　　)

❶ 신문을 읽어다가 내용을 정리했다.

❷ 어렵더라도 끝까지 최선을 다 해라.

❸ 5시간 수술을 한 끝에 환자가 죽었다.

❹ 회사에 다니고 보니 학창 시절이 그리워요.

6. (　　)

❶ 어제 감기에 걸리더니 이제 좀 괜찮아요?

❷ 여유를 갖고 일을 해야 실수를 하지 않는다.

❸ 친구가 좋아할까 봐 선물로 인형을 골랐다.

❹ 그렇게 놀기만 하다가는 나중에 정신 차릴 것이다.

7. (　　)

❶ 시간이 있거든 영화를 봤다.

❷ 친구를 학교 앞에서 만나다가 같이 도서관에 갔다.

❸ 이번 시험에만 붙는다면야 더 이상 바랄 게 없다.

❹ 공부를 열심히 했지만 시험이 어려운지 시험을 못 봤다.

8. (　　)

❶ 편지를 받자마자 답장을 썼어요.

❷ 그 옷을 사 놓고도 여러 번 입었어요.

❸ 독감에 걸리느라고 회사에 못 갔어요.

❹ 커피를 많이 마시더니 밤에 잠이 오지 않아요.

9. (　　)

❶ 날마다 일을 할 게 아니라 놀기만 해요.

❷ 시험을 잘 보라고 열심히 공부를 했어요.

❸ 부모님께 전화를 한다 한다 하는 게 어제 했어요.

❹ 이번 시험에서도 보나 마나 영수가 1등을 할 거예요.

10. (　　)

❶ 내일 비가 온다기에 야외 활동을 취소했다.

❷ 돈이 있다면야 여기저기를 여행했을 거예요.

❸ 이 휴대 전화는 성능이 좋은 반면에 값도 싸다.

❹ 운동을 해야 하는 걸 알면서도 열심히 운동을 한다.

11. (　　)

❶ 지하철을 타더라면 늦지 않았을 텐데요.

❷ 제주도가 아름다웠던데 거기에 가 보세요.

❸ 아침에는 비가 오더니 이제는 맑게 개었어요.

❹ 그 사람이 먼저 나쁜 말을 하지 않는다면 싸우지 않았을 거예요.

12. (   )

❶ 불고기를 만들 겸 쇠고기를 샀어요.

❷ 그곳은 야경이 아름다울 뿐만 아니라 시끄러워요.

❸ 잔칫집에 가서 떡이든 과일이든 배불리 먹었어요.

❹ 병이 심해져서 이 상태로는 퇴원할 수 없습니다.

13. (   )

❶ 제 친구는 돈을 물 쓰듯이 아껴 써요.

❷ 이번 일의 결과는 불 보듯이 아무도 몰라요.

❸ 날씨가 무더워서 땀이 비 오듯이 조금밖에 안 나요.

❹ 그 손님은 우리 가게에 가뭄에 콩 나듯이 아주 가끔 오세요.

14. (   )

❶ 바람이 세게 불어서 문이 열었어요.

❷ 명동에 가는 길이면 저 좀 태워 주세요.

❸ 팔을 다쳐서 혼자 머리를 감길 수 없어요.

❹ 버스에서 옆 사람의 발에 밟는 일이 자주 있어요.

15. (   )

❶ 어디에서 음악 소리가 들어요.

❷ 제 방에서 한강과 63빌딩이 보여요.

❸ 토끼가 호랑이에게 잡아 먹였어요.

❹ 요즘 일이 너무 많아서 스트레스가 쌓아요.

16. (   )

❶ 연락처를 쓰여 놓았어요.

❷ 고양이가 아이에게 안아 있어요.

❸ 화가 나서 전화를 끊겨 버렸다고 해요.

❹ 심한 말을 해서 동생을 울리고 말았어요.

17. (   )

❶ 이게 요즘 잘 팔리는 옷이에요.

❷ 바람이 불어서 창문을 열렸어요.

❸ 날씨가 좋으면 우리 집에서 한강이 봐요.

❹ 전화번호가 바꾸었으니까 다시 적어 놓으세요.

18. (　　)

❶ 선생님, 오늘 저녁때 시간 계십니까?

❷ 우리 할아버지는 돈이 아주 많으세요.

❸ 할머니께서 직접 어머니께 갖다 드리신대요.

❹ 영수야, 아버지가 오늘 일찍 집에 들어오시래.

19. (　　)

❶ 모르는 것이 있으면 동생에게 여쭤 봐요.

❷ 친구도 가고 싶어 해서 제가 모시고 왔어요.

❸ 선생님, 그동안 찾아뵙지 못해서 죄송합니다.

❹ 어머니가 할아버지께 진지를 차려 주셨어요.

20. (　　)

❶ 어제는 친구가 이사해서 도와 줬어요.

❷ 교수님, 다음 주에 한번 만나러 갈게요.

❸ 과일 가게 주인 아저씨께서 값을 깎아 드렸어요.

❹ 고등학교 동창생 중 한 명은 지금 홍콩에 계세요.

Ⅲ. 다음 밑줄 친 부분 중 틀린 것을 고르십시오.

1. (　　)

정희는 날씬해진 자신의 모습을 상상하며 올해는 무슨 일이 있어도 꼭 살을 빼겠다는 결심을 했다. 그래서 ❶비가 오건 눈이 오건 항상 운동을 했고 아무리 ❷바쁘더라도 한 번도 운동을 쉰 날이 없었다. 그러나 무리하게 운동을 ❸한지 살은 빠지지 않고 점점 피로가 ❹쌓여 가기만 했다.

2. (　　)

곧 연극이 시작될 예정입니다. 관객 여러분께서는 공연에 방해가 ❶되지 않게 모두 휴대 전화를 꺼 주시기 바랍니다. 그리고 공연 중에는 사진을 ❷찍는다든가 음식을 먹는다든가 하는 ❸행동마저 삼가 주시기 바랍니다. 관객 여러분들을 위해 최고의 공연이 ❹되도록 노력하겠습니다. 감사합니다.

3. (　　)

오늘은 두 번 다시 생각하고 싶지 않은 날이다. 회사에서 중요한 발표준비를 하고 있었는데 갑자기 컴퓨터가 고장이 ❶나는 바람에 며칠 동안 만든 자료가 한순간에 다 ❷날려 버렸다. 하는 수 없이 옆 동료의 노트북을 ❸빌려다가 다시 작성하기 시작했는데 ❹어찌나 속상하던지 눈물이 다 났다.

4. (　　)

힘들 때 큰 도움을 준 사람은 평생 잊혀지지 ❶않게 마련이다. 나에게는 중학교 때 선생님이 그렇다. 그때 나는 학교에서나 집에서 문제아였고 시험만 ❷봤다 하면 꼴찌를 했었다. ❸부모님 말고 나를 ❹포기하고 말았지만 선생님은 끝까지 나를 바른 길로 이끌려고 온갖 노력을 다 하셨다. 선생님 덕분에 지금의 내가 있다고 해도 과언이 아니다.

5. (　　)

미선 씨, 안녕하세요? 메일 잘 받았어요.
다음 주에 강릉단오제에 ❶가신다고요? 저도 같이 가면 안될까요? 대학교에서 한국 문화를 ❷전공하다가 보니 전통 풍습에도 관심이 많이 ❸생겼다네요. 단오는 한국과 중국에 모두 ❹있긴 한데 그 의미가 좀 다른 것 같아요. 이번에 가서 이것저것 많이 배우고 싶어요.
그럼 연락 기다릴게요. 안녕히 계세요.

웨이 드림

6. (　　)

❶불경기라고 해서 보는 기업의 매출이 다 감소한 것은 아니다. 19일 연세 백화점은 고객들을 위한 ❷휴게실뿐만 아니라 여성들을 위한 파우더룸, 남성들을 위한 오락실을 ❸갖추고 나서 매출이 30% 증가했다고 발표했다. 불황에 과감한 ❹투자로 인해 좋은 결과를 맺은 것이다.

7. (　　)

바쁜 현대인들은 시간이 없어서 아침을 거르기가 ❶쉽던가요? 이런 분들을 위해 저희 연세 식품은 ❷식사 대신에 간편하고 빠르게 드실 수 있는 새로운 건강식품을 개발했습니다. 제품을 사용한 후에도 ❸환불할 수 있냐고요? 물론 ❹있고말고요. 제품이 맘에 들지 않으신다면 일주일 이내에 환불해 드립니다. 지금 바로 신청해 보세요.

8. (　　)

일기예보를 말씀드리겠습니다. 오늘은 아침 최저 기온 24도, 낮 최고 기온 35도로 어제보다 덥겠습니다. 또한 곳에 따라 ❶맑다가도 소나기가 내리는 곳이 ❷있을 텐데 외출하실 때 우산을 꼭 챙기시기 바랍니다. 날씨가 ❸무더운 만큼 ❹생활하다 보면 지치고 짜증나기 쉽습니다. 건강에 각별히 주의하십시오.

9. (　　)

봉사라고 하면 왠지 큰일을 해야 하고 어려운 일일 것 같지만 마음만 ❶먹는다면야 누구나 다 할 수 있는 일이다. 자신의 재능을 나누는 ❷일이든 길러온 머리카락을 기부하는 것도 봉사다. 그때 그때의 ❸상황에 따라서 자신의 것을 나누면 되는 것이다. 봉사를 어려운 일이라고 ❹생각할 게 아니라 작은 일부터 실천해 보도록 하자.

10. (　　)

먹는 음식 양은 똑같은데도 나이가 들수록 살이 찌는 이유는 무엇일까? 그것은 나이가 들수록 기초 대사량이 감소해서 에너지로 ❶쓰이고 남은 열량이 몸에 ❷쌓이기 때문이다. 그러나 운동을 한다면 몸에 ❸남겨 있는 열량을 ❹태울 수 있다. 따라서 나이가 들수록 건강한 생활을 유지하려면 적게 먹고 운동을 해야 한다.

11. (　　)

오늘 옛 친구들도 ❶볼 겸 해서 초등학교 동창회에 갔었다. 졸업하고 나서 20년 만에 처음 보는 친구들이라서 어색할 줄 알았는데 ❷어색하기는커녕 반갑고 기쁘기만 했다. 친구들은 사업에 성공한 나를 ❸보더니 무슨 특별한 비결이 있냐고 물었다. 나는 포기하지 않고 열심히 일을 ❹한 뿐이라고 했다.

12. (　　)

한 경제 기관이 조사한 ❶자료에 의하면 지난해 서울 시내의 자동차 10대 중 8대는 「나홀로 차량」 즉, 운전자 혼자 타는 차량이었다고 한다. 나홀로 차량이 ❷증가한 끝에 서울 시내의 교통은 더욱 더 복잡해지고 있다. 사람들이 교통이 복잡한 걸 ❸알면서도 불편하니까 차를 끌고 나오는 것이다. 이를 위한 해결책을 빨리 세워야 ❹한다고 본다.

13. (　　)

나는 실수를 많이 ❶하는 편이다. 오늘도 아침에 회의가 있는 날인데 늦게 일어났다. 그래서 대충 ❷씻고도 서둘러 나가 버스를 탔는데 ❸타고 보니 다른 쪽으로 가는 버스였다. 깜짝 놀라 얼른 내려서 택시로 갈아타고 회사에 갔다. 그런데 급히 ❹내리느라고 지갑을 택시 안에 놓고 내렸다. 아! 나는 왜 이럴까?

14. (　　)

결혼을 꼭 해야 할까? 지금까지는 결혼을 ❶하든 안 하든 똑같다고 생각했는데 우리 오빠를 보면 그렇지도 않은 것 같다. 오빠는 ❷결혼하고는 아주 다른 사람이 되었다. 집에도 일찍 들어가고 저축도 하고 부모님께도 아주 잘 한다. 사람들이 결혼을 해야 진짜 어른이 ❸되던데 그 말이 ❹맞는 모양이다.

15. (　　)

여행을 좋아하는 ❶청소년이라면 '내일로 티켓'을 이용해 보자. '내일로 티켓'은 방학 동안 청소년들이 저렴하게 기차 여행을 할 수 ❷있게 특별히 기획된 상품이다. 25세 ❸이하면 이용할 수 있으며 좌석을 ❹지정하다기는 여행 도중 날짜를 바꾸는 일 등은 할 수 없다. 또한 여행 중에는 본인임을 확인시킬 수 있는 신분증을 항상 소지해야 한다.

16. (　　)

게으른 사람들에게 ❶환영받을 만한 장치가 개발되었다. 이 발명품은 텔레비전 리모컨에 초침이 ❷달린 시계를 연결해 만든 것으로 1분에 한 번 자동으로 채널을 바꾼다. 손가락을 움직이지 ❸않고서는 여러 프로그램을 볼 수 있게 된 것이다. 이것을 곁에 ❹두기만 하면 소파에 편안히 누워 수십 개의 방송을 마음껏 감상할 수 있다.

17. (　　)

예부터 우리 조상들은 병을 다스리고 건강을 지키려고 민간요법을 써 ❶왔곤 했다. 의사들 중에는 ❷미신이라고 불신하는 사람도 있지만 실제로 현대 ❸의학으로는 효과가 없었던 질병을 민간요법을 써서 완치한 경우가 많다. 유치하고 비과학적으로 ❹보일지도 모르지만 민간요법에는 수천 수백 년을 이어 온 조상의 지혜가 담겨 있다고 할 수 있다.

18. (　　)

어렸을 때 가정 형편이 ❶어려웠던 탓에 수십 년 동안 떨어져 살던 자매가 72년 만에 다시 ❷만나는데도 서로를 금방 알아봐 화제이다. 닮은 사람이 ❸있다고 해서 동생이 다니던 교회를 찾아간 언니는 한눈에 동생을 알아봤다고 한다. 특히 언니는 동생의 작은 ❹흉터라든가 특징까지도 자세히 기억하고 있어 주위 사람들을 놀라게 했다.

19. (　　)

서울의 한 초등학교에서는 3~4학년을 대상으로 환경 일기장을 나누어 주고 주 1회씩 써 ❶오도록 했다. 학생들은 주어진 과제나 조사 활동 내용을 일기장에 ❷써 가면서 지구온난화의 발생 원인과 그 영향을 ❸배우게 한다. 교실에서의 이론 ❹수업만으로는 환경 파괴의 심각성을 잘 깨닫지 못했던 아이들이 흥미로운 활동을 통해 환경에 대해 더 많은 관심을 가질 것으로 기대된다.

20. (　　)

춘천시는 혼자 사는 노인의 생활을 ❶도울까 봐 '독거노인 공동 생활제'를 운영하고 있다. 이 사업은 대여섯 명의 독거 노인들이 낮 시간 동안 ❷식사든 놀이든 함께 할 수 있도록 공동의 공간을 마련해 주는 것을 내용으로 한다. 공동생활 공간에는 ❸보일러며 취사 도구며 필요한 시설이 설치되고 생활용품은 ❹생활용품대로 별도로 지원된다.

Ⅳ. 다음 밑줄 친 부분과 바꾸어 쓸 수 있는 것을 고르십시오.

1. (　　)

가 : 외출한 사이에 전화가 오면 뭐라고 할까요?
나 : 전화가 오거든 곧 돌아온다고 전해 주세요.

❶ 오자마자　❷ 와도　❸ 오면　❹ 오고는

2. (　　)

가 : 그 회사는 월급을 많이 준다면서요?
나 : 많이 주다니요? 우리 식구 3명이 겨우 먹고 살 정도예요.

❶ 주는 편이에요　❷ 주곤 해요　❸ 주기는요　❹ 주고말고요

3. (　　)

가 : 영수야, 몇 번이나 불렀는데도 왜 대답이 없니?
나 : 죄송해요. 텔레비전을 보느라고 소리를 못 들었어요.

❶ 보고 해서　❷ 보고 보니　❸ 보고 나서　❹ 보고 있어서

4. (　　)

가 : 누가 피아노를 잘 쳐요?
나 : 미선 씨가 눈을 감고도 칠 만큼 아주 잘 쳐요.

❶ 칠 정도로　❷ 칠 수 있게　❸ 치기만 하는데　❹ 치는 중에

5. (　　)

가 : 오늘 퇴근하고 한잔할까요?
나 : 저는 일이 끝나는 대로 할아버지 회갑 잔치에 가야 해요.

❶ 끝나자면　❷ 끝나는 김에　❸ 끝나자마자　❹ 끝나고 해서

6. (　　)

가 : 걷기는 어디서든 쉽게 할 수 있는 운동이니까 열심히 하세요.
나 : 걷기가 건강에 좋은 걸 알면서도 자꾸 차를 타게 돼요.

❶ 알고 해서　❷ 아는데도　❸ 알아야　❹ 아는지

7. (　　)

가 : 건강이 많이 좋아지신 것 같아요.
나 : 네, 담배를 끊고는 많이 좋아졌어요.

❶ 끊고 나서　❷ 끊어 봐야　❸ 끊고 보면　❹ 끊게 되면

8. (　　)

가 : 다음 달에 갈 야유회 장소를 먼저 알아 봤으면 좋겠어요.
나 : 그건 제가 알아보지요.

❶ 알아보기는요　❷ 알아본다지요
❸ 알아보던데요　❹ 알아보겠습니다

9. (　　)

가 : 기회가 올 때 놓치지 않게 뭐든지 미리미리 준비해 놓는 것이 중요하다고 봐요.
나 : 맞아요. 준비가 돼 있지 않으면 기회인 줄 모를 수도 있어요.

❶ 놓치고 나서　❷ 놓치지 말라고
❸ 놓치지 않도록　❹ 놓치지 않아야

10. (　　)

가 : 아르바이트를 그만 두셨다면서요?
나 : 네, 늘 시간에 쫓기다가 보니 공부할 시간이 부족해서요.

❶ 쫓기고 보니　❷ 쫓기는 탓에
❸ 쫓기고 해서　❹ 쫓겼다 하면

11. (　　)

가 : 아침에 왜 늦었어요?
나 : 일찍 출발했는데 지하철이 고장 난 탓에 늦었어요.

❶ 고장 났다고 해서　　❷ 고장 난데다가
❸ 고장 났다니까　　❹ 고장 나는 바람에

12. (　　)

가 : 시험에 또 떨어진다면 어떻게 할 거예요?
나 : 떨어지더라도 포기하지 않고 계속 도전할 거예요.

❶ 떨어져도　　❷ 떨어진다든가
❸ 떨어지는데도　　❹ 떨어지면

13. (　　)

가 : 벌써 서류 작성을 끝내셨네요
나 : 네, 부장님께서 모레 휴가를 가신다기에 서둘러서 끝냈어요.

❶ 가신 반면에　　❷ 가시긴 하는데
❸ 가신다고 해서　　❹ 가신다고 해도

14. (　　)

가 : 지나간 과거보다는 미래가 더 중요하다고 생각해요.
나 : 그렇긴 해도 저는 역사를 모르고서는 미래를 제대로 설계할 수 없다고 봅니다.

❶ 모르고는　　❷ 모르고도　　❸ 몰랐더니　　❹ 몰랐다면야

15. (　　)

가 : 저 집은 부모뿐만 아니라 아이들도 참 성실하군요.
나 : 부모가 바른 모습을 보이면 아이들도 그 모습을 배우는 법이에요.

❶ 배우는 셈이에요　　❷ 배우기 마련이에요
❸ 배우기만 해요　　❹ 배우는 편이에요

16. (　　)

가 : 전 어렸을 때 늦게까지 텔레비전을 보다가 부모님께 자주 혼났었어요.
나 : 우리 부모님은 제가 텔레비전을 보든지 말든지 상관 안 하셨어요.

❶ 볼까 말까　❷ 보건 말건　❸ 보나 마나　❹ 볼지 말지

17. (　　)

가 : 주식투자를 할 때 주의할 점이 있어요?
나 : 주식투자는 수익률이 높은 반면에 원금이 손실될 가능성이 커요.
그러니까 주식에 모든 돈을 다 투자하는 건 위험해요.

❶ 높은 탓에　❷ 높일지도 몰라서　❸ 높기만 해서　❹ 높은 대신에

18. (　　)

가 : 미래에는 어떤 산업 분야가 경쟁력이 있을까요?
나 : 앞으로는 녹색 산업이 세계 경제를 이끌어갈 거라고 봐요.

❶ 이끌어갈 거래요　❷ 이끌어갈 거라고 해요
❸ 이끌어갈 거라고 그래요　❹ 이끌어갈 거라고 생각해요

19. (　　)

가 : 미선 씨한테 이번 금요일에 모임이 있다고 얘기했어?
나 : 응, 그런데 일이 많아서 참석하기 어렵다더라.

❶ 어려울걸　❷ 어렵다던데　❸ 어렵더라고　❹ 어려울 텐데

20. (　　)

가 : 곳곳에 감시카메라가 없는 곳이 없어요.
나 : 범죄 예방에 효과가 있으니까요. 우리 동네만 해도 버스 정류장이랑 골목 입구에
5대나 있어요.

❶ 우리 동네를 보니까　❷ 우리 동네에 있는데
❸ 우리 동네를 봐도　❹ 우리 동네에만 있어도

V. 다음을 읽고 물음에 답하십시오.

[1-2]

가 : 점심 시간인데 같이 식사하러 갑시다.
나 : 저는 도시락을 (㉠). 다음에 같이 가요.
가 : 그래요? 아침에 출근 준비하려면 (㉡) 번거롭지 않아요?
나 : 그렇긴 한데 이제는 사 먹는 음식이 맛없어서 못 먹겠어요.

1. ㉠에 알맞은 것을 고르십시오. (　　)

❶ 싸올걸요　❷ 싸왔는걸요
❸ 싸온 모양이에요　❹ 싸올 뿐이에요

2. ㉡에 알맞은 것을 고르십시오. (　　)

❶ 바쁘거든　❷ 바쁘던데　❸ 바쁠 텐데　❹ 바쁘면서도

[3-4]

가 : 선배님, 제가 다음 주에 연세회사에 면접시험을 보러 가는데 뭘 준비해야 할까요?
나 : 면접관들은 지원자의 얼굴 표정을 보고 많이 판단해. 그러니까 긴장하지 말고 자신 있게 (㉠) 해.
가 : 네, 알겠습니다.
나 : 그리고 깔끔한 인상도 중요하니까 미리 입고 갈 정장도 준비해 (㉡).

3. ㉠에 알맞은 것을 고르십시오. (　　)

❶ 말하듯이　❷ 말하게　❸ 말하든지　❹ 말하도록

4. ㉡에 알맞은 것을 고르십시오. (　　)

❶ 버리고　❷ 놓고　❸ 말고　❹ 있고

[5-6]

가 : 오늘 강원도 지역에는 얼음이 얼었다고 해요.
나 : 6월인데 얼음이 (㉠)? 여름에 얼음이 얼다니 정말 신기해요.
가 : 네, 사실 여름이라고 (㉡) 요즘 기온이 너무 낮았어요.
나 : 이상 기온이 계속되면 여름 추위라는 말이 생기겠군요.

5. ㉠에 알맞은 것을 고르십시오. (　　)

❶ 얼었던가요
❷ 얼었다고요
❸ 얼었다지요
❹ 얼었다면서요

6. ㉡에 알맞은 것을 고르십시오. (　　)

❶ 하자면
❷ 한다기에
❸ 하던데
❹ 하기에는

[7-8]

가 : 해가 갈수록 어린이 안전사고가 늘고 있다지요?
나 : 네. 그런데 그 중에는 부모의 (㉠) 생기는 사고도 적지 않대요.
가 : 저도 들었어요. 부모가 조금만 더 (㉡) 자녀를 안전하게 보호할 수 있을 텐데.

7. ㉠에 알맞은 것을 고르십시오. (　　)

❶ 부주의만큼
❷ 부주의한 끝에
❸ 부주의로 인해
❹ 부주의에 의하면

8. ㉡에 알맞은 것을 고르십시오. (　　)

❶ 신경을 쓴다면
❷ 신경을 쓰고서
❸ 신경을 쓴다던데
❹ 신경을 쓰도록

[9-10]

가 : 지난번 휴가는 어디로 갔다 왔어요?
나 : 개인적인 볼 일도 보고 머리도 (㉠) 제주도에 갔다 왔어요.
가 : 저는 제주도에 한 번도 안 가 봤는데 어떻던가요?
나 : 경치가 어찌나 (㉡) 마치 한 폭의 그림을 보는 것 같았어요.

9. ㉠에 알맞은 것을 고르십시오. (　　)

❶ 식히는 대신에　　❷ 식히는 김에
❸ 식힌 끝에　　❹ 식힐 겸

10. ㉡에 알맞은 것을 고르십시오. (　　)

❶ 아름답던지　　❷ 아름다우니까
❸ 아름답더라도　　❹ 아름답다면

[11-12]

가 : 많이 아픈 것 같던데 좀 더 쉬어야 되는 거 아니에요?
나 : 괜찮아요. 며칠 (㉠) 괜찮아졌어요.
가 : 요즘 계속 무리해서 그래요. 쉬어 가면서 (㉡) 이런 일은 없었을 텐데요.
나 : 건강에 신경 쓰지 않은 제 탓이지요, 뭐.

11. ㉠에 알맞은 것을 고르십시오. (　　)

❶ 쉬었더라도　　❷ 쉬었더니
❸ 쉬었을 텐데　　❹ 쉬었던데

12. ㉡에 알맞은 것을 고르십시오. (　　)

❶ 일한다면　　❷ 일했더니
❸ 일했더라면　　❹ 일했다 하면

[13-14]

가 : 어휴, 이번 달 생활비가 벌써 다 떨어졌네. 아이 장난감을 몇 개 더 사 준 것밖에 없는데.
나 : 아이들 장난감이 생각보다 비싸요. 매번 장난감을 사 주지 말고 저처럼 대여점에서 (㉠) 주세요.
가 : 그런 곳이 있어요?
나 : 네, 안 그래도 이따 오후에 대여점에 갈 건데 (㉡) 영수 엄마것도 빌려 올까요?

13. ㉠에 알맞은 것을 고르십시오. (　　)

❶ 빌리고서는　❷ 빌리더니　❸ 빌려다가　❹ 빌리는데도

14. ㉡에 알맞은 것을 고르십시오. (　　)

❶ 가는 대신에　❷ 가는 반면에
❸ 가는 탓에　❹ 가는 김에

[15-16]

가 : 어제 뉴스 보셨어요? 1년간 찜질방을 돌아다니면서 지갑을 훔쳐온 도둑이 어제 또 찜질방에서 지갑을 훔치다가 현장에서 (㉠).
나 : 네, 저도 봤어요. 그동안 지갑을 도난당한 사람들은 얼마나 속상했을까요?
가 : 그러게요. 그래도 꼬리가 길면 (㉡) 이제라도 도둑을 잡았으니 그마나 다행이지 뭐예요.

15. ㉠에 알맞은 것을 고르십시오. (　　)

❶ 잡았더라고요　❷ 잡게 했더라고요
❸ 잡혔더라고요　❹ 잡아졌더라고요

16. ㉡에 알맞은 것을 고르십시오. (　　)

❶ 밟힌다면　❷ 밟힌다는
❸ 밟히는지　❹ 밟힌다고

[17-18]

가 : 영수 씨, 무슨 고민이라도 있어요?
나 : 사실은 제가 그동안 미선 씨를 짝사랑해 왔거든요. 그런데 요즘 이런 제 마음을 (㉠) 미선 씨가 자꾸 저를 피해요.
가 : 아니, 뭘 그런 걸 가지고 고민하세요? 남자답게 고백하세요.
나 : 그랬다가 오히려 사이가 (㉡) 그러지요.

17. ㉠에 알맞은 것을 고르십시오. (　　)

❶ 알았는지　　❷ 알았는데도
❸ 알았던데　　❹ 알았다면야

18. ㉡에 알맞은 것을 고르십시오. (　　)

❶ 멀어지거든　　❷ 멀어지는 대로
❸ 멀어질까 봐　　❹ 멀어지다가

[19-20]

가 : 주인을 구한 개 이야기 들으셨어요?
나 : 네, 밤 늦게 골목에 쓰러져 있는 주인을 보고 계속 크게 짖어서 다른 사람에게 (㉠)?
가 : 네, 만약 그 개가 그렇게 (㉡) 주인은 아마 길에서 얼어 죽었을 거예요.
나 : 그러고 보면 개만큼 충직한 동물도 없는 것 같아요.

19. ㉠에 알맞은 것을 고르십시오. (　　)

❶ 알렸던가요　　❷ 알렸다니요
❸ 알렸다지요　　❹ 알렸을걸요

20. ㉡에 알맞은 것을 고르십시오. (　　)

❶ 짖지 않았어야　　❷ 짖지 않았더니
❸ 짖지 않을수록　　❹ 짖지 않았다면

Ⅵ. 다음을 읽고 물음에 답하십시오.

[1-2]

요즘 여가 활동으로 등산을 즐기는 사람이 많아지면서 등산복에 대한 인식이 달라지고 있다. 등산복은 (㉠) 활동하기도 편해서 일상생활을 할 때 입어도 좋은 옷이라는 생각을 갖게 된 것이다. 그래서 집에서나 가벼운 외출을 할 때도 등산복을 찾는 사람들이 많아지고 있다. 여가 활동의 변화가 일상생활의 옷(㉡) 변화시킨 것이다.

1. ㉠에 알맞은 것을 고르십시오. (　　)

❶ 가벼울 뿐만 아니라　　❷ 가볍다기보다
❸ 가볍다고 해도　　❹ 가벼운 반면에

2. ㉡에 알맞은 것을 고르십시오. (　　)

❶ 이라도　　❷ 까지　　❸ 이라서　　❹ 처럼

[3-4]

건강에 대한 관심이 늘어나면서 많은 사람들이 운동의 필요성을 인식하고 있다. 그러나 자신의 건강상태와 체력이 (㉠) 무리하게 운동을 하는 경우가 종종 있다. 운동을 할 때는 먼저 자신에게 맞는 운동을 잘 골라야 한다. 또한 갑자기 무리한 운동을 하지 말고 조금씩 강도를 (㉡) 꾸준히 운동하는 습관을 들여야 한다.

3. ㉠에 알맞은 것을 고르십시오. (　　)

❶ 좋지 않건　　❷ 좋지 않은데도
❸ 좋지 않고 해서　　❹ 좋지 않은 듯이

4. ㉡에 알맞은 것을 고르십시오. (　　)

❶ 높으면서　　❷ 높아지면서
❸ 높여 가면서　　❹ 높게 되면서

[5-6]

강릉에 사는 한 남성이 잃어버렸던 지갑을 30년 만에 되찾았다. 지갑 주인인 이철환 씨는 오래 전에 잃어버렸던 지갑을 (㉠) 그저 놀라울 따름이라며 감격했다. 지갑 속에는 현금과 부모 사진, 그리고 결혼하기 전 아내와 사귀었을 때 찍은 사진 두 장이 남아 있었다. 이 씨는 "지갑과 함께 추억도 (㉡). 주인을 찾아 주려고 애쓴 많은 사람들에게 감사한다."고 말했다.

5. ㉠에 알맞은 것을 고르십시오. (　　)

❶ 받아들고는　❷ 받아들었더니
❸ 받아들어다가　❹ 받아들면서도

6. ㉡에 알맞은 것을 고르십시오. (　　)

❶ 돌려받을 만했다　❷ 돌려받을 뻔했다
❸ 돌려받은 편이다　❹ 돌려받은 셈이다

[7-8]

우리의 생활 속에는 많은 잘못된 편견이 있다. 그 중에 하나가 여자가 남자보다 수학에 약하다는 것이다. 그러나 여자(㉠) 수학능력이 없는 것은 아니다. 실제로 수학능력이 요구되는 많은 곳에서 컴퓨터 전문가(㉡) 과학기술자로 여성들이 일을 하고 있다. 따라서 부모나 교사는 이러한 편견을 버리고 여학생들에게 다양한 직업을 권하는 태도를 가져야 한다.

7. ㉠에 알맞은 것을 고르십시오. (　　)

❶ 라기에　❷ 라니까
❸ 라고 해도　❹ 라고 해서

8. ㉡에 알맞은 것을 고르십시오. (　　)

❶ 라서　❷ 라야
❸ 라든가　❹ 라도

[9-10]

흔히 한국인은 작은 체격에 비해서 얼굴이 크다고 생각한다. 그러나 한 연구기관이 조사한 자료(㉠) 실제로 서양인보다 얼굴이 작고 팔, 종아리는 30%정도 가늘다고 한다. 이러한 연구는 약의 양을 결정하는 데 중요한 역할을 한다. 왜냐하면 몸에 들어가는 약의 양은 몸의 표면적(㉡) 다르기 때문이다.

9. ㉠에 알맞은 것을 고르십시오. (　　)

❶ 에 의하면　　❷ 를 통해서

❸ 만 해도　　❹ 로 봐서는

10. ㉡에 알맞은 것을 고르십시오. (　　)

❶ 으로는　　❷ 에 따라서

❸ 에 비하면　　❹ 으로 인해

[11-12]

한 조사 결과에 따르면 가족 관계에 대한 전통적 가치관의 변화가 뚜렷이 나타났다. 65세 이상의 서울 시민 가운데 '자녀와 같이 살지 않겠다'는 응답자는 3년 전(㉠) 62%였으나 올해에는 81%로 크게 증가했다. 또 '부모의 노후 생계를 가족이 책임져야 한다'는 응답자가 2006년 61%에서 2008년 37%로 (㉡) '가족과 정부, 사회가 함께 돌봐야 한다'는 답변은 같은 기간 29%에서 48%로 증가했다.

11. ㉠에 알맞은 것을 고르십시오. (　　)

❶ 만큼　　❷ 만으로는

❸ 만 해도　　❹ 은커녕

12. ㉡에 알맞은 것을 고르십시오. (　　)

❶ 줄어들게　　❷ 줄어들듯이

❸ 줄어든 탓에　　❹ 줄어든 반면에

[13-14]

나는 한국으로 공부하러 온 중국 유학생이다. 한국에 온 지도 어느덧 2년이 넘어 이제는 별 어려움 없이 생활하고 있으며 유학생활에 즐거움도 느낀다. 그러나 가끔 몸이 (㉠) 고향 음식이라도 맛보게 될 때는 고향이 무척 그립다. 특히 열심히 (㉡) 맛있는 음식을 정성껏 차려 주신 어머니가 생각날 때 더욱 더 그렇다. 하지만 오늘도 나는 참고 견딘다. 나의 밝은 미래를 위해!

13. ㉠에 알맞은 것을 고르십시오. (　　)

❶ 아프다니까　　❷ 아프다기도
❸ 아프다든가　　❹ 아프다면서

14. ㉡에 알맞은 것을 고르십시오. (　　)

❶ 공부하자면　　❷ 공부하라고　　❸ 공부하도록　　❹ 공부하려고

[15-16]

시대가 빠르게 변해 가고 있는 요즘, 개인주의와 취업난(㉠) 대학가 동아리의 모습도 달라지고 있다. 예전과 달리 친목 도모를 위한 동아리보다는 취업과 관련된 동아리에 학생들이 몰리고 있다. 또한 공부는 물론 생활까지 함께 하는 모임, 이른바 '생활 스터디'가 인기를 끌고 있는데 이 모임은 규칙적인 생활을 서로 (㉡) 서로의 사생활은 간섭하지 않는 특징이 있다.

15. ㉠에 알맞은 것을 고르십시오. (　　)

❶ 으로 인해　　❷ 에 따라서
❸ 으로는　　❹ 에 의하면

16. ㉡에 알맞은 것을 고르십시오. (　　)

❶ 권할 겸　　❷ 권하는 김에
❸ 권하는 듯이　　❹ 권하면서도

[17-18]

여름철 피부 관리는 어떻게 하는 것이 좋을까? 야외 활동 후 얼굴이 화끈거리면 냉찜질을 하는 사람들이 많다. 그러나 냉찜질을 너무 오래 (㉠) 냉기로 인해 피부가 오히려 상할 수 있으므로 3~5분 정도가 적당하다. 외출 시 모자를 쓰는 것이 좋은데 모든 모자가 강한 햇빛을 효과적으로 차단하는 것은 아니다. 눈과 코만 가리는 야구 모자를 (㉡) 얼굴 전체를 가리는 챙이 넓고 큰 모자를 쓰는 것이 좋다.

17. ㉠에 알맞은 것을 고르십시오. (   )

❶ 하다가 보니 ❷ 하다가 보면
❸ 하고 보니 ❹ 하고 해서

18. ㉡에 알맞은 것을 고르십시오. (   )

❶ 쓸 게 아니라 ❷ 쓸 뿐만 아니라
❸ 쓴다는 것이 ❹ 쓰는 것만으로는

[19-20]

잠을 잘 시간이 (㉠) 많은 시간이 소요되는 일을 앞두고 있을 때 그 전에 수면 시간을 늘려 저축해 놓는 것이 효과가 있을까? 한 연구 팀에서 일주일 동안 한 그룹의 사람들에게는 평소 수면 시간보다 더 많이 자도록 하고 다른 그룹의 사람들에게는 평소 수면 시간을 지키도록 했다. 그 후 5일 동안 두 그룹 모두 하루 3시간만 자게 (㉡) 복잡한 작업을 시켰다. 그 결과 미리 잠을 자 둔 그룹이 업무 능력이 떨어지지 않았을 뿐만 아니라 수면 부족에서 회복되는 속도도 빠른 것으로 나타났다.

19. ㉠에 알맞은 것을 고르십시오. (   )

❶ 없는 대신에 ❷ 없는 반면에 ❸ 없을 만큼 ❹ 없다가도

20. ㉡에 알맞은 것을 고르십시오. (   )

❶ 할 겸 ❷ 하고도 ❸ 하는데도 ❹ 하고서

[21-22]

일반적으로 여성의 평균수명이 남성보다 길다고 한다. 그렇다면 남자가 여자보다 빨리 죽는 이유는 무엇일까? 이에 대해 남자가 여자보다 유전적으로 더 약하기 때문이라고 말하는 사람이 (㉠) 남자가 위험한 일을 많이 해서 그만큼 위험에 많이 노출되기 때문이라고 말하는 사람도 있다. 그러나 많은 남성들은 스트레스(㉡) 남성의 수명을 단축시키는 가장 큰 원인이라고 말한다.

21. ㉠에 알맞은 것을 고르십시오. (　　)

❶ 있어 보면　　❷ 있는가 하면
❸ 있다고 하면　　❹ 있다 보면

22. ㉡에 알맞은 것을 고르십시오. (　　)

❶ 야말로　　❷ 조차　　❸ 마저　　❹ 라서

[23-24]

최근 피로 예방, 노화방지 등을 위해 비타민 섭취에 관심을 가지는 사람이 많다. 비타민은 균형이 잡힌 식생활을 통해 자연 식품으로부터 섭취하는 것이 가장 좋다. 그러나 비타민이 몸에 (㉠) 지나치게 먹으면 오히려 해가 될 수가 있다. 예를 들어 비타민 A는 과잉섭취하면 간 기능 장애를 일으킬 수 있으며 비타민 B는 식욕부진이나 구토증상을 일으킬 수 있다. 아무리 좋다고 해도 그것이 지나치면 부족함만 (㉡).

23. ㉠에 알맞은 것을 고르십시오. (　　)

❶ 좋다던데　　❷ 좋을 뿐만 아니라
❸ 좋을 만한데　　❹ 좋다고 해서

24. ㉡에 알맞은 것을 고르십시오. (　　)

❶ 못 한 편이다　　❷ 못 한 법이다
❸ 못 할 뿐이다　　❹ 못 할 모양이다

Ⅶ. 빈칸에 가장 알맞은 것을 고르십시오.

1. 가 : 영수 씨가 출장 갔다가 돌아왔을까요?
   나 : 회사로 연락해 보세요. ______________________.

   ❶ 돌아온 척 해요 ❷ 출장을 가기는요
   ❸ 아마 돌아왔을걸요 ❹ 지난 주에 출장을 갔는걸요

2. 가 : 주말에 남편이 집안일을 많이 도와주지요?
   나 : 많이 도와주기는요. ______________________.

   ❶ 주말에는 자기만 해요
   ❷ 주말에는 자는 모양이에요
   ❸ 청소뿐만 아니라 설거지도 해 줘요
   ❹ 어찌나 많이 도와주는지 다들 부러워해요

3. 가 : 도와 주셔서 정말 고맙습니다.
   나 : 고맙기는요. ______________________.

   ❶ 제가 도와주었을 텐데요 ❷ 도와준 적이 많은걸요
   ❸ 할 일을 했을 뿐이에요 ❹ 미리 일을 할 걸 그랬어요

4. 가 : 주말에 박물관에 갔다 왔다면서요?
   나 : 네, 일요일이라서 그런지 ______________________.

   ❶ 사람들이 많더라고요
   ❷ 역시 박물관이 좋던데요
   ❸ 주말에 사람들이 많았을 거예요
   ❹ 일요일에 박물관에 갈지도 몰라요

5. 가 : 시험 잘 보셨어요?
   나 : 준비한다고 했는데 ______________________.

   ❶ 생각보다 어렵던데요 ❷ 생각보다 어려울걸요
   ❸ 생각보다 어려웠을 거예요 ❹ 생각보다 어려울 뿐이에요

6. 가 : 아직까지 퇴근을 안 하셨어요?
   나 : 그렇지 않아도 ________________.

   ❶ 지금 퇴근할걸요 ❷ 퇴근할 걸 그랬어요
   ❸ 일찍 퇴근하는 법이에요 ❹ 지금 나가려던 참이었어요

7. 가 : 여행을 가려고 하는데 어디가 좋을까요?
   나 : ________________. 한번 가 보세요.

   ❶ 제주도가 아름다울 뿐이에요 ❷ 제주도 여행을 하려던 참이에요
   ❸ 지금 제주도가 참 아름답답니다 ❹ 제주도행 비행기 표가 있을지도 몰라요

8. 가 : 저 내일 고향으로 돌아가요.
   나 : ________________? 갑자기 그게 무슨 말이에요?

   ❶ 고향으로 돌아가지요 ❷ 고향으로 돌아가다니요
   ❸ 고향으로 돌아가던가요 ❹ 고향으로 돌아간다면서요

9. 가 : 어제 내린 눈이 얼어서 길이 아주 미끄러워요.
   나 : 네, 저도 오다가 ________________.

   ❶ 길이 미끄럽던데요 ❷ 넘어지게 마련이에요
   ❸ 내일도 눈이 올 모양이에요 ❹ 몇 번이나 넘어질 뻔했어요

10. 가 : 영화표가 다 매진됐대요.
    나 : 이럴 줄 알았더라면 ________________.

    ❶ 영화표가 매진될 만해요 ❷ 지난주에 영화를 봤을 텐네요
    ❸ 매진되나니 믿을 수 없어요 ❹ 미리 예매해 놓을 걸 그랬어요

11. 가 : 얼마 전에 직장을 옮기셨다고 들었어요. 새 직장은 어떤가요?
    나 : 지금 직장이 ________________. 집에서도 더 멀고요.

    ❶ 이전 직장만 해요 ❷ 이전 직장만 못해요
    ❸ 이전 직장만큼 좋아요 ❹ 이전 직장인 셈이에요

12. 가 : 못 보던 사진기군요. 새로 사셨어요?
    나 : 네, ________________. 그래서 할 수 없이 또 하나 샀어요.

❶ 새 사진기가 비싸답니다
❷ 새 사진기로 찍으니까 사진이 잘 나왔네요
❸ 쓰던 사진기를 여행 갔다가 잃어버렸거든요
❹ 여행 가면 쓰던 사진기를 잃어버리곤 했어요

13. 가 : 밖에 오래 계셔서 ________________ 따뜻한 차 한 잔 드시지요.
    나 : 고마워요. 잘 마실게요.

❶ 많이 춥던데　　❷ 춥다고 해도
❸ 많이 추우신 만큼　　❹ 많이 추우셨을 텐데

14. 가 : 유학생활을 하기가 힘들지요?
    나 : ________________배울 것이 많아서 재미있어요.

❶ 좀 힘들더니　　❷ 좀 힘들긴 한데
❸ 힘든 것은 물론　　❹ 좀 힘든 데다가

15. 가 : 이번 시험 결과가 어떻게 나왔어요?
    나 : ________________성적은 그리 좋지 않아요.

❶ 시험을 보다가도　　❷ 열심히 공부했는데도
❸ 시험 결과가 나쁜 만큼　　❹ 공부를 하지 않을까 봐

16. 가 : 일이 잘 돼서 사장님께서 좋아하셨지요?
    나 : 네, ________________칭찬을 하셨어요.

❶ 눈이 빠지도록　　❷ 목이 터지도록
❸ 손이 발이 되도록　　❹ 입에 침이 마르도록

17. 가 : 우리 축구팀 경기 보셨어요? 정말 대단했어요.
    나 : 네, ________________ 온통 그 얘기뿐이네요.

❶ 우리가 축구를 했었더라면　　❷ 우리 팀이 경기를 했다면야
❸ 오늘 사람들이 모였다 하면　　❹ 오늘도 축구 경기를 했다면

18. 가 : 연극에서 그 배우 혼자 열 명 역할을 했대요.
    나 : ____________________ 믿을 수 없어요.

❶ 혼자만으로 그 많은 역할을 하기에는
❷ 한 사람이 그렇게 많은 역할을 하다니
❸ 혼자 그렇게 많은 역할을 할 게 아니라
❹ 어디 한 사람이 그렇게 많은 역할을 해서야

19. 가 : 어제 본 공연이 어땠어요?
    나 : ____________________ 끝나기 전에 한번 가서 보세요.

❶ 가족들하고 볼 만하다기에
❷ 시간을 내서 가서 본다 본다 하는 게
❸ 무대 의상이 멋있는 데다가 내용도 재미있었을 덴네
❹ 배우들이 연기를 잘 할 뿐만 아니라 내용도 재미있던데

20. 가 : 요즘 젊은이들은 다들 큰 도시에 살고 싶어 하죠?
    나 : ____________________ 조용한 시골에 살고 싶어 하는 젊은이들도 있어요.

❶ 큰 도시에 살고 싶어 하는 젊은이들이며
❷ 큰 도시에 살고 싶어 하는 젊은이들 대신에
❸ 큰 도시에 살고 싶어 하는 젊은이들이 있다가 보니
❹ 큰 도시에 살고 싶어 하는 젊은이들이 있는가 하면

Ⅷ. 밑줄 친 부분을 같은 의미로 바꾸어 쓴 것을 고르십시오.

1. (   )
   가 : 아이 독서 발표회가 어땠어요? 발표를 잘 하던가요?
   나 : 긴장을 했는지 목소리가 모기 소리만큼 작았어요.

❶ 목소리가 모기 소리만 했어요
❷ 목소리가 모기 소리만 못했어요
❸ 모기 때문에 소리가 들리지 않았어요
❹ 목소리가 쉬어서 모기 소리만큼 들려요

2. (　　)

가 : 그 이야기가 정말이에요?

나 : 네, 저는 들은 것과 똑같이 전했을 뿐이에요.

❶ 들은 김에 말한 거예요

❷ 듣자마자 전했을 뿐이에요

❸ 들은 대로 말하기만 했어요

❹ 듣지 않았더라면 전할 수 없었어요

3. (　　)

가 : 연락도 없이 갑자기 오셔서 준비할 시간이 없었어요.

나 : 그래도 많이 준비하셨네요.

❶ 갑자기 오실 텐데

❷ 갑자기 연락을 하기에는

❸ 연락하지 않고 갑자기 오느라고

❹ 연락도 없이 갑자기 오시는 바람에

4. (　　)

가 : 여행 잘 다녀오셨어요? 그곳 바다가 어떻던가요?

나 : 바다가 아주 깨끗하고 맑아서 바닷속이 다 보였어요.

❶ 깨끗하고 맑더라도

❷ 깨끗하고 맑고 해서

❸ 아주 깨끗하고 맑아야

❹ 어찌나 깨끗하고 맑던지

5. (　　)

가 : 남은 음식을 포장해 줄 수 있어요?

나 : 그럼요, 당연히 해 드리지요. 손님, 잠깐만 기다려 주세요

❶ 해 드리고말고요

❷ 물론 해 드렸었지요

❸ 그렇게 해 드리는 것만 못해요

❹ 그렇게 해 드렸다면야 얼마나 좋겠어요

6. (　　)

가 : 벌써 책을 다 읽었어요?

나 : 이제 한 페이지 남았으니까 다 읽은 거나 마찬가지예요.

❶ 읽어 버렸어요　　❷ 읽은 셈이에요

❸ 읽기에 달려 있어요　　❹ 읽으려던 참이에요

7. (　　)

가 : 휴대 전화를 사려고 하는데요.

나 : 이 휴대전화가 디자인이 예쁜 것은 물론 성능도 좋아요.

❶ 디자인이 예쁜 만큼

❷ 디자인이 예쁘기보다

❸ 디자인이 예쁘고 해서

❹ 디자인이 예쁠 뿐만 아니라

8. (　　)

가 : 영수 씨 송별회에 왜 안 오셨어요?

나 : 아무도 연락을 안 해 줬어요. 연락을 해 줬으면 당연히 갔겠지요.

❶ 연락을 해 줬어도 안 갔을 거예요

❷ 연락을 받긴 했는데 바빠서 못 갔어요

❸ 연락을 받았다면야 당연히 참석했겠지요

❹ 연락을 한다 한다 하는 게 바빠서 못했어요

9. (　　)

가 : 스트레스가 쌓이면 어떻게 푸세요?

나 : 가끔 술을 마시기도 하지만 수로 운동하면서 스트레스를 풀어요.
땀을 흘리고 나면 기분이 상쾌해지잖아요

❶ 운동으로 스트레스를 풀곤 해요

❷ 운동을 해서 스트레스가 풀린 척해요

❸ 운동만으로는 스트레스가 풀리지 않아요

❹ 운동을 하면 스트레스가 풀리는 법이에요

10. (　　)

가 : **돈이 많으면 걱정도 없고 행복할 것 같아요.**

나 : **그렇지 않아요.** <u>어떻게 마음을 먹느냐에 따라서 행복할 수도 있고 불행할 수도 있어요</u>.

❶ 누구나 마음만 먹으면 행복해요
❷ 행복은 마음먹기에 달려 있어요
❸ 마음을 먹었더니 행복할 뿐이에요
❹ 경우에 상관없이 마음만 먹으면 돼요

11. (　　)

가 : **어떻게 이렇게 좋은 일자리를 찾았어요?**

나 : <u>오랫동안 여기저기 알아보고 나서</u> **찾게 되었어요.**

❶ 여기저기 알아본 끝에
❷ 여기저기 알아보는 편이라서
❸ 알아본다고 해도 소용없지만
❹ 일자리를 찾을 겸 알아보니까

12. (　　)

가 : **한 달째 기침을 하는데 병원에 한번 가 보시지요.**

나 : <u>병원에 갈 생각은 하고 있지만</u> **바빠서 자꾸 미루게 돼요.**

❶ 병원에 갈 생각만 하면
❷ 병원에 간다 간다 하는 게
❸ 병원에 간 셈이나 마찬가지지만
❹ 병원에 가는 것만으로는 부족하지만

13. (　　)

가 : **영수 씨 오랜만이에요. 그 동안 잘 지내셨지요?**

나 : **네, 덕분에요. 그런데 다음 달에 미국으로** <u>유학을 간다고 들었는데 그게 사실이에요</u>?

❶ 유학을 가다니요　　❷ 유학을 가던가요
❸ 유학을 간다면서요　　❹ 유학을 갈 뿐이지요

14. (　　)

가 : 요즘은 맞벌이 하는 부부가 많은 것 같아요.

나 : 교육비며 생활비며 물가가 다 올라서 남편이 혼자 버는 돈 가지고 생활하기 힘드니까요.

❶ 남편이 버는 돈만으로는 ❷ 남편이 일을 한다고 해도

❸ 남편이 돈을 벌다가 보면 ❹ 남편이 혼자 돈을 가지는 탓에

15. (　　)

가 : 단 음식은 먹지 않으시는군요. 좋은 식습관이에요.

나 : 입맛도 변하더라고요. 전에는 단 음식을 자주 먹었는데 이제는 단 음식에 손이 가지 않아요.

❶ 예전에는 자주 먹었었어요 ❷ 단 음식이 건강에 해롭거든요

❸ 오래 먹다 보니 입맛이 변했어요 ❹ 전에는 음식에 손이 많이 가곤 했어요

16. (　　)

가 : 민수 씨한테 무슨 일이 있어요? 오늘 웃지도 않고 좀 이상하군요.

나 : 네, 표정이 어두운 걸 보니까 안 좋은 일이 있나 봐요.

❶ 안 좋은 일이 있거든요

❷ 안 좋은 일이 있고말고요

❸ 안 좋은 일이 있더라고요

❹ 안 좋은 일이 있는 모양이에요

17. (　　)

가 : 공연을 자주 보세요?

나 : 한 달에 두세 번 보러 가니까 자주 본다고 할 수 있어요.

❶ 자주 볼 뿐이에요 ❷ 자주 보는 편이에요

❸ 자주 보는 법이에요 ❹ 자주 보게 마련이에요

18. (　　)

가 : 민철 씨가 이번에 자기 집을 장만했다던데요.

나 : 네, 예전부터 돈을 알뜰하게 모아서 결국 좋은 집을 샀어요.

❶ 돈을 낭비하지 않고 해서 ❷ 알뜰하게 돈을 모으다 보면

❸ 예전부터 돈을 알뜰하게 모으고도 ❹ 예전부터 돈을 알뜰하게 모으더니

19. (　　)
가 : 그 사람은 참 운이 좋은 것 같아요. 하는 일마다 잘 되는 걸 보면요.
나 : 아무리 운이 좋다고 해도 노력하지 않았다면야 잘 되지 않았겠지요.

❶ 노력한 끝에 운도 좋았을 거예요
❷ 운이 좋았더라면 일이 모두 잘 됐을 거예요
❸ 노력하지 않아도 운이 좋으면 성공하는 법이에요
❹ 운도 운이지만 일이 잘 된 건 노력의 결과라고 봐요

20. (　　)
가 : 죄를 지었을 때 지위에 따라서 처벌의 정도가 다른 것 같아요.
나 : 그래서는 안되지요. 지위에 상관없이 죄를 지었으면 죄값을 치러야지요.

❶ 지위가 높든 낮든
❷ 지위가 높은 만큼
❸ 지위가 높은 대신에
❹ 지위가 있다고 해도

Ⅸ. 제시된 표현을 순서대로 모두 사용해 한 문장으로 쓰십시오.

1.
친구가 오해하다 / 사실을 알다 / 모르다

____.

2.
지금 어렵다 / 열심히 노력하다 / 좋은 결과가 있다

____.

3.
다들 기다리다 / 늦다 / 모임에 나가다

____.

4.

표가 있다 / 애완견을 동반하다 / 고속버스를 탈 수 없다

____.

5.

일이 일찍 끝나다 / 소설책을 빌리다 / 집에서 읽다

____.

6.

내가 너이다 / 그 사람이 화를 내다 / 같이 화를 내지는 않았다

____.

7.

요금이 비싸다 / 작고 편리하다 / 새로 나온 휴대전화가 아주 인기가 있다

____.

8.

높은 산이다 / 밤에 춥다 / 따뜻한 옷을 가져가다

____.

9.

학원에 보내다 / 혼자 스스로 공부할 수 있다 / 해 주다

____.

10.

놀기를 좋아하다/ 결혼하다/ 사람이 달라지다

____.

11.

불경기이다/ 대학을 졸업하다/ 취직이 잘 안 되다

____.

12.

내용이 어렵다 / 책을 여러 번 읽다 / 이해하지 못하다

____.

13.

꼼꼼한 사람이다 / 일을 하다 / 실수하다

____.

14.

첫인상이 나쁘다 / 자주 만나다 / 정이 들다

____.

15.

운동을 하다 / 일이 생기다 / 못하다

____.

16.

오늘까지 일을 끝내다 / 사람이 더 필요하다 / 도움을 청하다

____.

17.

바람이 불다 / 우산이 뒤집히다 / 옷이 다 젖다

____.

18.

좋아하는 가수가 나오다 / 자다 / 벌떡 일어나다

______________________________.

19.

퇴근 시간이 지나다 / 밀린 일을 하다 / 정신없이 바쁘다

______________________________.

20.

눈이 나빠지다 / 텔레비전을 보다 / 가까이에서 보지 못하다

______________________________.

종합 연습문제

1회 종합 연습문제

[1-5] **다음 (　　)안에 알맞은 것을 고르십시오.**

1. 가 : 내일 아버지 생신인데 바빠서 찾아뵙지 못할 것 같아.
   나 : 그럼 전화(　　) 드려. 아버지께서 이해해 주실 거야.

   ❶ 조차　❷ 마저　❸ 라도　❹ 만큼

2. 가 : 저녁에 영화를 보지 않을래요?
   나 : 미안해요. 오늘 아버지께서 일찍 (　　) 하셔서 빨리 가 봐야 해요.

   ❶ 들어오자고　❷ 들어오라고　❸ 들어오냐고　❹ 들어왔다고

3. 가 : 이 사진기 고장 난 거 아니에요? 사진이 안 찍히는데요.
   나 : 잘 (　　) 한 번씩 안 될 때가 있어요. 껐다가 다시 켜 보세요.

   ❶ 되고서　❷ 되고 나서　❸ 되다가도　❹ 되다 보면

4. 가 : 매일 학교에 일찍 오시는 걸 보니까 집이 가까운가 봐요.
   나 : 가깝기는요. 버스로 두 시간이나 (　　).

   ❶ 걸리는걸요　❷ 걸리고말고요
   ❸ 걸리는 법이에요　❹ 걸리는 편이에요

5. 가 : 유학 생활을 할 때 누가 도움을 많이 줬어요?
   나 : 문제가 생겼을 때마다 민철 씨가 저를 (　　).

   ❶ 도와주게 했어요　❷ 도와주곤 했어요
   ❸ 도와주도록 했어요　❹ 도와주고 말았어요

[6-9] **다음 중 밑줄 친 부분이 맞는 것을 고르십시오.**

6. (　　)

❶ 아무리 사소한 약속이라도 지켜야 한다.

❷ 휴일이나마 회사에 가야 할 때가 많아요.

❸ 형한테서 물려받은 교복이라야 저한테는 좀 커요.

❹ 거짓말을 밥 먹듯이 하는 사람이야말로 그 말을 믿지 않았어.

7. (　　)

❶ 방이 좀 덥긴 한데 에어컨을 켜야겠어요.

❷ 아침에 입맛이 없어서 죽을 끓였다가 먹었어.

❸ 제 친구들은 만났다 하면 가끔 노래방에 가요.

❹ 나이가 많다고 해서 아무에게나 반말을 하면 안 돼요.

8. (　　)

❶ 날씨가 좋아서 산책을 나가려던 참이었어요.

❷ 제 아내는 집안일과 회사 일을 모두 할 뿐이에요.

❸ 하루에 책을 다섯 권씩 읽으니까 많이 읽는 법이에요.

❹ 학교를 졸업한 지 오래되어서 선생님 이름을 기억할 뻔했어요.

9. (　　)

❶ 날마다 어머니가 나를 깨어 주세요.

❷ 어렸을 때 형이 나를 자주 울었어요.

❸ 자장가는 아이를 재울 때 부르는 노래예요.

❹ 안내 데스크에 맡지 않은 귀중품은 책임지지 않아요.

[10-11] **다음 밑줄 친 부분과 바꾸어 쓸 수 있는 것을 고르십시오.**

10. (　　)

가 : 휴가철이라서 그런지 거리가 <u>한적하군요</u>.
나 : 네, 사람들이 다들 피서를 떠났나 봐요.

❶ 한적하네요　　❷ 한적하답니다
❸ 한적하거든요　　❹ 한적하고말고요

11. (　　)

가 : 오늘은 어제보다 더 추운 것 같아요.
나 : 옷을 그렇게 많이 <u>입고도</u> 추우세요? 추위를 많이 타시나 봐요.

❶ 입었듯이　　❷ 입었고 해서
❸ 입었다고 해도　　❹ 입었으면서도

[12-13] **다음을 읽고 물음에 답하십시오.**

가 : 영수야, 미안하지만 네 공책 좀 빌려 줄 수 있니? 공항에 부모님 (㉠) 오늘 학교에 못 갔거든.
나 : 나도 오늘 몸이 안 좋아서 조금밖에 못 적었는데 그래도 빌려 줄까?
가 : 응. (㉡) 나한테는 도움이 많이 될 거야.

12. ㉠에 알맞은 것을 고르십시오. (　　)

❶ 마중을 갈 겸　　❷ 마중을 가느라고
❸ 마중을 가면서도　　❹ 마중을 가는 김에

13. ㉡에 알맞은 것을 고르십시오. (　　)

❶ 그거라도　　❷ 그거까지
❸ 그거조차　　❹ 그거이라서

[14-15] **다음을 글을 읽고 물음에 답하십시오.**

『빨리 어른이 되고 싶어』는 어린이 (㉠) 어른을 위한 동화책이기도 하다. 아이의 눈높이에 맞춘 다정한 목소리로 속삭이는 동심의 세계는 어른들에게도 자신을 돌아볼 기회를 준다. 작가는 요즘 아이들이 (㉡) 동심의 세계를 잃어버리는 것이 안타까워서 이 책을 썼다고 한다. 모든 아이들이 동심을 잃지 않고 성장해 주기를 바라는 작가의 소망이 담긴 책이라고 할 수 있다.

14. ㉠에 알맞은 것을 고르십시오. (　　)

❶ 만큼　❷ 치고　❸ 라든가　❹ 뿐만 아니라

15. ㉡에 알맞은 것을 고르십시오. (　　)

❶ 크면서도　❷ 크다가 보면　❸ 커 가면서　❹ 크는 탓에

[16-19] **빈칸에 가장 알맞은 것을 고르십시오.**

16. 가 : 요즘도 고향 친구한테서 자주 연락이 와요?
나 : 아니요, 요즘 통 연락이 없는 걸 보니까 ______________.

❶ 한가한가 봐요　❷ 바쁜 모양이에요
❸ 전화를 하게 마련이에요　❹ 일이 많은 척하는 것 같아요

17 가 : 미선 씨가 어디에 있는지 아세요?
나 : ______________ 사무실에 한번 가 보세요.

❶ 정신없이 일하다 보니　❷ 열심히 일하는 척하느라고
❸ 아까 사무실 쪽으로 가던데　❹ 매일 사무실에만 있다가 보면

18. 가 : 항상 즐겁게 사시는데 비결이 뭐예요?
나 : 특별한 건 없어요. 세상만사는 ______________.

❶ 생각한 것보다 쉬울 텐데요　❷ 어떻게 생각하느냐에 달려 있어요
❸ 그렇게 마음먹고 나면 잘 될 거예요　❹ 즐거운 일을 생각하려던 참이었어요

19. 가 : 이사 갈 집은 정하셨어요?
나 : 네, 어제 본 집이 ______________________ .

❶ 전에 살던 집만 못하더라고요
❷ 가까울 뿐인데 그 집이 좋겠군요
❸ 좋았는데 그 집을 살 걸 그랬어요
❹ 값도 싸고 해서 그 집으로 정했어요

[20-21] **밑줄 친 부분을 같은 의미로 바꾸어 쓴 것을 고르십시오.**

20. (　　)
가 : 고향에 도착하면 연락하세요.
나 : 네, 도착하면 바로 전화할게요.

❶ 도착했을 때　　❷ 도착하자마자
❸ 도착할 줄 알고　　❹ 도착하기만 하면

21. (　　)
가 : 요즘 어떤 영화가 볼 만해요?
나 : 지난주에 개봉한 영화가 연일 매진이라고 들었는데 꽤 재미있나 봐요.

❶ 매진이라던데　　❷ 매진이었으면야
❸ 매진이라고 하면　　❹ 매진이라고 해도

[22-23] **제시된 표현을 순서대로 모두 사용해 한 문장으로 쓰십시오.**

22.
토요일이다/ 극장에 사람이 많다 / 미리 예매하다

____.

23.
배가 고프다 / 음식을 보다 / 허겁지겁 먹다

____.

2회 종합 연습문제

[1-5] **다음 ( )안에 알맞은 것을 고르십시오.**

1. 가 : 운동을 하려고 하는데 무슨 운동이 좋을까요?
   나 : 수영( ) 가장 좋은 운동이지요. 수영을 하세요.

   ❶ 마저 ❷ 대로 ❸ 조차 ❹ 이야말로

2. 가 : 지난주에 팔려고 했던 중고 컴퓨터를 제가 살게요.
   나 : 좀 늦었네요. 영수 씨가 ( ) 어제 영수 씨한테 팔았어요.

   ❶ 쓴다기에 ❷ 쓰자기에 ❸ 쓰라기에 ❹ 쓰냐기에

3. 가 : 오늘 미선 씨가 모임에 안 나왔나 봐요.
   나 : 네, 어제 갑자기 할아버지께서 ( ).

   ❶ 돌아가셨네요 ❷ 돌아가시고말고요
   ❸ 돌아가셨대요 ❹ 돌아가시거든요

4. 가 : 어! 프린트기를 바꿨군요.
   나 : 네, 컴퓨터가 오래돼서 컴퓨터를 ( ) 프린트기도 바꿨어요.

   ❶ 바꾸나마나 ❷ 바꾸는 김에
   ❸ 바꾸는 대신에 ❹ 바꾸다가는

5. 가 : 그 많은 일을 언제 다 하셨어요?
   나 : 이번 주에 바쁠 것 같아서 어제 다 ( ).

   ❶ 끝내 버렸어요 ❷ 끝내고 있었어요
   ❸ 끝내고 말았어요 ❹ 끝내 왔어요

[6-9] **다음 중 밑줄 친 부분이 맞는 것을 고르십시오.**

6. (　　)

❶ 내 생일인데 축하한다는 전화조차 없구나.

❷ 그 사람 얘기라야 믿을 만한 게 뭐가 있니?

❸ 영수증만 있으면 교환은커녕 환불도 가능하다는데요.

❹ 도움이 될지 모르겠지만 급하면 저마저 가서 도와드릴까요?

7. (　　)

❶ 이번에 꼭 장학금을 타라고 열심히 공부했어요.

❷ 입사 시험 경쟁률이 200 : 1이라니 대단한데요.

❸ 무슨 일이든지 자신이 직접 하고 보니 실력이 늘어요.

❹ 주말에 갑자기 회사에서 나오느라고 쉬지도 못 했어요.

8. (　　)

❶ 먼저 끓이는 물에 야채를 살짝 데치세요.

❷ 자는 사람이 깨우지 않게 조용히 들어오세요.

❸ 아이와 이야기할 때는 눈높이를 맞춰 주세요.

❹ 아르바이트 한 경험이 살려서 이 일을 시작했어요.

9. (　　)

❶ 할아버지, 아버지가 오늘 좀 늦으신대요.

❷ 손님, 요즘 새로 나오신 이 옷은 어떠세요?

❸ 요즘 부모님께서 많이 편찮으셔서 걱정이에요.

❹ 시골에 계신 어머니께서 저를 뵈러 서울에 오셨어요.

[10-11] **다음 밑줄 친 부분과 바꾸어 쓸 수 있는 것을 고르십시오.**

10. (　　)

가 : 요즘은 일교차가 크니까 외출할 때 겉옷을 챙겨 가세요.
나 : 네, 저도 어제 반팔을 입고 나갔는데 저녁에는 꽤 <u>쌀쌀하더라고요</u>.

❶ 쌀쌀하다고요　　❷ 쌀쌀하답니다
❸ 쌀쌀할 텐데요　　❹ 쌀쌀하던데요

11. (　　)

가 : 미선 씨 소식 들은 거 있어요?
나 : 아니요, 고향에 돌아가면 곧 연락을 하겠다더니 1년이 다 <u>시닐 때까지</u> 연락이 없네요.

❶ 지나고서　　❷ 지나도록
❸ 지나자마자　　❹ 지나자면

[12-13] **다음을 읽고 물음에 답하십시오.**

가 : 미선아, 오늘 중요한 발표가 (㉠) 발표는 잘 했니?
나 : 잘 하기는요. 어찌나 떨리던지 갑자기 아무 생각도 안 나더라고요. 무슨 말을 했는지 하나도 기억이 안 나요.
가 : 발표하기 전에 미리 충분히 (㉡).
나 : 네, 그랬다면 그렇게 떨지 않았을 거예요.

12. ㉠에 알맞은 것을 고르십시오. (　　)

❶ 있다더니　　❷ 있는가 하면　　❸ 있다면야　　❹ 있더라도

13. ㉡에 알맞은 것을 고르십시오. (　　)

❶ 연습하곤 해　　❷ 연습하겠네
❸ 연습했다더라　　❹ 연습했어야지

[14-15] **다음을 글을 읽고 물음에 답하십시오.**

휴대전화의 큰 장점 중의 하나는 문자 메시지 기능이다. 직접 통화를 할 경우, 안부나 인사말을 (㉠) 몇 분이 지나가 버리지만 문자 메시지는 중요한 것만 전달하기 때문에 시간과 비용이 크게 절약된다. 또한 통화가 되지 않아도 문자 메시지를 남기면 상대방이 편한 시간에 전화를 걸거나 답을 보내줘서 편리하다. 답을 보낼 때는 생각하고 답을 (㉡) 시간을 주는 것도 큰 매력이다.

14. ㉠에 알맞은 것을 고르십시오. (　　)

❶ 나누다가 보면　　❷ 나누고 해서
❸ 나누다가 보니　　❹ 나눈다고 해도

15. ㉡에 알맞은 것을 고르십시오. (　　)

❶ 하고는　　❷ 하는지
❸ 하도록　　❹ 하고도

[16-19] **빈칸에 가장 알맞은 것을 고르십시오.**

16. 가 : 미선 씨, 도움을 드리지 못해서 미안해요.
나 : 무슨 말씀이세요? ______________________.

❶ 도와주기에는 적당했는데요
❷ 덕분에 많은 용기를 얻었는걸요
❸ 용기가 있으면 도와 준 셈이에요
❹ 좀 더 여유가 있었더라면 좋았을 텐데요

17. 가 : 오후에 찜질방에 가려고 해요.
나 : ______________________ 전화해 보고 가세요.

❶ 쉬었건 안 쉬었건　　❷ 쉬는 날이 있는가 하면
❸ 쉬는 사람이 있긴 한데　　❹ 쉬는 날일지도 모르니까

18. 가 : 선생님은 어떻게 자녀교육을 하세요?
    나 : 저는 무조건 다 해 주기보다는 ________________ .

❶ 아이에게 기회를 주고 말았어요
❷ 기회를 주면 아이가 잘 할 텐데요
❸ 아이가 스스로 하게 기회를 주어요
❹ 아이가 스스로 기회를 만드는 편이에요

19. 가 : 이 정도 음식이면 충분할까요?
    나 : 손님이 10명쯤 온다던데 ________________ .

❶ 더 만들려던 참이었어요
❷ 많이 먹을까 봐 많이 만들었어요
❸ 손님이 음식을 안 먹을지도 몰라요
❹ 다 같이 먹기에는 좀 부족할 것 같아요

[20-21] **밑줄 친 부분을 같은 의미로 바꾸어 쓴 것을 고르십시오.**

20. (   )
    가 : 보고서를 쓰레기인 줄 알고 버렸나 봐요. 빨리 쓰레기장에 가 봐야겠어요.
    나 : 날마다 쓰레기를 수거해 가는데 지금 가 봐도 소용없을걸요.

❶ 가 보면 없을지도 몰라요
❷ 빨리 찾으면 찾을수록 좋아요
❸ 가 보나마나 찾지 못할 거예요
❹ 소용이 없다고 해도 찾아봐야지요

21. (   )
    가 : 가족들과 등산을 자주 가시는 것 같아요.
    나 : 네, 가족들과 시간을 보내고 쌓인 스트레스를 풀려고 산에 가는 자주 편이에요.

❶ 가족들과 같이 스트레스를 풀다가 보면
❷ 가족들과 시간도 보낼 겸 스트레스도 풀 겸
❸ 가족들과 시간을 보내다가도 스트레스가 쌓이면
❹ 가족들이 시간을 보내는 탓에 스트레스를 받아서

[22-23] **제시된 표현을 순서대로 모두 사용해 한 문장으로 쓰십시오.**

22.

날씨가 맑다 / 갑자기 흐려지다 / 곧 소나기가 오다

____.

23.

금강산도 식후경 / 밥부터 먹다 / 일하다

____.

3회 종합 연습문제

[1-5] 다음 ( )안에 알맞은 것을 고르십시오.

1. 가 : 과장님, 제가 야유회 일정을 짜 봤는데, 문제가 없는지 좀 봐 주시겠습니까?
   나 : 괜찮은데요. 이 일정( ) 준비해 주세요.

   ❶ 대로 ❷ 이며 ❸ 마저 ❹ 은커녕

2. 가 : 내일 건강 검진을 받으려면 저녁을 ( )?
   나 : 꼭 그런 건 아니고 밤 9시 이후에 아무것도 먹지 말래요.

   ❶ 굶는다지요 ❷ 굶었다지요 ❸ 굶겠다지요 ❹ 굶으라지요

3. 가 : 이십 년 만에 고등학교에 다시 가보니까 어땠어?
   나 : 학교가 많이 ( ). 예전 모습을 거의 찾아볼 수 없었어.

   ❶ 변했네 ❷ 변했더라 ❸ 변했을걸 ❹ 변했고말고요

4. 가 : 인제 이성 친구가 있었으면 좋겠다는 생각이 들어요?
   나 : 비 오는 날 같이 우산을 ( ) 다정하게 걸어가는 연인을 보면 그런 생각이 들어요.

   ❶ 쓰고도 ❷ 쓰고서 ❸ 쓰는데도 ❹ 쓰고 나서

5. 가 : 학교 근처에 큰 전자제품 매장이 문을 열었다지요?
   나 : 네, 다양한 제품을 ( ) 벌써부터 찾는 사람들이 많은가 봐요.

   ❶ 갖추고 봐서 ❷ 갖추고 말아서
   ❸ 갖춰 놓아서 ❹ 갖춰 버려서

[6-9] **다음 중 밑줄 친 부분이 맞는 것을 고르십시오.**

6. (　　)

❶ 소설 말고 다른 책은 없어요?

❷ 그 친구는 초보 운전자치고 아주 운전을 못했어요.

❸ 그 조건만으로는 취직하기가 쉬울 것 같습니다.

❹ 그 사람이 나한테 해준 말은 조금이나마 위로가 되지 못했어.

7. (　　)

❶ 친구가 병원에 입원하고 해서 병문안을 왔어요.

❷ 당장 뭘 해야 할지 모르겠거든 주위를 잘 살펴봤어요.

❸ 시간 관리를 잘하는 바람에 목표를 이룰 수 있었어요.

❹ 얼마 전까지 기침을 심하게 하시더니 이제 다 나으셨나 봐요.

8. (　　)

❶ 그가 벌써 도착할 텐데 빨리 집에 들어가지 그래요?

❷ 뭐든지 최선을 다했어야 후회가 남지 않는 법이에요.

❸ 퇴근 시간 전까지 일을 끝내자면 좀더 서둘러야 해요.

❹ 중도에 포기하지 않고 끝까지 뛰는 끝에 금메달을 목에 걸게 되었어요.

9. (　　)

❶ 그 사람은 다른 사람에게 절대로 속이지 않아요.

❷ 경찰이 곧바로 범인의 뒤를 쫓겼지만 놓치고 말았대요.

❸ 폭설이 내렸을 때 남의 집 앞에 눈을 쌓여 놓으면 안됩니다.

❹ 책임감이 없는 사람을 그런 중요한 자리에 앉힐 수 없습니다.

[10-11] **다음 밑줄 친 부분과 바꾸어 쓸 수 있는 것을 고르십시오.**

10. (　　)

가 : 약속이 있어서 저 먼저 가 봐야겠습니다. 미안합니다.
나 : 미안하다니요? 지금까지 함께 해주신 것만 해도 저희에게는 도움이 많이 됐어요.

❶ 미안하지요　❷ 미안하기는요
❸ 미안하던가요?　❹ 미안하다면서요?

11. (　　)

가 : 비행기 표가 없어서 동생 결혼식에 못 갈지도 모른다고요? 미리 예약해 두지 그랬어요.
나 : 그랬다면 걱정할 필요도 없겠지요. 저도 지금 후회하고 있어요.

❶ 그랬더니　❷ 그랬다가는
❸ 그랬으면야　❹ 그러고 보니

[12-13] **다음을 읽고 물음에 답하십시오.**

가 : 방학 때 서울에서 멀지 않은 곳으로 여행을 갈까 하는데 같이 가실래요?
나 : 어디로 가실 계획인데요?
가 : (㉠) 수원 화성 같은 유적지로 갈까 해요. 친구가 가 봤는데 역사적인 의미도 있고 경치도 아름답다고 하더군요.
나: 유적지라면 저도 꼭 가고 싶어요. 요즘 한국 역사에 관심이 많이 (㉡).

12. ㉠에 알맞은 것을 고르십시오. (　　)

❶ 강화도는　❷ 강화도라도　❸ 강화도야말로　❹ 강화도라든가

13. ㉡에 알맞은 것을 고르십시오. (　　)

❶ 생겼거든요　❷ 생겼는걸요
❸ 생겼을 텐데요　❹ 생겼을 뿐이에요

[14-15] 다음을 글을 읽고 물음에 답하십시오.

생활하면서 손쉽게 실천할 수 있는 에너지 절약 방법에는 어떤 것이 있을까? 우선 가습기를 (㉠) 실내 화초를 키워보자. 집안에서 키우는 식물은 습도를 맞춰주고 공기를 맑게 해주는 역할을 한다. 다음으로 컴퓨터, 휴대전화 충전기 등 전기제품을 쓰지 않을 때는 플러그를 뽑아두자. 이런 것들은 많은 사람들이 알고 (㉡) 놓치기 쉬운 에너지 절약법이다.

14. ㉠에 알맞은 것을 고르십시오. (　　)

❶ 사용하는 만큼　　❷ 사용하는 반면에
❸ 사용하는 대신에　　❹ 사용하긴 하는데

15. ㉡에 알맞은 것을 고르십시오. (　　)

❶ 있고는　　❷ 있고서는
❸ 있는지　　❹ 있으면서도

[16-19] 빈칸에 가장 알맞은 것을 고르십시오.

16. 가 : 손님, 좌석은 어느 쪽으로 예약해 드릴까요?
나 : ____________________ 저는 상관없어요.

❶ 흡연석이며 금연석이며
❷ 창가 쪽이든 통로 쪽이든
❸ 앞쪽이라든가 뒤쪽이라든가
❹ 옆쪽 대신에 가운데 쪽으로

17. 가 : 왜 이렇게 늦게 들어왔니? 걱정했잖아.
나 : 죄송해요. ____________________ 시간 가는 줄 몰랐어요.

❶ 친구를 오래간만에 만난 만큼
❷ 오래간만에 친구하고 놀다가도
❸ 친구를 만나서 재미있게 놀다 보면
❹ 오랜만에 친구를 만나서 놀다가 보니

18. 가 : 그 섬은 크기가 어떻습니까? 제주도하고 비슷합니까?
    나 : 그렇지 않아요. 그곳은 ____________________.

❶ 제주도만큼 큽니다
❷ 제주도 반만 합니다
❸ 제주도 반민 못합니다
❹ 제주도와 비슷한 셈입니다

19. 가 : 국내 경기가 점점 더 나빠지고 있다지요?
    나 : 네, 경제 전문가 말에 의하면 ____________________.

❶ 경기가 점점 나빠지는 편입니다
❷ 곧 국내 대기업들도 문을 닫고 말겠습니다
❸ 빠른 시일 내에 경기가 회복 안될 게 뻔해요.
❹ 이러다가는 대기업 중에서도 문을 닫는 회사가 나올 거래요

[20-21] 밑줄 친 부분을 같은 의미로 바꾸어 쓴 것을 고르십시오.

20. (   )
가 : 너는 무서운 영화를 봐도 놀라지 않는 걸 보니까 겁이 없나 봐.
나: 저도 무서웠는데 <u>남들한테 약하게 보이기 싫어서 참았어요</u>.

❶ 남들 앞에서 강한 척한 거예요
❷ 남들한테 약해 보이기만 했어요
❸ 남들이 강해 보인다기에 참았어요
❹ 남들 앞에서 강해 보일까 봐 참았어요

21. (   )
가 : 어제 경기가 끝난 후에 사람들이 박 선수를 비난하던데 그 이유가 뭐예요?
나 : 박 선수가 <u>우리 선수에게 공을 주려고 했지만</u> 실수로 상대 선수에게 공을 줘서 우리 팀이 졌어요

❶ 우리 선수가 있든지 말든지
❷ 우리 선수에게 공을 줬는데도
❸ 우리 선수한테서 공을 빼앗더니
❹ 우리 선수에게 공을 준다는 것이

[22-23] **제시된 표현을 순서대로 모두 사용해 한 문장으로 쓰십시오.**

22.

말이 나오다 / 책에 소개되어 있다 / 요리를 해보다

____.

23.

게임을 하다 / 컴퓨터 앞에 오래 앉아 있다 / 허리가 아프다

____.

4회 종합 연습문제

[1-5] **다음 (　　　)안에 알맞은 것을 고르십시오.**

1. 가 : 제 테니스 실력이 형편없어요.
   나 : 아니에요, 일주일 배운 것(　　　) 아주 잘 하시는데요.

   ❶ 대로　　❷ 말고　　❸ 치고　　❹ 은커녕

2. 가 : 어머니 좀 나갔다 올게요.
   나 : 그래. 오후에 비가 (　　　) 하니까 우산 챙겨 가라.

   ❶ 온다고　　❷ 오라고　　❸ 오자고　　❹ 오냐고

3. 가 : 미선 씨 결혼식에 못 가신다면서요?
   나 : 네, 죄송하지만 이거 제 축의금인데 결혼식에 (　　　) 좀 내 주시겠어요?

   ❶ 가듯이　　❷ 가던데　　❸ 가거든　　❹ 가라고

4. 가 : 집에서 직접 과자를 만들어서 먹어요?
   나 : 어렵지 않아요. 혼합된 재료를 (　　　) 설명서대로 굽기만 하면 돼요.

   ❶ 사자면　　❷ 사도록　　❸ 사는지　　❹ 사다가

5. 가 : 얼굴에 빨갛게 뭐가 났는데요?
   나 : 얼마 전에 화장품을 바꿨더니 그래요. 제 피부가 좀 (　　　).

   ❶ 민감한 편이에요　　❷ 민감하다고요
   ❸ 민감하고말고요　　❹ 민감하게 마련이에요

[6-9] **다음 중 밑줄 친 부분이 맞는 것을 고르십시오.**

6. (   )

❶ 갑자기 일이 생기는 김에 가족 모임에 갔어요.

❷ 신청서와 도장을 갖고 오셔야 신청할 수 있어요.

❸ 조금만 양보하는데도 교통사고가 나지 않았을 거예요.

❹ 회원들 모두가 볼 수 있듯이 게시판에 올려 놓으세요.

7. (   )

❶ 서로 도와 오면서 살아야지요.

❷ 드디어 제가 일등을 하고 말았어요.

❸ 잊어버리지 않게 수첩에 적어 버리세요.

❹ 나중에 필요할지도 몰라서 미리 사 놓았어요.

8. (   )

❶ 사귀던 여자 친구한테 찼어요.

❷ 밤마다 누군가에게 쫓는 꿈을 꿔요.

❸ 머리 모양을 바뀌어 봤는데 좀 어때요?

❹ 밤에 모기한테 물려서 한숨도 못 잤어요.

9. (   )

❶ 영수 씨, 여기 계시던 지갑 못 보셨어요?

❷ 첫 월급을 받아서 모두 어머니께 드렸어요.

❸ 미선아, 교수님께서 내일 보시자고 하시는데.

❹ 기르던 강아지가 돌아가셔서 밤새도록 울었어요.

[10-11] **다음 밑줄 친 부분과 바꾸어 쓸 수 있는 것을 고르십시오.**

10. (　　)

가 : 요즘 회사를 옮기는 문제로 고민이 많아요.
나 : 혼자서 고민하지 말고 주위에 다른 사람과 상의해 보세요.

❶ 고민한다든가　　❷ 고민하느라고
❸ 고민했다 하면　　❹ 고민할 게 아니라

11. (　　)

가 : 병원에 입원했었다면서요? 왜 말하지 않았어요?
나 : 큰 병은 아니었어요. 다들 걱정하실지도 몰라서 말씀 안 드렸어요.

❶ 걱정하실까 봐　　❷ 걱정하는가 하면
❸ 걱정한 끝에　　❹ 걱정해 가면서

[12-13] **다음을 읽고 물음에 답하십시오.**

가 : 어, 왜 갑자기 텔레비전이 안 나오지? 조금 전까지만 해도 잘 나왔는데.
나 : 고장이 난 모양인데 서비스 센터에 수리 신청하세요. 산 지 1년이 안 됐으니까 무료로 고쳐줄 거예요.
가 : 오늘이 토요일(㉠) 서비스 센터도 쉴걸요.
나 : 그럼 좀 (㉡) 기다렸다가 월요일에 신청해야겠네요.

12. ㉠에 알맞은 것을 고르십시오. (　　)

❶ 이라기에　　❷ 이라면　　❸ 이라서　　❹ 이라더니

13. ㉡에 알맞은 것을 고르십시오. (　　)

❶ 불편했다면　　❷ 불편하더라도
❸ 불편하던데　　❹ 불편하면서도

[14-15] **다음을 글을 읽고 물음에 답하십시오.**

공부를 할 때 가장 중요한 것은 집중력이다. 집중하지 않고 몇 시간 공부하는 것보다 정신을 한 곳에 모아 단 한 시간(㉠) 집중한다면 훨씬 더 좋은 결과를 얻는다. 그런데 몸이 피곤하면 주의력이 약해져서 집중이 잘되지 않는다. 이럴 때 집중력을 높여주는 클래식 음악이 있다. 이러한 음악은 몸과 마음의 피로를 (㉡) 안정을 찾게 하는 데 매우 효과적이다.

14. ㉠에 알맞은 것을 고르십시오. (　　)

❶ 이라도　　❷ 이든

❸ 조차　　❹ 처럼

15. ㉡에 알맞은 것을 고르십시오. (　　)

❶ 풀어주는 대신에　　❷ 풀어주는 김에

❸ 풀어줄 뿐만 아니라　　❹ 풀어주고 해서

[16-19] **빈칸에 가장 알맞은 것을 고르십시오.**

16. 가 : 미선 씨가 칭찬을 듣더니 얼굴이 밝아졌어요.
나 : ____________________ 칭찬을 들으면 누구나 기분이 좋은 법이지요.

❶ 아이건 어른이건

❷ 아이처럼 어른처럼

❸ 아이나 어른 중에서

❹ 아이라든가 어른이라든가

17. 가 : 저녁마다 운동하러 가세요?
나 : 아니요. ____________________ 갈 때도 있고 못 갈 때도 있어요.

❶ 회사 일이 많은 반면에

❷ 요즘 회사 일이 많은 탓에

❸ 회사에서 일을 하는 대신에

❹ 저녁에 회사 일이 많다고 해도

18. 가 : 영수 씨를 잘 아세요?
    나 : 잘 몰라요. 그저 ______________________ .

❶ 자주 인사를 하거든요
❷ 인사하기를 좋아하던데요
❸ 몇 번 인사만 했을 뿐이에요
❹ 인사를 하면 알게 되는 법이에요

19. 가 : 이번에 주식 값이 떨어져서 손해를 보셨지요?
    나 : 괜찮아요. 돈이란 ______________________ .

❶ 있다기보다는 없는 편이에요
❷ 있기는 한데 없을 때도 많아요
❸ 있다가도 없고 없다가도 있잖아요
❹ 있다든가 없다든가 할 때가 있어요

[20-21] **밑줄 친 부분을 같은 의미로 바꾸어 쓴 것을 고르십시오.**

20. (   )
    가 : 연세회사에 들어가기가 그렇게 어려운가요?
    나 : 그럼요. <u>외국어 실력이 뛰어나지 않으면</u> 들어갈 수 없어요.

❶ 외국어 실력이 뛰어난 만큼
❷ 외국어 실력이 뛰어나고 보니
❸ 외국어 실력이 뛰어나다고 해도
❹ 외국어 실력이 뛰어나지 않고서는

21. (   )
    가 : 컴퓨터가 고장이 났다면서요?
    나 : 자료를 따로 저장해 놓지 않았더라면 <u>고생했겠지만 다행히 큰일은 없었어요</u>.

❶ 하마터면 고생할 뻔했어요
❷ 다행히 고생하는 척했어요
❸ 누구나 고생하는 법이에요
❹ 그렇게 보면 고생한 셈이에요

[22-23] **제시된 표현을 순서대로 모두 사용해 한 문장으로 쓰십시오.**

22.

돈을 벌다 / 저축하다 / 지금 힘들다

____.

23.

어머니께서 오시다 / 수업이 끝나다 / 공항에 가다

____.

5회 종합 연습문제

[1-5] 다음 (   )안에 알맞은 것을 고르십시오.

1. 가 : 민철 씨, 걱정하시던 회사 문제는 해결됐습니까?
   나 : 해결(   ) 이전보다 상황이 더 심각해졌어요.

   ❶ 이건　❷ 이든　❸ 은커녕　❹ 이나마

2. 가 : 고향에서 돌아왔구나. 가족들하고 친구들 오랜만에 만나서 반가웠지?
   나 : 응. 정희도 만났는데 너한테 안부 전해 (   ).

   ❶ 준다더라　❷ 주냐더라　❸ 주자더라　❹ 달라더라

3. 가 : 유행성 눈병을 예방하려면 어떻게 해야 합니까?
   나 : 방금 (   ) 손을 자주 씻고 눈을 만지지 말아야 합니다.

   ❶ 말했듯이　❷ 말하도록　❸ 말했다면　❹ 말했는데도

4. 가 : 그 식당 음식이 어땠어요? 입에 (   )?
   나 : 네, 기대했던 것보다 훨씬 더 맛있었어요.

   ❶ 맞네요　❷ 맞더가요　❸ 맞답니까　❹ 맞다고요

5. 가 : 그동안 열심히 준비하셨으니까 결과가 좋겠지요?
   나 : 저 나름대로 (   ) 결과가 나와봐야 알지요.

   ❶ 노력할 만했는데　❷ 노력할 뻔했는데
   ❸ 노력하긴 했는데　❹ 노력하고 말았는데

[6-9] **다음 중 밑줄 친 부분이 맞는 것을 고르십시오.**

6. (　　)

❶ <u>부모라서</u> 그 아이에게 관심을 가지지 않았다고 해요.

❷ <u>음악이야말로</u> 들으면서 기다리면 지루하지 않을 거예요.

❸ <u>외모라든가</u> 성적으로 사람을 평가해서는 안 된다고 봐요.

❹ 현재 과학 <u>기술만으로는</u> 인간과 똑같은 로봇을 만들 수 있어요.

7. (　　)

❶ 친구가 차 한 잔 <u>마시냐고 해서</u> 커피숍에 갔어요.

❷ 미선 씨가 요즘 <u>바쁘냐고 하던데</u> 연락을 자주 했어요.

❸ 어디에서 사전을 <u>샀냐고 해도</u> 친구가 친절하게 가르쳐줬어요.

❹ 영수 씨한테 몇 시 기차를 <u>타냐니까</u> 사정이 생겨서 못 가게 됐대요.

8. (　　)

❶ 저는 조금 전까지 <u>산책하던데요</u>.

❷ 여기는 지금 첫눈이 <u>내린답니다</u>.

❸ 어제까지 그 일을 하기에는 <u>무리일걸요</u>.

❹ 산 정상에 올라오니까 공기가 참 <u>맑았네요</u>.

9. (　　)

❶ 저는 다이어트하느라고 저녁을 <u>굶겨요</u>.

❷ 공항버스가 이 정류장에 <u>세우지</u> 않습니다.

❸ 몸이 불편하신 할머니를 제가 <u>눕혀</u> 드렸어요.

❹ 초등학생 아이에게 아직까지 밥을 직접 <u>먹혀</u> 주세요?

[10-11] **다음 밑줄 친 부분과 바꾸어 쓸 수 있는 것을 고르십시오.**

10. (　　)

가 : 어제 운전자 보험을 들었어요. 이제 안심이 좀 돼요.
나 : 보험에 가입했더라도 무조건 그것만 믿으면 안 돼요. 조심해야지요.

❶ 가입했다면야　❷ 가입했더라면
❸ 가입하고 해서　❹ 가입했다고 해서

11. (　　)

가 : 아무리 기다려도 지하철이 안 와서 택시를 타고 왔어요.
나 : 어제 내린 폭우로 인해 지하철 침수 피해가 크다고 들었어요.

❶ 폭우가 내리는 바람에　❷ 폭우가 내리는가 하면
❸ 폭우가 내리는 반면에　❹ 폭우가 내린다고 해도

[12-13] **다음을 읽고 물음에 답하십시오.**

가 : 아이 돌잔치를 하는 대신에 고아원을 찾아가 기부하셨다지요? 정말 훌륭하십니다.
나 : 남들 모르게 하고 싶었는데 (㉠). 저희보다 더 좋은 일을 하시는 분들이 많은데 부끄럽습니다.
가 : 어떻게 그런 생각을 하시게 되었습니까?
나 : 아이 첫돌을 가족, 친척 분들뿐만 아니라 이웃과 함께 할 수 있는 방법에 대해 아내와 (㉡) 내린 결정이었습니다.

12. ㉠에 알맞은 것을 고르십시오. (　　)

❶ 알리게 했습니나　❷ 알렸을 뿐입니다
❸ 알려지기만 했군요　❹ 알려지고 말았군요

13. ㉡에 알맞은 것을 고르십시오. (　　)

❶ 의논한 끝에　❷ 의논할 겸　❸ 의논하는 대로　❹ 의논하다가 보면

[14-15] **다음을 글을 읽고 물음에 답하십시오.**

새해가 되면 대부분의 사람들은 담배 끊기, 외국어 공부, 규칙적으로 운동하기 등 여러 가지 계획을 세운다. 이러한 계획들을 매년 세우는 것은 중도에 포기하는 일이 많기 때문일 것이다. 이 중에서 다른 일들은 중도에 포기하게 되더라도 (㉠) 이득이 될지도 모른다. 그러나 운동은 하다가 그만두면 하지 않은 (㉡). 단기간만 운동했을 경우 쉽게 원래의 체중으로 돌아가거나 심지어 체중이 더 늘 수 있기 때문이다.

14. ㉠에 알맞은 것을 고르십시오. (　　)

❶ 한 김에　　❷ 한 탓에
❸ 한 만큼　　❹ 하자마자

15. ㉡에 알맞은 것을 고르십시오. (　　)

❶ 것만 하다　　❷ 것만 못하다
❸ 것일 텐데　　❹ 것인 모양이다

[16-19] **빈칸에 가장 알맞은 것을 고르십시오.**

16. 가 : 이 제품을 사용할 때 주의해야 할 점은 뭔가요?
나 : ________________ 조심하셔야 해요.

❶ 물이 들어가지 않게
❷ 물이 들어가든지 말든지
❸ 먼지가 들어가지 않기에는
❹ 마치 먼지가 들어가지 않듯이

17. 가 : 며칠 전에 싸운 친구한테서 문자메시지가 왔어요. 별로 보고 싶지 않은데 만나재요.
나 : ________________ 오해가 풀릴 수도 있으니까 일단 만나 보세요.

❶ 만나서 싸운다고
❷ 보고 이야기한다고 해도
❸ 만나서 이야기하다가 보면
❹ 서로 만나고 싶어 하면서도

18. 가 : ______________________? 정말 축하해요.
    나 : 네? 저는 아닌데요. 다른 사람이 받았어요.

❶ 장학금을 받았다니요
❷ 장학금을 받았다면서요
❸ 장학금을 받아 버렸어요
❹ 장학금을 받았다고 봐요

19. 가 : 예술가는 끊임없이 새로운 것을 만들어야 하니까 힘드실 것 같아요.
    나 : 네, 그래서 새로운 생각이 떠오르지 않을 때는 ______________________.

❶ 여행을 떠나기는요
❷ 여행을 떠나곤 해요
❸ 거의 여행을 떠난 셈이에요
❹ 곧 여행을 떠나려던 참이었어요

[20-21] 밑줄 친 부분을 같은 의미로 바꾸어 쓴 것을 고르십시오.

20. (　　)
    가 : 미선 씨, 퇴근 안 하세요? 저는 이제 나갈까 하는데요.
    나 : 먼저 가시는 게 좋겠어요. 저는 아직 일이 안 끝났어요.

❶ 먼저 가시지요
❷ 일찍 가시던데요
❸ 일찍 퇴근하시더라고요
❹ 먼저 퇴근하시는 게 좋고말고요

21. (　　)
    가 : 영수 씨는 왜 커피를 안 드세요?
    나 : 저는 커피를 마시면 늘 밤에 잠이 잘 안 와요. 그래서 될 수 있는 대로 안 마시려고 해요.

❶ 저는 자주 커피를 마시다가 보니
❷ 커피를 마신다 마신다 하는 게
❸ 제가 아까 커피를 마셨어야
❹ 저는 커피를 마셨다 하면

[22-23] **제시된 표현을 순서대로 모두 사용해 한 문장으로 쓰십시오.**

22.

편지를 다 쓰다 / 다시 한번 읽어보다 / 마음에 안 들어서 찢다

____.

23.

작년 통계 자료 / 해외 여행객은 증가하다 / 외국인 관광객은 감소하다

____.

부록

모범 답안 문법 알아보기

ㄱ

1 **-거든**
1. 제 도움이 필요하거든 언제든지 연락하세요
2. 제가 없는 사이에 전화가 오거든 메모를 남겨 주세요
3. 다 모이거든 회의를 시작합시다

2 **-거든요**
1. 산에 올라가면 춥거든요
2. 숙제 공책을 놓고 왔거든요
3. 넓고 좋거든요

3 **-건 -건**
1. 싫건 좋건 졸업을 하려면 그 수업을 꼭 들어야 해요
2. 잘 하건 못 하건 숙제는 자기가 직접 해야지요
3. 시험 기간이건 아니건 항상 공부를 해야지요

4 **-게**
1. 방해가 되지 않게 휴대 전화를 꺼야 합니다
2. 깨지지 않게 잘 포장해야 합니다
3. 햇빛이 들어오지 않게 서늘한 곳에 보관하세요

5 **-게 마련이다**
1. 머리가 좋아도 공부를 안 하면 성적이 떨어지게 마련이다
2. 좋은 회사 제품이라도 오래 쓰면 고장이 나게 마련이에요
3. 눈에서 멀어지면 마음에서도 멀어지게 마련이다

6 **-게 하다**
1. 가능하면 밖에서 친구들과 놀게 하세요
2. 텔레비전을 가까이에서 보지 못하게 했어요
3. 너무 많이 먹지 못하게 하세요

7 **-고 나서**
1. 수업이 끝나고 나서 점심을 먹었어요
2. 영화를 보고 나서 저녁을 먹었어요
3. 예습하고 나서 수업을 들으면 훨씬 이해하기가 쉬워요

8 **-고말고요**
1. 되고말고요
2. 더 드리고말고요
3. 바꿀 수 있고말고요

9 **-고 말다**
1. 독감이 유행이어서 조심했는데 감기에 걸리고 말았어요
2. 안 사려고 했는데 옷이 너무 마음에 들어서 사고 말았어요
3. 연세대 팀이 최선을 다해 싸웠지만 결국 지고 말았어요

10 **-고 보니**
1. 명동으로 가는 버스인 줄 알았는데 버스를 타고 보니 반대쪽으로 가는 버스였다
2. 잘 살펴보지 않고 샀는데 사고 보니 유통기한이 지난 우유였어요
3. 내가 마시던 커피인 줄 알았는데 마시고 보니 친구의 커피였어요

11 **-고 해서**
1. 머리도 아프고 해서 일찍 퇴근했어요
2. 교통도 불편하고 해서 이사했어요
3. 돈도 없고 해서 이번에는 집에서 쉬기로 했어요

12 **-고는**
1. 교회에 다니고는 아주 다른 사람이 되었다

2. 운동을 시작하고는 몸이 아주 건강해졌다
3. 사표를 쓰고는 후회했어요

13 **-고도**
1. 표를 예매하고도 보러 가지 않았다
2. 책을 읽고도 무슨 내용인지 모른다
3. 그 사실을 알고도 모르는 척 했어요

14 **-고서**
1. 운동을 하고서 학교에 가요
2. 밥을 먹고서 친구들과 영화를 봤어요
3. 친구를 만나고서 숙제를 해요

15 **-고서는**
1. 전화를 받고서는 바로 나갔어요
2. 요즘은 사람이 많아서 예매하지 않고서는 영화를 볼 수 없어요
3. 요즘 같은 국제화 시대에 영어를 모르고서는 취직할 수 없어요

16 **-곤 하다**
1. 커피를 한 잔 마시곤 해요
2. 노래방에 가곤 해요
3. 집 근처 공원에 가서 놀곤 했어요

17 **-기는요**
1. 재미있기는요
2. 고맙기는요
3. 잘 하기는요

18 **-기만 하다**
1. 어머니께서 다 하셨고 저는 상을 차리기만 했어요
2. 다들 배가 고파서 먹기만 했어요
3. 서비스도 별로 좋지 않고 비싸기만 했어요

19 **-기에는**
1. 1급 학생이 소설책으로 공부하기에는 어려울 거예요
2. 결혼하기에는 너무 이른 것 같아요
3. 아이 혼자 가기에는 위험하지 않아요?

20 **-긴 하는데**
1. 약을 먹긴 하는데 좋아지지 않아요
2. 힘들긴 한데 재미있어요
3. 사 놓긴 했는데 바빠서 아직 못 줬어요

ㄴ

21 **-네요**
1. 친구가 그림을 잘 그리네요
2. 집이 가깝네요
3. 정말 많이 모았네요

22 **-느라고**
1. 일을 끝내고 오느라고 늦었어
2. 시험 공부를 하느라고 밤을 새웠어요
3. 아르바이트를 하느라고 바빠요

23 **-는걸요**
1. 초대해 주셔서 제가 감사한걸요
2. 싸우기만 하는걸요
3. 아직 모르는 게 많은걸요

24 **-는 김에**
1. 명동에 볼 일이 있어서 나간 김에 친구 회사에 들렀어요
2. 화장실을 수리하는 김에 부엌도 수리했으면 좋겠어요
3. 명절에 가족들이 다 모인 김에 가족 사진을 찍었어요

25 **-는 대로**
1. 결정해 주시면 결정하신 대로 따르겠습니다
2. 그 때 상황을 본 대로 자세히 설명해 주세요
3. 사이가 가까우면 가까운 대로 지켜야 할 예의가 있어요

26 **-는 대신에**
1. 일요일에 일하는 대신에 월요일에는 쉬어요

2. 제가 영어를 가르쳐 주는 대신에 그 친구는 저한테 한국어를 가르쳐 줘요
3. 네가 영화표를 사는 대신에 내가 저녁을 살게

27 –는 모양이다
1. 바쁘신 모양이에요
2. 구름이 많이 낀 걸 보니까 비가 올 모양이에요
3. 길이 막히는 걸 보니까 사고가 난 모양이에요

28 –는 바람에
1. 교통사고가 나는 바람에 약속 시간에 늦었다
2. 돈을 많이 쓰는 바람에 이번 달 생활비가 모자라요
3. 회사에 급한 일이 생기는 바람에 모임에 가지 못했다

29 –는 반면에
1. 말하기는 잘 하는 반면에 쓰기는 잘 못한다
2. 경기 악화로 물가는 오른 반면에 월급은 그대로이다
3. 최근 청소년들이 여가 활동을 조사한 결과 독서 시간은 감소한 반면에 인터넷 이용 시간은 크게 증가했다

30 –는 법이다
1. 급히 먹으면 체하는 법이에요
2. 서두르면 실수하는 법이에요
3. 약속을 안 지키면 신뢰를 잃는 법이에요

31 –는 셈이다
1. 이제 5만원 만 갚으면 되니까 다 갚은 셈이다
2. 보고서를 쓰고 있는데 표지만 만들면 되니까 다 끝낸 셈이다
3. 물가가 더 많이 올랐으니까 월급은 안 오른 셈이다

32 –는 척하다
1. 저는 잘난 척하는 사람이 싫어요
2. 제가 보기에는 알고도 모르는 척하는 것 같아요
3. 듣는 척하면서 다른 생각을 해요

33 –는 탓에
1. 불경기인 탓에 대학을 졸업해도 취직하기가 어렵다
2. 도로 공사를 하는 탓에 교통이 평소보다 복잡하다
3. 사람들이 갑자기 몰려든 탓에 사고가 났다

34 –는 편이다
1. 하루에 3잔쯤 마시니까 많이 마시는 편이에요
2. 다른 시장보다 싼 편이어서 자주 가요
3. 요리를 잘 못하는 편이어서 밖에서 자주 먹어요

35 –는가 하면
1. 편할 때가 있는가 하면 불편할 때도 있어요
2. 말하기를 어려워하는 학생이 있는가 하면 쓰기를 어려워하는 학생도 있어요
3. 공포 영화를 좋아하는 사람이 있는가 하면 코미디 영화를 좋아하는 사람도 있어요

36 –는다 –는다 하는 게
1. 정리를 한다 한다 하는 게 바빠서 아직도 못 했어요
2. 자료를 찾는다 찾는다 하는 게 자꾸 미루기만 하고 아직도 못 찾았어요
3. 답장을 보낸다 보낸다 하는 게 시간이 없어서 아직 못 보냈어요

37 –는다고
1. 가는 날이 장날이라고 큰 마음 먹고 백화점에 갔는데 그 날이 백화점 휴일이었다
2. 낮말은 새가 듣고 밤말은 쥐가 듣는다고 말을 할 때는 항상 조심해야 한다
3. 발 없는 말이 천리 간다고 김 선생님도 벌써 그 사실을 알고 계시던데요

38 –는다고 보다
1. 시험은 꼭 필요하다고 봅니다

2. 결혼은 꼭 해야 한다고 봅니다
3. 어릴 때 배우는 것이 좋다고 봅니다

39 **–는다고 하던데**

1. 유자차가 감기에 좋다고 하던데 유자차를 드세요
2. 설악산이 아름답다고 하던데 설악산에 가 보세요
3. 인터넷에서 사면 싸다고 하던데 인터넷에서 구입해 보세요

40 **–는다고 해도**

1. 복권에 당첨된다고 해도 저는 계속 직장에 다닐 거예요
2. 친구가 사과한다고 해도 화해하지 않을 거예요
3. 연습을 많이 했다고 해도 긴장을 하면 실력을 제대로 발휘하지 못하지요

41 **–는다고 해서[-1]**

1. 4시에 은행 문을 닫는다고 해서 지금 가려고 해요
2. 제주도가 아름답다고 해서 이번 휴가에 제주도로 갈 계획이에요
3. 친구가 한국에 온다고 해서 수업이 끝나고 공항에 갈 거예요

42 **–는다고 해서[-2]**

1. 단어만 외운다고 해서 외국어를 잘 하는 건 아닙니다
2. 돈이 많다고 해서 하고 싶은 걸 다 할 수 있나고 생각하지 않습니다
3. 공부만 잘 한다고 해서 사회에서 꼭 성공하는 것은 아닙니다

43 **–는다고요**

1. 환불이 안 된다고요?
2. 공부만 했다고요?, 공부만 했다고요
3. 무슨 날이냐고요?, 무슨 날이냐고요

44 **–는다기에**

1. 비가 온다기에 등산을 가기로 한 약속을 취소했어요
2. 눈이 와서 교통이 복잡하다기에 일찍 나왔어요
3. 그 시장이 물건이 싸다기에 거기에 가요

45 **–는다는 것이**

1. 친구에게 전화를 한다는 것이 선생님께 전화를 했어요
2. 연세대학교 쪽으로 가는 지하철을 탄다는 것이 반대 방향으로 가는 지하철을 탔어요
3. 천 원을 낸다는 것이 만 원짜리를 냈어요

46 **–는다니까**

1. 성희 씨는 음악을 좋아한다니까 CD를 사 주세요
2. 미선 씨가 영어를 잘 한다니까 미선 씨에게 부탁해 보세요
3. 이 책이 어렵지 않고 재미있다니까 이 책을 권해 보세요

47 **–는다더라**

1. 바쁘다더라
2. 여의도 공원이 좋다더라
3. 그 식당 음식이 괜찮다더라

48 **–는다든가**

1. 운동을 한다든가 노래를 부른다든가 해요
2. 한국친구를 사귄다든가 한국 드라마를 본다든가 하면 한국말 실력이 늘 거예요
3. 화목한 가정을 본다든가 외롭다든가 할 때 결혼하고 싶어져요

49 **–는다면**

1. 내가 부자라면 가난한 사람들을 많이 도와줄 거예요
2. 한국말을 잘 하게 된다면 한국회사에서 일하고 싶어요
3. 실력이 좋다면 금방 승진할 거예요

50 **-는다면서요?**
1. 정희 씨가 일본에 오래 살아서 일본말을 잘 한다면서요?
2. 열심히 공부하시더니 좋은 회사에 취직하셨다면서요?
3. 재미있었다면서요?

51 **-는다면야**
1. 영수 씨가 이 일을 도와준다면야 빨리 끝낼 수 있을 거예요
2. 조금만 일찍 출발했다면야 기차를 놓치지 않았을 거예요
3. 여유가 있다면야 저도 자기계발을 하고 싶어요

52 **-는다지요?**
1. 요즘에는 대학생들이 아르바이트를 많이 한다지요?
2. 그 가수가 다음 달에 콘서트를 한다지요?
3. 신제품을 개발했다지요?

53 **-는답니다**
1. 매일 한 시간씩 운동을 한답니다
2. 한국 사람들은 새해에 떡국을 먹는답니다
3. 해외여행을 다녀왔답니다

54 **-는대요**
1. 정희 씨는 매일 아침 다섯 시에 일어난대요
2. 내일은 백화점 정기 휴일이래요
3. 민철 씨가 빠뜨린 준비물이 없는지 다시 확인하래요

55 **-는데도**
1. 열심히 연습하는데도 실력이 늘지 않아요
2. 약을 먹었는데도 낫지 않아요
3. 휴일인데도 회사에 나와서 일을 해요

56 **-는 만큼**
1. 먹을 만큼 가지고 가세요
2. 옆 사람의 시험지를 보지 말고 아는 만큼 쓰세요
3. 자신이 할 수 있는 만큼 하세요

57 **-는지**
1. 아니요, 많이 바쁜지 통 연락이 없어요
2. 사고가 났는지 길이 많이 막히네요
3. 글쎄요, 안 좋은 일이 있는지 어제부터 말도 잘 안 해요

ㄷ

58 **-다가 보니**
1. 계속 앉아서 일을 하다가 보니 허리가 아파요
2. 요즘 컴퓨터를 오래 사용하다가 보니 전기 요금이 많이 나와요
3. 자주 만나다 보니 정이 들었어요

59 **-다가 보면**
1. 일에 쫓겨 바쁘게 지내다가 보면 아이 생일도 잊어버릴 때가 있어요
2. 일을 하다가 보면 실수할 때도 있어요
3. 외국어를 배우다가 보면 포기하고 싶어질 때도 있어요

60 **-다가는**
1. 휴일에도 쉬지 않고 일만 하다가는 건강이 나빠질 거예요
2. 친구와의 약속을 자주 어기다가는 친구 사이가 멀어질 거예요
3. 이렇게 놀기만 하다가는 시험에 떨어질 거예요

61 **-다가도**
1. 그 아이는 울다가도 엄마만 보면 웃는다
2. 기분이 나쁘다가도 그 음악을 들으면 기분이 좋아져요
3. 공부를 하다가도 영화를 보러 가곤 했어요

62 **-다니**
1. 그렇게 큰 사람이 있다니 정말이에요?

2. 가방이 천만 원이라니 믿을 수 없어요
3. 그렇게 건강한 사람이 입원했다니 믿을 수 없어요

63 -다니요?

1. 그렇게 실력이 뛰어난 사람이 떨어지다니요?
2. 담배를 많이 피우다니요?
3. 그 공연이 취소되다니요?

64 대로

1. 도착한 순서대로 줄을 서 주십시오
2. 직장에서 상사도 힘들지만 아랫사람은 아랫사람대로 힘든 점이 있어요
3. 종이는 종이대로 병은 병대로 따로 모아야 합니다

65 -더니[-1]

1. 정희 씨가 열심히 공부하더니 장학금을 받았군요
2. 어제 많이 먹더니 배탈이 났구나
3. 영수 씨는 여기 저기 알아보더니 마음에 드는 집을 구했어요

66 -더니[-2]

1. 영수 씨가 지난 학기에는 학교에 일찍 오더니 이번 학기에는 늦게 와요
2. 민철 씨가 전에는 잘 도와주더니 요즘에는 잘 도와주지 않아요
3. 어렸을 때는 키가 작더니 지금은 몰라보게 컸구나

67 -더라

1. 1층 식당에 있더라
2. 응, 정말 예쁘더라
3. 경치가 아름답더라

68 -더라고요

1. 그런데 그곳은 4월인데도 춥더라고요
2. 지루하더라고요
3. 재미있더라고요

69 -더라도

1. 월급을 적게 받더라도 적성에 맞는 일을 하고 싶어요
2. 실수를 하더라도 당황하지 말고 침착하게 행동하세요
3. 기분이 나쁘더라도 자신의 감정을 드러내지 마세요

70 -던가요?

1. 신부가 예쁘던가요?
2. 재미있던가요?
3. 어떻던가요?

71 -던데

1. 아까 미선 씨가 울던데 무슨 일이 있었어요?
2. 그 식당이 싸고 좋던데 한번 가 보세요
3. 영수 씨가 그 책을 샀던데 빌려 달라고 해 보세요

72 -던데요

1. 네, 재미있던데요
2. 놀이공원이 크던데요
3. 미선 씨가 집들이를 했는데 음식이 정말 맛있던데요

73 -도록 하다

1. 일찍 오도록 하세요
2. 오늘 다 끝내도록 하겠습니다
3. 이번에는 고아원을 방문하도록 합시다

74 -도록[-1]

1. 신입사원이 회사 생활에 적응할 수 있도록 선배들이 많이 도와 주세요
2. 환절기에 감기에 걸리지 않도록 옷을 따뜻하게 입으세요
3. 충고를 할 때는 상대방이 기분 나쁘지 않도록 잘 이야기해야 돼요

75 -도록[-2]

1. 눈이 빠지도록 기다렸어요

2. 한 달이 넘도록 전화 한 통도 없어요
3. 상다리가 부러지도록 음식을 많이 차렸어요

76 **–든 –든**
1. 자전거를 잘 타든 못 타든 누구나 저희 동호회에 들어오실 수 있습니다
2. 집이 크든 작든 집만큼 편한 곳이 없지요
3. 1등을 했든 못 했든 최선을 다한 선수들에게 박수를 보내야지요

77 **–듯이**
1. 그 사람은 물을 마시듯이 커피를 많이 마셔요
2. 영수는 땀을 비 오듯이 흘렸어요
3. 그 사람은 거짓말을 밥 먹듯이 해서 모두에게 신뢰를 잃었어요

ㅁ

78 **마저**
1. 교통카드마저 없었더라면 집에 못 왔을 거예요
2. 제 컴퓨터가 고장 나서 동생 컴퓨터를 빌려 썼는데, 그것마저 고장이 나 버려서 다 못 했어요
3. 네, 집마저 팔게 되었어요

79 **만 못하다**
1. 글쎄요, 저는 호텔이 집만 못하다고 생각하는데요
2. 아무리 그래도 로봇이 사람만 못할 거예요
3. 그래도 영화가 소설만 못해요

80 **만하다**
1. 제 가방은 이 가방만 해요
2. 우리 회사는 월급이 쥐꼬리만 해요
3. 제 방은 손바닥만 해요

81 **만해도**
1. 네, 야채 값만 해도 작년보다 두 배나 올랐어요
2. 네, 3년 전만 해도 이런 빌딩들은 없었어요
3. 네, 초등학생만 해도 거의 다 가지고 있더라고요

82 **만으로는**
1. 영어 실력만으로는 좋은 회사에 취직하기가 어려워요
2. 학교 공부만으로는 시험을 잘 볼 수 없을 거예요
3. 식사 조절만으로는 살을 뺄 수 없다

83 **말고**
1. 파란색 말고 다른 색으로 보여 주세요
2. 번역 말고 다른 아르바이트는 없나요
3. 쇼 프로그램 말고 드라마를 봅시다

ㅅ

84 **사동**
1. 아이가 혼자 밥을 안 먹으면 엄마가 먹여 줘요
2. 환자가 옷을 잘 입지 못하니까 보호자가 입혀 줘요
3. 기사님, 학교 앞 횡단보도 앞에서 세워 주세요

ㅇ

85 **–어 가면서**
1. 서로 도와 가면서 살아야지요
2. 양보해 가면서 운전했더라면 사고가 나지 않았을 텐데요
3. 사전을 찾아 가면서 공부해요

86 **–어 놓다**
1. 네, 다 준비해 놓았어요
2. 네, 밤에 창문을 열어 놓고 잤거든요
3. 냉장고에 음료수를 넣어 놓았으니까 꺼내 마셔라

87 **–어 버리다**
1. 월급을 받은 지 얼마 안 됐는데 벌써 다 써 버렸어요
2. 다음 주까지 해도 되는 일을 오늘 끝내 버렸어요

3. 밤에 공부를 해야 하는데 너무 피곤해서 그냥 자 버렸어요

88 **–어다가**

1. 책을 빌려다가 집에서 읽었어요
2. 샌드위치를 만들어다가 친구에게 줬어요
3. 은행에서 돈을 찾아다가 하숙비를 냈어요

89 **–어야**

1. 날마다 발음 연습을 해야 발음이 좋아져요
2. 쉬어야 병이 빨리 나을 수 있어요
3. 외국어를 잘 해야 외교관이 될 수 있어요

90 **어찌나 –는지**

1. 어찌나 날씨가 추운지 얼어 죽는 줄 알았어요
2. 어찌나 무섭게 야단을 치는지 눈물이 다 났어요
3. 어찌나 박수를 많이 쳤는지 손바닥이 아팠어요

91 **–었다 하면**

1. 네, 게임을 아주 좋아해서 게임을 했다 하면 밤을 새워요
2. 네, 책을 아주 좋아해서 한번 읽었다 하면 밤새도록 읽어요
3. 모였다 하면 영화 이야기를 해요

92 **–었다면**

1. 날씨가 좋았다면 산에 갈 수 있었을 거예요
2. 더 열심히 공부했다면 시험에 합격했을 거예요
3. 미리 말을 했다면 도와주었을 거예요

93 **–었더니**

1. 한국 친구와 언어교환을 했더니 한국말 실력이 많이 늘었어요
2. 일 때문에 밤을 새웠더니 정말 피곤하네요
3. 제가 먼저 사과했더니 친구도 미안하다고 했어요

94 **–었더라면**

1. 과식하지 않았더라면 배탈이 나지 않았을 거예요
2. 사실대로 말했더라면 용서해 줬을 거예요
3. 커피를 많이 마시지 않았더라면 잠을 잘 잤을 텐데

95 **–었었–**

1. 지금은 매운 음식을 잘 먹지만 전에는 먹지 못했었어요
2. 지금은 자유롭게 해외여행을 갈 수 있지만 전에는 가지 못했었어요
3. 지금은 한국말을 잘 할 수 있지만 전에는 한국말을 하나도 몰랐었어요

96 **–었으면야**

1. 정첩상을 받았으면야 갔겠지요
2. 미리 말해 주셨으면야 제시간에 도착했겠지요
3. 돈이 있었으면야 샀겠지요

97 **–었을 텐데**

1. 많이 힘들었을 텐데 괜찮았어요?
2. 다들 모임에 왔을 텐데 저는 시간이 없어서 못 갔어요
3. 아까 출발했다면 비를 안 맞았을 텐데 우산이 없어서 비를 다 맞았어요

98 **에 달려 있다**

1. 그 선수의 의지에 달려 있다고 봅니다
2. 여행은 계획하기에 달려 있어요
3. 시계의 수명은 어떻게 쓰느냐에 달려 있어요

99 **에 따라서**

1. 네, 설명서 순서에 따라서 설치하시면 돼요
2. 경우에 따라서 달라요
3. 네, 환경에 따라서 성격이 달라진다고 생각해요

100 **–에 의하면**

1. 신문 기사에 의하면 평균 결혼 비용은 남자가

여자보다 세 배 정도 더 든다고 합니다
2. 연구 결과에 의하면 앞으로 전 세계적으로 물 부족 사태가 심각해질 것이라고 합니다
3. 뉴스에 의하면 요즘은 아들보다 딸을 더 선호한다고 합니다

101 **–으나 마나**
1. 요리 솜씨가 좋으니까 먹어 보나 마나 맛있을 거예요
2. 보나 마나 우리 팀이 이길 거예요
3. 값을 내리나 마나 제품 판매량에는 거의 차이가 없을 거예요

102 **–으라고**
1. 울지 말라고 아이에게 사탕을 줬어요
2. 공부를 열심히 하라고 동생에게 사전을 사 줬어요
3. 한국에서는 시험에 붙으라고 엿이나 떡을 선물해요

103 **–으려던 참이다**
1. 그렇지 않아도 창문을 닫으려던 참이었어요
2. 안 그래도 지금 전화 드리려던 참이었어요
3. 저도 명동에 가려던 참이었어요

104 **으로 인해**
1. 기상 악화로 인해 비행기 도착이 지연되고 있습니다
2. 성격 차이로 인해 두 사람이 헤어졌다고 합니다
3. 화재로 인해 사망자 5명, 부상자 3명이 발생했다고 합니다

105 **으로는**
1. 소문으로는 두 사람이 곧 결혼할 거라고 합니다
2. 검사 결과로는 아무 이상이 없는 것으로 나왔어요
3. 이 성적으로는 장학금을 받기 힘들 것 같아요

106 **–으면서도**
1. 그 사람은 부자이면서도 돈을 쓰지 않아요
2. 담배를 끊어야 되는 줄 알면서도 담배를 끊지 않아요
3. 이미 들었으면서도 처음 듣는 척했어요

107 **–은 끝에**
1. 네, 여기저기 수소문한 끝에 만나게 되었어요
2. 생각하고 생각한 끝에 내린 결정이에요
3. 오랜 시간 설득한 끝에 허락을 받았어요

108 **은커녕**
1. 여행은커녕 쉬지도 못했어요
2. 보너스는커녕 월급이라도 제때 받았으면 좋겠어요
3. 밥은커녕 우유 한 잔 마실 시간도 없어요

109 **–을걸 그랬다**
1. 그럴 줄 알았더라면 저도 갈걸 그랬어요
2. 지하철을 탈걸 그랬어요
3. 어제 사지 말걸 그랬어요

110 **–을 게 아니라**
1. 기침이 심한데 약을 먹을 게 아니라 병원에 한번 가 보세요
2. 한사람 말만 들을 게 아니라 여러 사람의 말을 들었더라면 좋았을 거예요
3. 이렇게 두려워만 할 게 아니라 우리 같이 한번 도전해 봅시다

111 **–을 겸**
1. 바람도 쐴 겸 시내에 나갔다 왔어요
2. 돈도 아낄 겸 아이들 건강도 챙길 겸 제가 직접 만들어 먹여요
3. 돈도 벌 겸 경험도 쌓을 겸 아르바이트를 해요

112 **–을 만하다**
1. 이번에 개봉한 영화가 볼 만해요
2. 불고기가 먹을 만하니까 드셔 보세요
3. 수영이 할 만하니까 수영을 한 번 해 보세요

113 -을 뻔하다
1. 네, 영수 씨가 미리 얘기를 안 해 줬으면 잊어버릴 뻔 했어요
2. 시험이 쉬워서 붙었지 안 그랬으면 떨어질 뻔 했어요
3. 안 그랬으면 손해를 볼 뻔 했어요

114 -을 뿐만 아니라
1. 넓을 뿐만 아니라 밝아서 좋아요
2. 월급이 많을 뿐만 아니라 근무 여건이 좋아서 그래요
3. 내용이 재미없을 뿐만 아니라 배우가 연기를 못해서 비판을 많이 받아요

115 -을 뿐이다
1. 키만 클 뿐이에요
2. 그저 날마다 산책을 할 뿐이에요
3. 한두번 만났을 뿐이에요

116 -을 텐데
1. 백화점은 비쌀 텐데 시장에 가는 게 어때요?
2. 도와달라고 하면 도와줄 텐데 부탁을 하지 않아요
3. 배가 많이 고프실 텐데 먼저 드세요

117 -을걸요
1. 6시가 넘었으니까 퇴근하셨을걸요
2. 웨이 씨가 잘할걸요
3. 아마 어려울걸요

118 -을까 봐
1. 오후에 비가 올까 봐 우산을 가져왔어요
2. 아침에 못 일어날까 봐 어머니께 깨워 달라고 했어요
3. 부모님께서 걱정하실까 봐 아직 말씀을 못 드렸어요

119 -을지도 모른다
1. 비가 올지도 몰라요
2. 이따가 배가 고플지도 몰라서 먹을 것을 조금 가져왔어요
3. 사람이 많이 올지도 모르니까 참석 인원을 먼저 확인하세요

120 이나마
1. 네, 텔레비전이나마 있으면 기다리기가 덜 지루할 텐데요
2. 한 곡이나마 직접 들을 수 있어서 저는 좋았어요
3. 배가 고파서 쓰러질 것 같았는데 사과나마 먹으니까 살 것 같아요

121 이든 이든
1. 밥이든 라면이든 빨리 되는 것으로 해 주세요
2. 녹차든 커피든 시원한 것을 마시고 싶어요
3. 비누는 휴지든 집에서 유용하게 쓸 수 있는 길 선물하세요

122 이라도
1. 그럼 라면이라도 주세요
2. 그럼 저라도 도와 드릴게요
3. 중고차라도 사세요

123 이라든가
1. 유자차라든가 모과차 같은 따뜻한 차를 드세요
2. 경영학이라든가 경제학을 전공하고 싶어요
3. 장미꽃이라든가 향수 같은 걸 선물하세요

124 이라서
1. 시험 기간이라서 도서관에 학생들이 많군요
2. 장마철이라서 비가 자주 내려요
3. 번화가라서 다른 곳에 비해서 집값이 비싸요

125 이라야
1. 일주일 이내라야 반품이 가능합니다
2. 10살 이상이라야 탈 수 있습니다
3. 짐의 무게가 20kg 이하라야 추가 비용을 내지 않고 짐을 실을 수 있어요

126 **이며**

1. 친구 집에는 최신 텔레비전이며 게임기며 없는 게 없었어요
2. 요즘은 기름 값이며 채소 값이며 안 오른 게 없어요
3. 영수는 운동에 소질이 있어서 농구며 탁구며 못하는 운동이 없어요

127 **이야말로**

1. 수영이야말로 살을 빼는 데 제일 효과적인 운동이에요
2. 적성이야말로 직업을 선택할 때 가장 중요하다고 봐요
3. 거실이야말로 온가족이 모이는 공간이니까 가장 중요하다고 생각해요

ㅈ

128 **-자마자**

1. 밖으로 나오자마자 비가 내리기 시작했어요
2. 집에 들어오자마자 손부터 씻으세요
3. 사무실에 가자마자 컴퓨터부터 켰어요

129 **-자면**

1. 돈을 모으자면 무조건 절약해야 돼요
2. 외교관이 되자면 외국어 공부를 열심히 해야 돼요
3. 도시와 시골의 격차를 줄이자면 균형적인 국토 개발이 이루어져야 한다

130 **조차**

1. 목이 부어서 물조차 제대로 마실 수 없는걸요
2. 네, 부모님조차 그 사람 말을 믿지 않는대요
3. 너무 정교해서 전문가조차 잘 구별하지 못 할 정도래요

131 **-지요**-1

1. 오늘 저녁은 제가 사지요
2. 뭐니 뭐니해도 건강이지요
3. 여러 번 연락을 했으니까 오겠지요

132 **-지요**-2

1. 우유를 드셔 보시지요
2. 크게 노래를 불러 보시지요
3. 항상 긍정적인 생각을 갖도록 하시지요

ㅊ

133 **치고**

1. 살다 보면 부부치고 안 싸우는 사람들이 없지요
2. 네, 그 아이는 초등학생치고 아는 게 많아요
3. 배운 지 한 달밖에 안 된 것치고는 잘 치시네요

ㅍ

134 **피동**

1. 전화를 받았는데 소리가 들리지 않았어요
2. 아기가 엄마에게 안겨 있어요
3. 문이 고장이 났는지 열리지 않아요

◆ 유형별 연습문제 모범 답안

Ⅰ. 문맥에 알맞은 문법 고르기

1	❸	2	❸	3	❹	4	❷	5	❸	6	❶	7	❷	8	❸
9	❷	10	❹	11	❶	12	❸	13	❶	14	❶	15	❷	16	❸
17	❶	18	❷	19	❹	20	❹								

Ⅱ. 바른 문장 고르기

1	❸	2	❶	3	❹	4	❸	5	❷	6	❷	7	❸	8	❶
9	❹	10	❶	11	❸	12	❹	13	❹	14	❷	15	❷	16	❹
17	❶	18	❷	19	❸	20	❶								

Ⅲ. 틀린 문법 고르기

1	❸	2	❸	3	❷	4	❸	5	❸	6	❹	7	❶	8	❷
9	❷	10	❸	11	❹	12	❷	13	❷	14	❸	15	❹	16	❸
17	❶	18	❷	19	❸	20	❶								

Ⅳ. 같은 의미 표현 고르기

1	❸	2	❸	3	❹	4	❶	5	❸	6	❷	7	❶	8	❹
9	❸	10	❷	11	❹	12	❶	13	❸	14	❶	15	❷	16	❷
17	❹	18	❹	19	❷	20	❸								

Ⅴ. 대화에 알맞은 표현 고르기

1	❷	2	❸	3	❹	4	❷	5	❷	6	❹	7	❸	8	❶
9	❹	10	❶	11	❷	12	❸	13	❸	14	❹	15	❸	16	❹
17	❶	18	❸	19	❸	20	❹								

Ⅵ. 긴 글에 알맞은 표현 고르기

1	❶	2	❷	3	❷	4	❸	5	❶	6	❹	7	❹	8	❸
9	❶	10	❷	11	❸	12	❹	13	❸	14	❷	15	❶	16	❹
17	❷	18	❶	19	❸	20	❹	21	❷	22	❶	23	❹	24	❷

Ⅶ. 대화 완성하기

1	❸	2	❶	3	❸	4	❶	5	❶	6	❹	7	❸	8	❷
9	❹	10	❹	11	❷	12	❸	13	❹	14	❷	15	❷	16	❹
17	❸	18	❷	19	❹	20	❹								

Ⅷ. 같은 의미의 문법 찾기

1	❶	2	❸	3	❹	4	❹	5	❶	6	❷	7	❹	8	❸
9	❶	10	❷	11	❶	12	❷	13	❸	14	❶	15	❶	16	❹
17	❷	18	❹	19	❹	20	❶								

Ⅸ. 제시된 표현을 사용해서 문장 완성하기

1. 1) 친구가 오해할까 봐 사실을 알면서도 모른 척했다
   2) 친구가 오해할지도 몰라서 사실을 아는데도 모른다고 했다

2. 1) 지금 어렵더라도 열심히 노력한다면 좋을 결과가 있을 것이다
   2) 지금 어렵다고 해도 열심히 노력한다면 좋은 결과가 있을 것이다

3. 1) 다들 기다린다고 하던데 늦더라도 모임에 나오래요
   2) 다들 기다리던데 늦더라도 모임에 나가세요

4. 1) 표가 있다고 해도 애완견을 동반하고서는 고속버스를 탈 수 없습니다
   2) 표가 있어도 애완견을 동반하고는 고속버스를 탈 수 없어요

5. 1) 일이 일찍 끝나고 해서 소설책을 빌려다가 집에서 읽었어요
   2) 일이 일찍 끝난다면 소설책을 빌려다가 집에서 읽을 거예요

6. 1) 내가 너였다면 그 사람이 화를 낸다고 해서 같이 화를 내지는 않았을 텐데
   2) 내가 너였더라면 그 사람이 화를 낸다고 같이 화를 내지는 않았을 것이다

7. 1) 요금이 비싼데도 작고 편리해서인지 새로 나온 휴대전화가 아주 인기가 있다
   2) 요금이 비싸지만 작고 편해서 새로 나온 휴대전화가 아주 인기가 있더라

8. 1) 높은 산이라서 밤에 추울 테니까 따뜻한 옷을 가져가도록 하세요
   2) 높은 산이어서 밤에 추울지도 모르니까 따뜻한 옷을 가져가세요

9. 1) 학원에 보내는 대신에 혼자 스스로 공부할 수 있도록 해 주었어요
   2) 학원에 보내는 대신에 혼자 스스로 공부할 수 있게 해 주었어요

10. 1) 놀기를 좋아하더니 결혼하고는 사람이 달라졌다

2) 놀기를 좋아했는데 결혼하더니 사람이 달라졌다

11. 1) 불경기인 탓에 대학을 졸업해도 취직이 잘 안 된다

2) 불경기라서 대학을 졸업해도 취직이 잘 안 된다

12. 1) 내용이 어려운 탓에 책을 여러 번 읽고도 이해하지 못한다

2) 내용이 어려워서 책을 여러 번 읽었는데도 이해하지 못한다

13. 1) 꼼꼼한 사람이라도 일을 하다가 보면 실수한다

2) 꼼꼼한 사람이라고 해도 일을 하다가 보면 실수할 때가 있다

14. 1) 첫인상이 나쁘다고 해도 자주 만나다가 보면 정이 들지도 모른다

2) 첫인상이 나쁘더라도 자주 만나다 보면 정이 들 수도 있다

15. 1) 운동을 한다 한다 하는 게 일이 생겨서 못하고 있어요

2) 운동을 하긴 하는데 일이 생기면 못할 때가 많답니다

16. 1) 오늘까지 일을 끝내자면 사람이 더 필요할 텐데 도움을 청하도록 하세요

2) 오늘까지 일을 끝내려면 사람이 더 필요하다고 해서 도움을 청했어요

17. 1) 바람이 불어서 우산이 뒤집히는 바람에 옷이 다 젖었다

2) 바람이 불어서 우산이 뒤집힌 탓에 옷이 다 젖었다

18. 1) 좋아하는 가수가 나오면 자다가도 벌떡 일어난다

2) 좋아하는 가수가 나온다니까 자다가도 벌떡 일어난다

19. 1) 퇴근 시간이 지났는데도 밀린 일을 하느라고 정신없이 바쁘다

2) 퇴근 시간이 지났지만 밀린 일을 하느라고 정신없이 바쁘다

20. 1) 눈이 나빠진다고 텔레비전을 볼 때 가까이에서 보지 못하게 했다

2) 눈이 나빠질까 봐 텔레비전을 볼 때 가까이에서 보지 못했다

◆ 종합 연습문제 모범 답안

[1회]

1	❸	2	❷	3	❸	4	❶	5	❷	6	❶	7	❹	8	❶
9	❸	10	❶	11	❹	12	❷	13	❶	14	❹	15	❸	16	❷
17	❸	18	❷	19	❹	20	❷	21	❶						

22. 1) 토요일이라서 극장에 사람이 많을지도 모르니까 미리 예매해 놓으세요
    2) 토요일이라서 극장에 사람이 많을 텐테 미리 예매하세요

23. 1) 어찌나 배가 고프던지 음식을 보자마자 허겁지겁 먹었어요
    2) 배가 고픈지 음식을 보더니 허겁지겁 먹네요

[2회]

1	❹	2	❶	3	❸	4	❷	5	❶	6	❶	7	❷	8	❸
9	❸	10	❹	11	❷	12	❶	13	❹	14	❶	15	❸	16	❷
17	❹	18	❸	19	❹	20	❸	21	❷						

22. 1) 날씨가 맑더니 갑자기 흐려지는 걸 보니까 곧 소나기가 올 모양이에요
    2) 날씨가 맑았는데 갑자기 흐려지는 걸 보니까 곧 소나기가 오려나 봐요

23. 1) 금강산도 식후경이라고 밥부터 먹고 일합시다
    2) 금강산도 식후경이라던데 밥부터 먹고서 일하지요

[3회]

1	❶	2	❹	3	❷	4	❷	5	❸	6	❶	7	❹	8	❸
9	❹	10	❷	11	❸	12	❹	13	❶	14	❸	15	❹	16	❷
17	❹	18	❷	19	❹	20	❶	21	❹						

22. 1) 말이 나온 김에 책에 소개되어 있는 대로 요리를 해보지요
    2) 말이 나왔을 뿐만 아니라 책에 소개되어 있고 해서 요리를 해봤어요

23. 1) 게임을 하느라고 컴퓨터 앞에 오래 앉아 있었더니 허리가 아프네요
    2) 게임을 한다고 컴퓨터 앞에 오래 앉아 있다 보면 허리가 아프게 마련이다

[4회]

1	❸	2	❶	3	❸	4	❹	5	❶	6	❷	7	❹	8	❹
9	❷	10	❹	11	❶	12	❸	13	❷	14	❶	15	❸	16	❶
17	❷	18	❸	19	❸	20	❹	21	❶						

22. 1) 돈을 버는 대로 저축했더라면 지금 힘들지 않았을 텐데

2) 돈을 벌고서 저축을 했다면 지금 힘들지 않았을 걸

23. 1) 어머니께서 오신다고 해서 수업이 끝나자마자 공항에 갈 거예요

2) 어머니께서 오셔서 수업이 끝나고 나서 공항에 가야 돼요

[5회]

1	❸	2	❹	3	❶	4	❷	5	❸	6	❸	7	❹	8	❷
9	❸	10	❹	11	❶	12	❹	13	❶	14	❸	15	❷	16	❶
17	❸	18	❷	19	❷	20	❶	21	❹						

22. 1) 편지를 다 쓰고서 다시 한 번 읽어보니 마음에 안 들어서 찢어버렸다

2) 편지를 다 쓰고 나서 다시 한 번 읽어봤더니 마음에 안 들어서 찢었다

23. 1) 작년 통계 자료에 의하면 해외 여행객은 증가한 반면에 외국인 관광객은 감소했다고 한다

2) 작년 통계 자료에 따르면 해외 여행객은 증가했지만 외국인 관광객은 감소했대요

지문

◆ 유형별 연습문제 지문

Ⅳ.

1~2 Recently since an increasing number of people are enjoying hiking, their view toward hiking clothes is changing. They think hiking clothes are not only light but also comfortable, so they can wear them while doing daily work. Many people actually buy them to wear casually. A change in leisure activities affects even the way that people wear clothes.

3~4 People are increasingly interested in health and aware of importance of exercise, but people sometimes do exercise without considering their physical condition. You need to choose what is right for you. Don't over exercise. Increase the intensity steadily and stick to it.

5~6 A man in Kangneung found the wallet which he had lost 30 years ago. The wallet owner, Chulhwan Lee, was surprised that it returned to him after a such a long time. Some cash, a photo of his parents, and two photos taken with his wife before marriage were still in the wallet. Lee said, I found my memories, as well as my wallet. I'd like to thank all the people who played a part in getting the wallet back to me.

7~8 There are many misconceptions in our daily life. Among them, women are weaker than men in mathematics. But women are not poor at math because they are women. Many women actually work as computer specialists or scientists in the fields that require advanced math skills. Getting rid of the prejudice is important. Parents and teachers therefore need to encourage girls to explore various careers.

9~10 It is commonly thought that Koreans have a big face considering their body size. According to data from a research center, Koreans have a smaller face and more slender arm(s) and calves by 30% than westerners. This result is very important in calculating drug dosages, because dosages can vary depending on the body's surface area.

11~12 According to a survey, people's attitude toward traditional values is clearly changing, especially towards family relationships. 3 years ago, 62% of people over 65 years of age said that they didn't want to live with their children, but this year, the number has greatly increased to 81%. Similarly, in 2006, 61% of respondents said that 'family members should take care of their old parents,' but the number decreased to 37% in 2008. Asked who should take care of old people, 29% of respondents answered family members, government and society in 2006, but this rose to 48% in 2008.

13~14 I am Chinese and I have come to Korea to study. It's already been 2 years since my arrival, and I can live here without much difficulty and I am enjoying studying abroad here. But sometimes when I am sick or when I taste Chinese food, especially when I remember my mom making delicious food so that I might study hard, I miss home and my family so much. Even so, I'll stay here and study for a brighter future!

15~16 Recently everything is changing so fast. Due to individualism and employment problems, clubs in colleges are changing, too. Students used to join the clubs to make friends and have fun. Now a club has become a place that students visit to find an opportunity to get information relating to their future jobs. 'Living and studying together' is popular among students. In such clubs, students keep regular hours and respect each other's privacy.

17~18 What's the best skin care during summer? Many people have a cold massage after performing outside activities, but it would be bad for the skin if you have a cold massage for a long time. 3~5 minutes is the best length. Wearing a hat is a good habit when you go outside, but no hat completely protects your skin from UV rays. Wearing a broad brimmed hat instead of wearing a cap which only covers eyes and a nose is advisable.

19~20 If you have something to do which is going to take such a long time that you don't have enough time to sleep, is it a good idea to sleep beforehand? One study asked a group of people to sleep more than they normally would, and another group to sleep as usual. After 5 days, both groups were allowed to sleep only 3 hours a day and asked to do a complicated task. The results showed that the people who slept more than usual could maintain their performance efficiency better, and their recovery speed was faster than that of the other groups.

21~22 Women generally live longer than men. What is the reason for this? Some people say that men are genetically weaker than women, while others say that men are more exposed to danger due to work. Men themselves say that stress is the biggest factor in the shortening of their lives.

23~24 Many people are increasingly interested in vitamins for preventing fatigue and aging. It is best to take vitamins from food, but too much intake can be harmful, even though vitamins are good for our body. For example, vitamin A can cause liver problems if too much is taken. Too much vitamin B can lead to low appetite and nausea. Sometimes too much is worse than too little.

◆ 종합 연습문제 지문

[1회]

14~15 『I want to be a grown up soon』 is a fairy tale book not only for children, but also for adults. The world of childlike innocence that whispers through friendly voice that is at the level of child's eyes also gives adults a chance to look back on themselves. The author said that he wrote this book because it makes him sad children these days are losing the childlike innocence as growing up. You can say that this book is a book filled with the author's hope that every kids would grow without losing the childlike innocence.

[2회]

14~15 One of the advantages of cellular phone is to send text messages. In the case of directly speaking on the phone, it passes few minutes to only say hello, but when you send text messages, only important messages are delivered so it saves a lot of time and cost. It is also convenient because if you leave a message, although you don't get hold of a person right away, the person can call or reply back in his/her convenient time. It is also an appeal to give you some time to think when replying back.

[3회]

14~15 What ways are there to save energy easily in daily lives? First of all, Let's grow plants instead of using a humidifier. Plants growing inside of house adjusts humidity and cleans the air. Next, let's unplug such as computer, cellular phone charger and other electrical devices when you don't use them. These are the things that people are aware of but easy to miss out.

[4회]

14~15 It is concentration that is most important when you study. You will receive much better results from concentrating for just an hour rather than studying for hours without concentrating. However, if you are tired, you will lose attention and will not be able to concentrate well. In this case, there is classic music to enhance your concentration. Such music is very effective not only for relieving fatigue of your body and soul, but also for stabilizing.

[5회]

14~15 Most of people make various kinds of new year resolutions such as quitting smoking, studying foreign language and exercising regularly. Making these resolutions every year is because a lot of people often give up halfway. Out of these resolutions, certain things can be a benefit as much as you have worked even if you give up. However, if you quit exercising in the middle it is worse than not trying at all. It is because if you exercise for only short period of time, you can easily go back to your weight before or even put on more weight.

색인

ㄱ

ㄴ

ㅈ

ㅊ

ㅌ

ㅍ

외국인을 위한

한국어 문법 연습 (중급)

편저자 연세대학교 한국어학당 교재편찬위원회
집필진 조현선 · 이복자 · 윤정남 · 윤신애
펴낸곳 연세대학교 대학출판문화원

주소 서울시 서대문구 연세로 50
전화 2123-3380~2
팩스 2123-8673
ysup@yonsei.ac.kr
http://www.yonsei.ac.kr/press
등록 1955년 10월 13일 제9-60호
인쇄 동국문화(주)

2012년 1월 20일 1판 1쇄
2025년 3월 21일 1판 6쇄
ISBN 978-89-7141-974-8 (03710)

값 25,000원